AF557164

SV

Band 1482 der Bibliothek Suhrkamp

*Lidia Ginsburg, 1989*

# Lidia Ginsburg
# Aufzeichnungen eines Blockademenschen

Aus dem Russischen
von Christiane Körner

Mit einem Nachwort
von Karl Schlögel

Suhrkamp Verlag

Der Übersetzung liegt der von Emily Van Buskirk und Andrej Sorin herausgegebene Band *Lidija Ginzburg: Prochodjaščie charaktery. Proza voennych let. Zapiski blokadnogo čeloveka* zugrunde, erschienen 2011 bei Novoe izdatel'stvo in Moskau. Nähere editorische Angaben am Schluss des Buches.

2. Auflage 2022

Erste Auflage 2014

Umschlag: nach einem Konzept von Willy Fleckhaus
Satz: Satz-Offizin Hümmer GmbH, Waldbüttelbrunn
Druck und Bindung: Pustet, Regensburg
Printed in Germany
ISBN 978-3-518-22482-3

www.suhrkamp.de

# Aufzeichnungen eines Blockademenschen

*Textbeginn der* Erzählung *im Manuskript.*

# Eine Erzählung von Mitleid und Grausamkeit

Sie sagte gern: Mir ist aufgefallen, dass in meinem Leben alles zweimal passiert (das war eine ihrer Verallgemeinerungen). Und daran dachte die Tante ständig, als sie im Sterben lag. Denn es war ganz ähnlich wie das Sterben ihres Mannes. So dass es für die Tante wie ein Albtraum war, in dem man träumend glaubt, dass man dasselbe schon einmal geträumt hat. Es war ähnlich durch die Abfolge der Symptome. Doch insbesondere durch das Vorherrschen von Angst und Reue, Reue noch über allen anderen Gefühlen. Und insbesondere dadurch, dass die Sorge zu spät kam, dass für den gefühllosen Körper getan wurde, was der lebendige Körper so sehr gebraucht hätte. Denn Lasten, die wir unter dem Gesichtspunkt endloser Stabilität und Wiederholbarkeit nicht heben zu können glauben – in einer einmaligen letzten Anstrengung werden sie unvermeidlich und selbstverständlich. Es war ähnlich, und gleichzeitig ging es unermesslich weiter, was die Wörtlichkeit betrifft. Die Umstände, die den Tod des alten Mannes begleitet hatten, und ebenso die Umstände vieler anderer Katastrophen frappierten Otro schon lange durch ihre Wörtlichkeit. Das unverstellte soziale Böse hatte den übertragenen metaphysischen Sinn aus den Bereichen Armut, Verlassenheit, Erniedrigung in eine konkrete Form gebracht. Doch das schien alles weit weg im Vergleich zu der erschreckenden Direktheit und Wörtlichkeit der Bedeutungen, die man jetzt erleben musste. Wenn es die Redewendung »mit seinem Nächsten das letzte Stück Brot teilen« gab, so bedeutete das, wie sich herausstellte, dass man das Brot für die Arbeiterkarte und die Angehörigenkarte entweder in zwei Hälften teilte oder sich selbst 100 oder 200 Gramm mehr ließ. Es bedeutete, dass es große Selbstüberwindung kostete, innezuhalten und ein Duranda-Konfekt[1] in zwei Hälften zu schneiden. Und wenn es Redewendungen gab, hilflose Alte wären unnütze Esser oder fräßen den Jungen die Haare vom Kopf, so gewannen sie jetzt (wenn man an einen jungen Mann mit einer Lebensmittelkarte für Arbeiter dachte) eine ganz neue Wörtlichkeit. Was wussten Leute, die das Klischee vom Eremitendasein wiederholten, schon von Einsamkeit und Verlassenheit! Was wussten sie von einem Leben ohne Telefon, in städtischen Räumen, die durch 35 Grad Frost und nicht fahrende Straßenbahnen unvorstellbar auseinanderdrifteten! Mit Menschen, die früher in der Nähe gelebt hatten, vielleicht auch immer noch lebten, vielleicht aber schon gestorben waren, auf der Wassili-Insel, auf der Petrograder Seite, hinter den Eisgrenzen der Flüsse. Ohne die Möglichkeit und vor allem ohne jede Lust (wozu denn?), diese Bekannten zu treffen. Später gingen diese Leute einer nach dem anderen weg. Und als der Frost nachließ und die Straßenbahnen wieder fuhren – da gab es keinen mehr, zu dem man hätte gehen können, um ein bisschen zusammenzusitzen; und die Gewohnheit, das Bedürfnis selbst war verloren gegangen.

Verlassene Wohnungen mit versperrten oder – was schlimmer war – unversperrten Zimmern von Toten, Evakuierten, Frontkämpfern. Stille, die im Kopf lärmte, Bewegungen hemmende, das Atmen erschwerende Stille. Das war es, was ein Eremitendasein jetzt bedeutete.

> Zeigt mit dem Leben Zufriedenheit,
> Seid still und bescheiden, seid opferbereit.
> Ach, wüsstet ihr, Kinder, wie ihr dann seid
> In Kälte und Finsternis kommender Zeit.[2]

Wenn ihr nur wüsstet, was Kälte und Finsternis bedeuten, wenn sie keine Metaphern sind. Wir, die wie kleine Kinder von jeder Bagatelle behaupteten, sie würde sich zu einer unlösbaren Aufgabe auswachsen – was wussten wir von *Unlösbarkeit*, wenn sie keine Metapher ist. Die Toilette ist eingefroren. Der Ausguss auf dem Hof nicht zu benutzen. Die Hausverwaltung verbietet, das Ganze in den Müllkasten zu schütten – ihr habt den Abfluss einfrieren lassen, jetzt seht zu, wie ihr ihn auftaut.

Damit nicht genug – der Eimer leckt. Mit keiner Mühe, mit keinem Mittel (nicht einmal mit Brot) ist jemand aufzutreiben, der ihn lötet. Alles zusammengenommen ist unlösbar. Die öffentlichen Bäder sind geschlossen, oder man muss stundenlang anstehen, und dazu hat man keine Kraft. Zu Hause herrscht Frost. Eimer gibt es nicht. Die Aufgabe, sich zu waschen, ist unlösbar. Es bleibt einem nur übrig, in verwilderte Erstarrung zu versinken und sich der Aufgabe zu verschließen. Alle übertragenen Bedeutungen, aus denen unsere Redewendungen für Schwierigkeiten und Verluste bestanden, sind absolut wörtlich geworden. Und diese Wörtlichkeit bürdet sich dem alten, hilflosen, schwächer werdenden Menschen auf. Er bedeckt sich mit Zeug, er bedeckt sich mit Läusen, er kommt kaum noch unter dem Berg von Bettlumpen hervor (im selben alten Zimmer, wo man abends Tee getrunken und geplaudert hat). Alles, was seinen Körper peinigt, alles, was sich um seinen Körper herum ansammelt, ist unlösbar. Man sollte es besser nicht anrühren, weil jede Berührung nur schmerzen kann. Und in dem Moment, wo die Unlösbarkeit die äußerste, verzweifelte Grenze erreicht – löst alles der Tod.

Es war sehr ähnlich, aber es ging weit darüber hinaus, was Vereinfachung, Direktheit, Wörtlichkeit betrifft.

Auch die Schuld, ihr Stoff, ließ alles Bisherige weit hinter sich. Sie hörte fast auf, psychisch zu sein, und verkörperte sich mit erschreckender Grobheit in Wörtern, Gesten, Berechnungen von Gramm und Stück.

Und entsprechend der wuchernden, sich mehrenden Schuld verringerte sich die Reue. Vielleicht, weil die Schuld schon zu groß war, um in ihrem ganzen Ausmaß erkannt zu werden, oder weil der Mensch dieselbe innere Erfahrung nicht zweimal macht, oder einfach vor Erschöpfung.

Doch wie dem auch sei, das Selbstgespräch darüber begann augenblicklich und ging weiter, mit kleinmütigen Ausweichbewegungen, mit Aufschüben und Finten, doch es ging weiter. Und er wusste, dass es bis zum Ende geführt werden musste.
Übrigens ist es falsch, den Leuten prinzipiell vorzuwerfen, dass sie sentimental von ihren Toten reden, die den Lebenden zuvor das Leben vergällt haben. Das ist nicht einfach Unvernunft, ausgelöst von der Tatsache des Todes; das ist die blitzartige Veränderung aller Impulse des Verhaltens und Bewertens. Die Impulse der Gereiztheit, Erbitterung und Verzweiflung angesichts der Unlösbarkeit aller Lebensaufgaben entfallen. Und es regen sich, freigesetzt, andere, positive Impulse, die vorher schon in unterdrückter Form existierten. Das Leben eines nahen Menschen hatte uns zu permanenten und so fürchterlichen Leiden verurteilt, dass der erste Moment nach seinem Tod unweigerlich ein Gefühl von Erleichterung mit sich brachte, vor allem aber das Gefühl, alle Unlösbarkeiten im Dasein ebendieses Menschen seien nun gelöst. Nötig war genau dieser Tod gewesen, der die Befreiung von unerträglichen Beschwernissen und Leiden brachte, damit, nach einer gewissen Zeitspanne, das zu sich gekommene Bewusstsein das psychische Grauen dieses Todes wahrnehmen konnte. So erwies sich der Tod als Bedingung und Voraussetzung für die Beziehung des Menschen zum Tod als solchem. Vor allem erwies er sich als Voraussetzung für die rein physische Erleichterung und Beruhigung des Organismus, für die relative Sattheit sogar, die dann der schwierigen seelischen Arbeit der Reue und dem Schmerz Platz machten, die Platz für die Trauer schufen.
In den ersten Tagen tat alles weh, er konnte nichts berühren. Unstillbare Trauer quälte ihn; am schlimmsten war sie in den Stunden nach dem Mittagessen, dem Wendepunkt des Tages. Lebensbrocken stauten sich in der Erinnerung. Teils sortierte, teils verdrängte er sie auf der Suche nach Erleichterung. Doch er wusste – letzten Endes musste er das alles systematisieren. Er

musste es systematisieren, sonst würde er es nie bewältigen. Als Antwort auf sein Telegramm schickte V. ihm eine üble Postkarte. Darauf standen die Ausdrücke »unser Schätzchen«, »unser goldenes Alterchen«, die eine deprimierende Wirkung auf Otro hatten. Weil er weder sich noch V. für berechtigt hielt, solche Wörter auszusprechen. Und weil die Wörter ihn trotz ihrer Unvertretbarkeit wie ein Vorwurf schmerzten. Eine Idylle hatte es nun wirklich nicht gegeben. Doch die Wörter »goldenes Alterchen« glichen dem, was geschehen war, allem, was er getan hatte, so erschreckend wenig. Wären sie doch nur ein bisschen, nur ein kleines bisschen wahr …

V. schrieb: »Wahrscheinlich bin ich irgendwie schuldig ihr gegenüber, aber ich kann mir da jetzt keine Klarheit verschaffen.« Wie sah das V. mit seinem guten Charakter ähnlich. V. empfand Schmerz und Schuldgefühle, wie sie unweigerlich jeder von uns empfindet, wenn wir die Nachricht vom Tode eines nahen Menschen erhalten. V. war ein Komiker, ein sehr kluger und qualifizierter Komiker. Doch ein Mann des Mündlichen. Schriftlich blieb er unter seinem Niveau, war provinzieller, worin sich sein Mangel an Kultur zeigte. Und er schrieb ohne mit der Wimper zu zucken Wörter, die der Schmerz vom Grund des Bewusstseins hebt und aufscheucht, die aber trotzdem tabu sind. Bei ihm würde alles schnell vorbeigehen, und er würde sich natürlich nie Klarheit verschaffen und nie auch nur versuchen, es zu tun. Er hatte dem jüngeren Bruder, dem Mann mit dem schlechten Charakter, nicht nur die ganze Last der Sorgen, sondern auch alle Qualen der Reue und Selbstbezichtigung überlassen.

Und der würde sich wirklich Klarheit verschaffen …

Es gibt hier mehrere unterschiedliche Aspekte, unterschiedliche Linien. Sie sind auf quälende Weise miteinander verknüpft. Vielleicht ist es leichter, wenn man sie trennt. Das eine ist Mitleid mit sich selbst. Das andere Mitleid mit ihr. Und zwar Mitleid mit dem unseligen Leben der letzten Monate und – ein anderer Aspekt – Bedauern darüber, dass sie starb. Und – gesondert – die detaillierte Erinnerung an den Verlauf ihres Sterbens. Und schließlich – das Wichtigste – Schuld und Reue. Das alles muss einzeln geklärt werden. Mit allerstrengsten Maßstäben, aber vielleicht auch unter Berücksichtigung mildernder Umstände, und beides muss in Beziehung gesetzt werden. In jedem Fall – wie dem auch sei, selbst wenn er eine große Missetat begangen hat, sogar einen Mord –, in jedem Fall geht sein Leben, seine Arbeit weiter. Das entspricht dem Naturgesetz. Das geschieht in jedem Fall, unfehlbar. Und deshalb sollte er, statt sich aufs Geratewohl Nadeln unter die Fingernägel zu bohren, lieber alles systematisieren …

Nummer eins – das Selbstmitleid. Das Problem des eigenen Verlusts. Damit kann man, wie es scheint, trotz allem noch am leichtesten fertigwerden. Ja, ihn quält Trauer, ohne Atempause. Sie bringt ihn an den Rand der Hilflosigkeit. Eine Trauer, die jeden Moment eine Veränderung der Lage verlangt, weil es einem in jeder Lage schlechtgeht. Also glaubt er zu Hause, dass es ihm am Arbeitsplatz viel besser gehen wird, und am Arbeitsplatz trifft er hysterisch Anstalten, gleich wieder nach Hause zu stürzen, wo er sich unter der Bettdecke verkriechen kann. Doch tatsächlich ist es zu Hause zu kalt und zu still. Ihm fallen entfernte Bekannte ein, die aus irgendeinem Grund noch nicht weggefahren sind. Er macht sie, ohne Anstrengungen zu scheuen, voller Hast ausfindig, in der manischen Überzeugung, dass es ihm bei ihnen gleich besser gehen wird. Doch die fremden Leute sind eine unmögliche Belastung für die Nerven; man muss sie schnellstens loswerden. Nie hat ihm einer seiner Misserfolge, einer seiner Liebesverluste, die auch schweres Leid auslösten, diese besondere nostalgische Trauer beschert. Etwas Ähnliches hat er erst einmal im Leben erfahren, als er, fast noch ein Jugendlicher, zum ersten Mal sein Elternhaus verließ und in eine fremde Stadt fuhr. Das war gleich nach dem Bürgerkrieg, zur Zeit des Chaos, als Räume und Verkehrsverbindungen etwas furchtbar Kompliziertes waren und sein Zuhause unwiederbringlich verloren schien.

Damals bedrückte ihn lange – bis er sich an die Situation gewöhnt hatte – eine gegenstandslose, hilflose Trauer.
Auch die jetzige Trauer war gegenstandslos. Sie war nicht zielgerichtet, enthielt nicht den vergeblichen Wunsch, Entschwundenes zurückzuholen. Man konnte nicht wirklich die unlösbare Bürde und Finsternis des verstrichenen Jahres zurückholen wollen. Man konnte nicht die schreckliche Tretmühle zurückholen wollen. Doch vom plötzlichen Anhalten war ihm übel. Der Organismus konnte sich nicht gleich darauf einstellen, dass ihm die Last, die mit ihm verwachsen schien, genommen worden war. Er trauerte nicht um den Menschen, der schon lange kaum noch dagewesen war, sondern um die Gewohnheiten, die sich unter Qualen gebildet und zur einzig möglichen Existenzform gefügt hatten; um die Motivierung des tagtäglich erneuerten Bewegungszyklus. Die Existenz verlor die erzwungene Form, die sie überhaupt ermöglicht hatte; eine neue musste gefunden werden – das brauchte Zeit. Erst einmal war ihm vor Leichtigkeit übel.
Das war die obere Schicht der Trauer. Darunter lagen tiefere. Mit diesem Tod verlor er den letzten Rest Jugend. Er verlor die konstante Grundlage seines Alltags, das ihn belastende, enervierende, aber feste und beständige Element der Familienzugehörigkeit, das Bindungen und Brüche der Liebe überlebt und dem Alltag Form gegeben hatte. Er verlor die letzte der schwierigen und unabwendbaren menschlichen Verpflichtungen und damit seine letzte Menschlichkeit. Er wurde sozial leicht bis zur Schwerelosigkeit, als es nichts mehr gab, was das Gewicht des Wortes Familienoberhaupt ausmachte. Die Gleichgültigkeit drohte absolut zu werden. So lag in den tieferen Schichten der Trauer die Trauer um seine Menschlichkeit.
Manchmal, wenn sie besonders groß, besonders heftig war, rief die Trauer den wahnsinnigen Wunsch nach Rückkehr in ihm hervor. Er sehnte sich nach dem Sitzen am Ofen, den hirnverdrehenden Scherereien mit dem Essen, dem Körper, schwer vom Markkohl[3] (das waren die besten Erinnerungen), der satten Papi-

rossa und der Standardfrage: »Hast du noch nicht geraucht? Was habe ich es früher nicht gemocht, wenn du geraucht hast. Jetzt mag ich es richtig. Du bist dann so nett.«

All das schien ihm erfüllt von verlorenen menschlichen Bedeutungen. Das war Alltag, quälend und karg, aber Alltag – ein Zusammenhang von Dingen, wo der Abfalleimer, die Öllampe, Pfannen von verschiedener Größe ihre Bedeutung hatten.

Dieser Alltag war ein Zyklus sich ewig erneuernder körperlicher Schwierigkeiten und Leiden, doch er bot Möglichkeiten des psychischen Ausruhens, des Abschaltens. Das Rühren im Topf, der mit Markkohl vollgestopfte Bauch, die träge Papirossa, das holprige, unbestimmt-gegenstandslose Gespräch mit der Tante, sogar das Anfauchen und die Gereiztheit – es war Ausruhen, denn mit all dem ließ sich die Unterbrechung schwieriger seelischer Arbeit motivieren. Es war ein Vorwand für Muße.

Und indem er einzelne Vorstellungen aus dem furchtbaren Kontext riss, sehnte er sich voller Trauer danach. Doch der furchtbare Kontext wurde gleich wieder überdeutlich, und dann wurden die Vorstellungen fast unmerklich durch andere ersetzt, die aus dem vorigen Leben übernommen waren. Aber das vorige Leben war weggerückt, und aus dem vorigen Leben wollte er keinen. Er stellte sich in Gedanken vor, wie er bei diesem oder jenem zu Besuch war, und fast jedesmal fühlte er sich überflüssig und gelangweilt und sogar angewidert. Er wollte das nicht. Besser das, was auf dem Tisch stand, mit nach Hause nehmen. Das hätte er gewollt. Er wollte das kleine Zimmer der Tante (mit den spießigen Ambitionen, die ihn ärgerten), wollte, dass die Lampe brannte, dass Leute am Tisch saßen, die spontan zu Besuch gekommen waren, am besten Zimmernachbarn, dass dort unbedingt die Tante saß oder eher durchs Zimmer wirbelte, erheitert von Gästen und Gesprächen (es ärgerte ihn, wenn sie sich zu sehr ins Gespräch mischte). Er sehnte sich dermaßen danach, dass er sich nicht einmal die Mühe machte zu überlegen, was genau auf dem Tisch stand und wie sie es aßen. Das war es, was er aus dem vorigen Leben wollte. Menschlichkeit. Das Bewusstsein, dass er, das Familienoberhaupt, dem hilflosen Geschöpf ein gutes leichtes Leben ermöglichte. Die Leute plauderten, rauchten, knabberten am Tisch. Die Tante schenkte Tee ein. Das Leben der Tante war sein Werk, das ihm in diesem Moment gelungen vorkam (es gab auch ganz andere Momente). Es war gut, war richtig. Genau diese Vorstellung aus dem vorigen Leben begleitete ihn jetzt und weckte seinen Wunsch. Das wollte er. Aber das konnte ja nie wiederkommen. Und das Andere, eben erst Durchlebte zu wollen war Wahnsinn und Umnachtung.

Und so versucht er nun, endlich, das Problem des Selbstmitleids und seines Verlusts zu klären. Ja, er hatte die Reste seiner Jugend und die Reste seiner Menschlichkeit, hatte Alltag und Zuhause verloren. Doch das, woran er zurückdachte – Kohlstrünke, Papirossa, abendliche Gespräche –, das stammte alles aus der Zeit der Atempause. Was man im Winter hätte erleben müssen, hätte man letztlich nicht überleben können. Es hätte ein Maximum an Unlösbarkeiten des Alltags bedeutet, mit drohendem tödlichem Ausgang. Gefrorene Eimer mit Unrat, Wasserschleppen aus dem Keller, nicht aufzutreibendes Brennholz, unaufhörliche körperliche Leiden. Wieder Auszehrung, Arbeitsunfähigkeit, ein Körper, der sich auf Schritt und Tritt verändert. Sich selbst bedauern, den Verlust von Menschlichkeit und Alltag bedauern – das ist fast schon Heuchelei oder schlechte Sentimentalität. Das ist seelischer Luxus, wozu das grausame Dasein ihm kein Recht gibt. Und überhaupt, wenn man anfängt, sich selbst zu bedauern ... Das muss abgestellt werden. Man muss klipp und klar sagen: Dieser Tod hat ihm Gesundheit, Arbeitsfähigkeit, vielleicht das Leben erhalten ... Und gerade deshalb trägt dieser Tod einen besonders fruchtbaren Keim der Reue in sich. Reue ist bislang noch kein seelischer Luxus ... Man darf nur keinen Vorwand für geistigen Müßiggang daraus machen. Doch auf die Frage der Reue wird er noch zurückkommen.

Was nun die wärmenden, anziehenden Vorstellungen aus dem

vorigen Leben betrifft, so würde es das alles nicht mehr geben. Die Menschen, die unter der Lampe plauderten und knabberten, die würde es – so, wie er sie haben wollte – nicht mehr geben. Nicht, weil es keine Lampen, Leute oder Knabbereien mehr geben würde. Sondern weil die Tante nicht mehr da sein würde, die das Zentrum der ganzen Vorstellung war – die lebhafte, wuselnde, alle ein wenig störende, aber im Grunde allseits beliebte Tante, das gelungene Werk seiner Hände. Stattdessen wäre da für alle Zeiten die abstoßende Alte gewesen, hinkend, halbtaub. Das war schwer zu verstehen, aber man musste es unbedingt verstehen. Im Leben mit der Tante war die Rückkehr zu etwas Gutem nicht mehr möglich gewesen. Nur Beschwernis. Doch er hätte diese Beschwernis weiter und weiter getragen; er hätte sie endlos lange tragen wollen, das Leben riskierend, alle möglichen Leiden riskierend. Nicht aus Liebe, sondern aus egoistischer Angst vor der Reue.

Die Frage nach ihm selbst musste weggeschoben, weggedrängt werden. Sie war nicht bedeutend genug. Und ohnehin ließ sich der Schmerz des Verlustes nicht von der bohrenden Qual der Reue in seinem Innern trennen. Schwer zu sagen, was vom Verlust bliebe, wenn die Qual eliminiert würde. Jedenfalls waren all diese Bilder, die seine Erinnerung verstörten, in hohem Maße nur scheinbare Wunschbilder, bedeuteten nur scheinbar den Wunsch nach Rückkehr; in hohem Maße waren sie Wunschfiktionen, geboren aus der Reue. Sie waren da, um das Gefühl, falsch gehandelt zu haben, so lange wie möglich wachzuhalten und zu nähren.

Die Frage nach ihm selbst und seinen Verlusten war obskur, unecht und ganz klar zweitrangig. Im Zentrum stand ein anderer Mensch. Ein Mensch, der sein Leben verloren hatte. Otro glaubte nicht, dass der Exzess des Todes, die Millionen Tode, die damals unsere Existenz umgaben – dass das etwas Prinzipielles an der Einstellung zu der Tatsache änderte. Es erzeugte natürlich Gleichgültigkeit, Gewohnheit, Abstumpfung der Gefühle, doch in der Bewertung der Tatsache durfte sich das auf keinen Fall widerspiegeln. Die Gefühle eines Arztes gegenüber menschlichem Leiden und Tod sind auch professionell abgestumpft. Daraus folgt nicht, dass er den Tod seines Patienten für eine Tatsache halten sollte, die keine Bedeutung hat. Millionen Tode (der quantitative Faktor) sind nur schrecklich, wenn der Tod jedes einzelnen Menschen schrecklich ist. Wenn er keine besondere Bedeutung hat, haben auch Millionen Tode keine besondere Bedeutung. Und dann können die Millionen Tode um so weniger die Einstellung zur Tatsache des einen verändern.

Außerdem verspürte Otro ein tiefes inneres Widerstreben gegenüber der gängigen Formulierung: Jetzt, wo so viele junge blühende Leben zugrunde gehen – lohnt es sich denn dann … Oder: so viele wertvolle, nützliche Leben …

In seiner Eigenschaft als eingefleischter Skeptiker wusste Otro nicht genau, was ein wertvolles und nützliches Leben war. Und für wen es *nützlich* war. Nur die unerschütterliche Vorstellung einer auf das Absolute gestützten Wertehierarchie könnte helfen, diese Frage zu beantworten. Doch eine solche Vorstellung hatte Otro nicht. Und außerhalb davon kannte Otro, wenn er ehrlich war, nur die Empfindung der Existenzberechtigung, die jeder Mensch hatte, und sein intuitiv begriffenes Recht auf diese Empfindung. Otro war noch relativ jung, er hatte die Berufung zu schreiben; er hatte den Willen, seiner Berufung zu folgen, und der war bis jetzt noch ungebrochen. Die Tante war eine alte Frau; sie hatte in ihrem ganzen Leben nichts getan und im Grunde wenig geliebt. Jetzt war sie nutzlos, ein Klotz am Bein. Doch Otro war Skeptiker, und wenn er mit der Verstorbenen innerlich komplizierte Bilanzen aufstellte, konnte er sich nicht einmal zum Trost sagen: Mein Leben ist nützlicher, und deshalb musste dein Leben geopfert werden. Für wen nützlicher? – Für die, die lesen würden, was er schrieb … Und *warum* (und wozu) soll es einen Nutzen für sie haben? Weil er ein unmittelbares, empirisch gegebenes Gefühl vom Wert der objektiven Verkörperung seiner Gedanken hat. Aber die Tante hatte genauso ein unmittelbares Gefühl ihrer Existenzberechtigung. Und er hatte ein unmittelbares Gefühl seiner Verpflichtung als Blutsverwandter, das für niemanden nützliche Leben der Tante zu erhalten, sogar zu Lasten seines objektiv wertvollen Lebens. Und jede Abweichung von dieser Verpflichtung wurde unverzüglich mit Reue geahndet. Mithilfe welcher Kriterien kann ein Skeptiker eine Hierarchie all dieser Intuitionen und unmittelbaren moralischen Gegebenheiten aufstellen? Er kann nur sagen, dass das Leben eines jeden Menschen für ihn selber nützlich ist und dass die Menschen bezüglich ihrer Existenzberechtigung gleichgestellt sind. In ihren letzten Lebensmonaten kehrte die Tante jeden Morgen deshalb ins Leben zurück, um im Laufe des Tages ein bestimmtes Quantum an Geschmacksreizen zu empfinden. Otro empfand neben Geschmacksfreuden noch einige intellektuelle Freuden, die aber eher schwerer Arbeit ähnelten. Die Frage nach einem objektiven Wert und Nutzen blieb unlösbar, damit zu operieren war sinnlos.

Die Tante hatte zweifellos eine Existenzberechtigung wie alle anderen auch. Die Frage lief also darauf hinaus, um was für eine Existenz es ging. Auch hier eröffnete sich die Gelegenheit für alle möglichen Winkelzüge. Otro hatte schon immer Gespräche abgelehnt, in denen es darum ging, dass ein Mensch zur rechten Zeit gestorben sei, dass der Tod ihn vor großen Leiden gerettet habe usw. In solchen Gesprächen verbarg sich immer viel von dem heimlichen Wunsch der Verwandten, sich das Leben durch den Verlust leichter zu machen und den Verlust durch derartige Gespräche. Otro nahm an, dass der Mensch es, grob gesagt, besser wusste, und wenn er noch lebte, dann hieß das, dass sein Lebenswille noch nicht versiegt war. Er hatte schon begriffen, dass der Lebenswille selten durch Leiden abgetötet wird (höchstens wenn sie als jäher Affekt zum Selbstmord verführen). Dass es aber ein allmähliches Abklingen, Dahinschwinden des Willens gibt, ein Leben, das dem Minimum zustrebt, sich dann fast auflöst. Die Dystrophie hat uns an den Anblick einer allmählichen, stetigen und letztendlich leichten Zerstörung des Menschen gewöhnt, eines Vorgangs, bei dem der letzte Akt schon keine besondere Bedeutung mehr hat. Und das herzerschütternde Geheimnis dieses Vorgangs – des allmählichen Zerfalls eines Menschen – besteht darin, dass wir nicht einmal genau wissen, in welchem Moment wir unsere Lieben beweinen sollen. Vielleicht hätten wir sie am 22. Juni beweinen sollen. Wie stellte sich nun die Existenz der Tante vor ihrem Tode dar, und wie viel Leben hatte sie noch in sich, dessen Fortsetzung vom Willen sanktioniert wurde?

Und hier muss man wieder, um nicht durcheinanderzukommen, um systematisch vorzugehen und das drückende Joch abzuschütteln, drei Momente klar differenzieren. Ihre Existenz im früheren Leben; die Existenz zur Zeit der Atempause. Und als Drittes – die Existenz, die sich in der letzten Zeit herauszubilden begann und die sich im Winter endgültig herausgebildet hätte. All das musste im Wirrwarr der anbrandenden, die Erinnerung verstörenden Bilder (Vorstellungen) differenziert werden.

Das erste Moment war im Ganzen positiv. Der alte Mann, ein Mensch mit schwachem Antrieb, war so gewesen, dass man sich nur mit Mühe an etwas Gutes in seinem Leben erinnern konnte, seit dieses Leben beschwerlich geworden war. Dagegen konnte man sich im Zusammenhang mit der Tante an Gutes, Amüsantes, Leichtes erinnern, so viel man wollte. Das alles bezog sich aber auf die Oberfläche. Auf der anderen Seite lastete all das Leichte, Leichtsinnige und Unvernünftige schwer auf Otros Leben. Jedenfalls konnte die Tante – mit ihrem Antrieb, ihrer Widerstandskraft und ihrem unveränderlichen Wunsch, Vergnügen zu genießen und Unangenehmes zu verdrängen – dem Leben Freude abgewinnen, und deshalb konnte man ihr das Leben organisieren, auch wenn man über beschränkte Mittel verfügte. Und das tat Otro. Dieses Leben war ein Auf und Ab. Das Geld reichte nicht, Otro war gereizt und schwierig. Aber im Wesentlichen war es das, was sie brauchte. Es war eine Art Boheme-Leben, mit Zerstreuungen, mit einem Minimum an Pflichten. Ihre Pflichten und ihre Tätigkeit waren gespielt, fiktiv. Sie bestand darauf, weil sie das amüsierte, aber diese Dinge konnte man tun, und man konnte sie auch lassen. Ihr Leben war so organisiert, dass sie keine Mühe investieren musste. Sie investierte nicht mehr Mühe, als ihr Spaß machte. Sie machte Besuche und ging in Konzerte im Literaturclub. Otro gefiel das. Ihm gefiel es, wenn man ihm sagte, die Tante sei ein Wunder an Vitalität und Jugendlichkeit. Ihre leichtfertige Art zu leben war das Werk seiner Hände.

Und das musste er sich fest einprägen – diese Lebensart hatte unwiederbringlich ihr Ende gefunden. Weil die Wiedereinrichtung einer solchen Art zu leben generell die Sache einer fernen, überirdischen Zukunft war und vor allem, weil der Mensch, zu dem diese Art passte, sein Ende gefunden hatte. Die Dystrophie hatte ihn viel früher zerstört als der Tod. In diesem Sinne hätte man die Tante nicht beweinen müssen, als sie tot auf Otros Schreibtisch lag, sondern viel früher, in irgendeinem kaum fixierbaren Moment. Doch Otro war wie die meisten Blockademenschen nicht imstande, Lebende zu beweinen. Es verschlang zu viel Zeit, Mühe, Wut und Kummer, sie am Leben zu erhalten.

Das zweite Moment war der Alltag, wie er sich zur Zeit der Atempause gestaltete. Darin gab es viel Schreckliches – das immer schlimmere Debakel und Chaos der Dinge, der Schmutz, der sie immer dichter bedeckte (früher war sie sehr reinlich), Tage voller Schweigen und Einsamkeit. Doch es gab »die kleinen Freuden«, wie die Tante unumwunden sagte. Der Mensch bewahrt sich unter allen Umständen manche seiner angeborenen Eigenheiten, und sie schöpfte eben wie früher Freude ab. Es versteht sich, dass kleine Freuden unter den waltenden Umständen aufs Essen hinausliefen (früher war Essen ihr eher gleichgültig). Sie musste wegen des Hungers viele Leiden erdulden, aber Freuden gab es tatsächlich auch. Das konnte Otro organisieren. Jeden

Tag hatte sie etwas zu erwarten. Und war es für jemanden mit ihren Anlagen nicht egal, worauf sie sich kindlich freute – darauf, dass sie einen Besuch machte, oder darauf, dass es abends Kakao mit Konfekt geben würde? Die Essensmanie, die Otro damals beherrschte, half ihr, dem Leben etwas Interessantes abzugewinnen. Er plagte sich mit dem Kochen ab, blieb deshalb zu Hause, besprach mit ihr den Speiseplan. Auf dieser Basis hielten sie Freundschaft. Sonst hatte sie die Angewohnheit, über Themen zu sprechen, die ihn reizten. Einmal sagte sie plötzlich: »Mit dir kann man nur übers Essen reden. Dann bist du freundlich. Sonst wirst du immer böse.« Er widersprach nicht; er schämte sich für sein Verhalten. Alles, was er kochte, fand sie ⟨lecker?⟩ Es gab Essensfeiern (Päckchen). Und fast jeden Tag brachte er triumphierend etwas Besonderes mit. Die Tante freute sich, und dann war er freundlich. Denn ihr Wohlergehen besänftigte ihn (ihr Wohlergehen war sein Werk – daran weidete er sich), während ihre Leiden, die er nicht beenden konnte, ihn in ohnmächtige Wut versetzten.

Doch der Alltag, der sich irgendwie eingespielt hatte (hier beginnt das dritte Moment, das differenziert werden muss), war der Alltag der sommerlichen Atempause. Im Winter wäre alles auf furchtbare Art anders gewesen. Ihrem Leichtsinn gemäß verstand sie nicht, was sie erwartete. Sie verließ sich darauf, dass er irgendetwas organisieren würde. Und ihm wurde kalt vor Angst. Doch schon frühzeitig, im Vorhinein, begann sie sich selbst auf furchtbare Weise zu verändern, wurde immer unfähiger, einen wie auch immer gearteten Alltag zu meistern. Sie vergaß Dinge, wurde schwerhörig, die Beine versagten ihr allmählich den Dienst. Schon wäre nicht nur die Rückkehr zu dem Menschen unmöglich gewesen, der im vorigen Leben existiert hatte, sondern auch die zu dem Menschen aus der Sommeratempause. Es begann ein Drittes. Das es noch hätte geben können. Sie durch all die Leiden zum neuen Sommer zu schleppen. Ein Drittes – einen Menschen, in dem allmählich alles abstarb und parallel auch Widerstandskraft und Lebenswille abstarben. Es gab schon keine Rückkehr mehr für sie. Man hätte sie nur noch waschen, ihr frische Sachen anziehen, alles Schwere von ihr fernhalten, sie betten, ihr Leckerbissen geben können. Er hätte das gewollt, das hätte er tatsächlich gewollt; das war eine der wenigen Sachen, die er gewollt hätte. Und das würde es nicht geben. Aber er hatte sich doch darangemacht, das Material, das in der Erinnerung angehäufte Material zu systematisieren. Er musste systematisieren, statt zu wiederholen: Du Ärmste, ach, du Ärmste, du Ärmste, du Ärmste ...

Waschen, beruhigen, Leckerbissen geben – das wäre ein Sieg gewesen, einer der Millionen von menschlichen Siegen über das Böse der Welt, die Millionen von Menschen erringen, denen es gelingt, jene, für die sie verantwortlich sind, am Leben zu erhalten. Aber wann wäre es so gekommen, und was von ihr hätte man dann noch am Leben erhalten können.

Heute würde Otro um nichts in der Welt die Worte wiederholen, mit denen man ihn zu trösten versuchte: Der Tod hat sie vor großem Leiden bewahrt etc. Leben ist Leben mit allen seinen Rechten. Doch das Leben, das sie verloren hatte, war zweifellos bereits ein Leben mit maximal reduzierten Möglichkeiten, das bereits der Auflösung zustrebte. Und das vereinfachte und erleichterte den Tod.

Otro war stolz darauf, dass die Tante den Winter überlebt hatte. Was auch sein Werk war. Er mochte es, wenn man mit ihm darüber sprach und sich wunderte, wie es ihm gelang, sie am Leben zu erhalten. Und jetzt, als das Unglück geschehen war, fühlte er sich erniedrigt, er schämte sich. Bemerkenswert, dass die Tante, die das Gefühl von Überlegenheit anderen gegenüber genoss, selber stolz darauf gewesen war, dass sie noch lebte, und sich anderen – vor allem älteren Menschen, mit denen sie sich vergleichen konnte – überlegen fühlte, wenn sie Geschichten von deren Tod hörte.

Die Tante besaß so viel Vitalität, dass Otro überzeugt war – sie hatte noch ein langes Leben vor sich. Doch die ewige Jugend konnte natürlich nicht ewig andauern. Und Otro hatte um ihretwillen vor zwei Dingen panische Angst: Er hatte Angst, sie könnte bewusst sterben, was ein einziges Grauen gewesen wäre und ein Klammern an das entschwindende Leben; und er hatte Angst vor dem Wendepunkt, der ja irgendwann kommen musste, dem Moment des Übergangs zur Gebrechlichkeit, zu einem Zustand, wenn kein Leichtsinn mehr dabei helfen konnte zu ignorieren, was vor sich ging. Immerhin behauptete sie bis jetzt ihre Stellung. Mit fünfundsiebzig Jahren überraschte und kränkte es sie, wenn man sie Großmutter nannte (obwohl sie schon Urgroßmutter war). Eine Frau bot ihr in der Straßenbahn ihren Platz an (solche Dinge erzählte sie gerne) und sagte dabei: »Setzen Sie sich doch, Babuschka.« Verlegen erklärte sie: »Na ja, so eine einfache Frau, weißt du …« Mit fünfundsiebzig Jahren beklagte sie sich, dass sie in letzter Zeit stark ergraut sei. Otro stellte sich mit Schrecken vor, wie sie es aushalten würde, gebrechlich zu werden. Er machte den in solchen Fällen üblichen Fehler – man berücksichtigt nicht, dass sich das psychische Absterben parallel zum physischen vollzieht. Dass die ersten grauen Haare und Falten für eine Frau eine Tragödie sein können, das Eintreten der Gebrechlichkeit aber kaum. Doch die Tante hatte einen so außergewöhnlich starken Lebenswillen, dass der Prozess in diesem Fall sehr schmerzhaft sein konnte.

Tatsächlich geschah alles ganz anders, als es hätte geschehen müssen. Der Tod kommt vermutlich immer oder fast immer anders.

Der Lebenswille starb allmählich ab, entsprechend dem Fortgang der Dystrophie. Wenn sie klagte, insbesondere wenn sie über Otros Grobheit klagte, sagte sie: »Was für eine Angst ich früher vor allem hatte. Auch vor den Bombardierungen. Jetzt habe ich keine Angst. So ein Leben ist mir ohnehin nichts wert.« Sie hatte wirklich keine Angst. Aber die Erklärung war falsch. Nicht die Leiden vernichteten den Selbsterhaltungstrieb, son-

dern die Erschöpfung. Das bereits unüberwindliche Bedürfnis des ausgezehrten Körpers nach Ruhe, nach Reglosigkeit.
Der Körper degenerierte, und nach alter Gewohnheit machte sie das befangen. Sie scheute sich, in den Spiegel zu schauen, doch manchmal tat sie es und sagte dann: »Wie hässlich ich geworden bin, sogar meine Ohren sind wie bei einem Hund lang und durchscheinend.« Oder: »Irgendwie gehen mir fast alle Haare aus. Ich habe fast keine Haare mehr.« Nach alter Gewohnheit war sie befangen; wenn sie allein war, langweilte sie sich, aber die Gegenwart von Menschen machte sie befangen. Es wäre grässlich für sie gewesen, ihre Freunde zu treffen. Zum Teil tröstete sie, dass es allen diesen Freunden ebenfalls schlechtging. Dass sie schlecht aussahen. Ihre hartnäckige Ablehnung, sich zu ihrer Familie evakuieren zu lassen, rührte in vieler Hinsicht von dieser Befangenheit her. Dort gab es eine fast taube Schwester, der sie sich immer maßlos überlegen gefühlt hatte. Und jetzt sollte sie selber halb taub und hilflos dorthin fahren. Den ganzen Zusammenhang erwähnte sie nur nebenbei, mit dem Satz: »Meine Leute würden mich gar nicht mehr wiedererkennen.« Erheblich weniger befangen machte sie, dass sie ihre Beine kaum noch gebrauchen konnte, ihre Schwerhörigkeit hingegen machte sie befangen, weil sie sich sozial degradiert fühlte, weil sie nicht mehr gleichberechtigt kommunizieren konnte. Und hier war die Erinnerung an die zeit ihres Lebens verachtete behinderte Schwester (man konnte sie nicht einmal verheiraten) von entscheidender Bedeutung. Nach alter Gewohnheit war sie befangen und verhemmt ⟨sic!⟩, sie hatte ihre Schwerhörigkeit noch nicht akzeptiert. Sie sagte zu Otro: »Du redest so, dass man nichts verstehen kann. Irgendwie nuschelst du.« Und wenn Otro dann grob und gereizt die Stimme hob, damit sie ihn hörte, kränkte sie das wie keine andere seiner Grobheiten. »Warum schreist du so? Dann verstehe ich gar nichts (das war eine List – sie verstand dann sehr wohl), rede normal, nur deutlich.«
Eine Nachbarin sah herein. Unter anderen Umständen wäre das

eine schöne Zerstreuung gewesen. Aber ein gleichberechtigtes Gespräch war für sie nicht mehr möglich. Als die Nachbarin gegangen war, fragte sie: »Was hat die A⟨nna⟩ M⟨ichailowna⟩ erzählt? Wenn sie etwas zu dir sagt, spricht sie so leise, dass man nichts versteht.«

Im Grunde konnte sie sich nur mit Otro unterhalten, der extra laut sprach. Und er dachte: Jetzt ist unser Alltag eben so, aber wenn sie wieder mit anderen kommunizieren muss – was dann?

Sie war nach alter Gewohnheit befangen, aber eine Tragödie war das nicht mehr. Vor allem half ihr, dass sie die Begründung wechselte. Was geschah, nahm sie nicht als natürlichen Eintritt der Gebrechlichkeit wahr – das akzeptierte sie nicht –, sondern als Dystrophie, als Krankheit, als etwas von ihrem Standpunkt aus Temporäres, Vorübergehendes. Denn was ihr passierte (und sogar Schlimmeres), passierte rundherum gesunden jungen Leuten. Also lag es nicht daran, dass sie ein altes Weib war. Das machte es ihr leichter. Dass es sich um ein allgemeines Phänomen handelte, machte es ihr auch leichter. So nahmen die Menschen während der Revolution gelassen den Verlust ihres Eigentums hin – dieselben Leute, für die das unter alltäglichen Umständen eine furchtbare Katastrophe gewesen wäre.

Sie trat die Gebrechlichkeit also mit einem Begründungswechsel an, der ihr auszublenden half, dass der Prozess für sie irreversibel und endgültig war. Sie trat die Gebrechlichkeit vor der Zeit und auf objektiv katastrophale, entsetzliche Weise an, aber innerlich, subjektiv erleichtert. Genauso, mit allmählich schwindendem Lebenswillen, näherte sie sich dem Tod. Und dieser Tod war unbewusst. Allerdings gab es einige Symptome, einige Momente, die Otro quälende Zweifel einflößten. Wenn sie es nun doch gewusst hatte, als sie nicht mehr sprechen konnte … Er ging angespannt die Symptome durch, er führte Argumente dafür und dagegen an und konnte das Problem nicht lösen …

Jedenfalls war es das, was man normalerweise einen unbewussten Tod nennt, einen leichten Tod. Jedenfalls gab es keinen Todesschrei und kein Klammern ans Leben. Es war ein Dystrophie-Tod, ohne unnötigen Lärm. In seinem Kontext gab es viele düstere Details – Läuse, Lumpen, das Grab nur gegen Wodka, den Handwagen. (Otro fand übrigens, dass im Vergleich zum Wichtigsten, der Entscheidung des menschlichen Schicksals, die Details nach dem Tod nicht die geringste Rolle spielten.) Aber der Tod selbst war nicht schrecklich. Er war für sich genommen weniger schrecklich als vieles andere. Als das, was Otro getan hatte und was er ⟨nicht⟩ getan hatte, als das, wodurch er schuldig geworden war.

Und nachdem er den Kreis der Eindrücke abgegangen war, die sich im Gedächtnis angesammelt hatten, stieß Otro wieder an die Grenze, die ewige Grenze aller Egoisten, die ihre Lieben verloren haben: die Frage nach der eigenen Schuld und Reue.

Das war wieder ein Knoten, von dem Fäden in verschiedene Richtungen liefen. Indem man ihnen folgte und sie verfolgte, den Knoten löste, konnte man wieder weit kommen, in die Ferne und in die Tiefe. Man konnte wieder zu den fundamentalen Widersprüchen von Leben und Tod gelangen, zu den Begriffen Zeit, Verbindung, Genuss und Leiden. Doch es hatte keinen Sinn, diesen Kreis ein zweites Mal zu beschreiben.

Etwas war jetzt von vornherein klar. Er wusste jetzt bereits, dass es ungerecht war, Menschen zu beschuldigen, dass sie die Toten beweinen, wenn sie die Lebenden nicht geschätzt haben. Es handelte sich nicht um unbegreifliche Unvernunft, sondern um die grundlegende Veränderung von Impulsen. In den meisten Fällen hegen die Menschen gegenüber ihren Lieben keine wirklich hässlichen Gefühle. Das hässliche Gefühl, das sie beherrscht, ist das flüchtige und auf derselben Basis ständig wiederauflebende Gefühl der Gereiztheit. In Abwesenheit des nahen Menschen ruht die Gereiztheit, und dann treten ungehindert die auf ihn gerichteten guten Gefühle in Kraft, darunter Reue und das Bedauern der eigenen Grobheit, für die es im Moment keine Impulse gibt und die deshalb innerlich nicht mehr nachvollziehbar ist. Und jetzt ist die Abwesenheit ewig. Die Gereiztheit hat für immer aufgehört; Bedauern und Reue sind irreversibel. Der ganze Bereich dehnt sich ins Unendliche aus.

Und noch eine Sache war jetzt von vornherein klar – das Problem des Endes, der letzten Eindrücke. Otro wusste bereits – die größte Pein des nahestehenden und Schuld tragenden Menschen ist der Gedanke an das traurige Ende, an ein Letztes, das durch keinen Folgeeindruck mehr aufgehoben und gelöscht werden kann. Im Leben der Tante hatte es schwierige Phasen gegeben (nicht solche natürlich), und Otro ließ das damals wie heute ziemlich kalt. Sie wurden durch die folgende Phase aufgehoben. Aber dieses hier wird nie und durch nichts aufgehoben. Doch Otro wusste bereits, dass ein Bewusstsein, dem die klaren Verbindungsprinzipien genommen sind, diese Pein nicht durchleidet – das war eine Aberration. Für einen Sterbenden, vor allem für einen unbewusst Sterbenden (ein bewusst Sterbender sieht sich quasi von der Seite aus zu), ist die Abfolge der Lebenserfahrungen gleichgültig. Eine seiner Lebenserfahrungen erweist sich als letzte. Doch jemand, der die ganze Zeit dabeisteht und Schuld und Verantwortung auf sich nimmt, konstruiert das fremde Leben unaufhörlich. Und für ihn ist der letzte, irreversible Moment (die Vollendung, die Entscheidung) von schrecklicher Bedeutsamkeit erfüllt.

Das sind jetzt Voraussetzungen, die von vornherein feststehen. In allem übrigen muss man sich Klarheit verschaffen.

Die Tante starb an Auszehrung. Den Rest gaben ihr der Kälteeinbruch, die Arbeit, zu der sie nicht mehr die Kraft hatte, eine Vielzahl grausamer einzelner Umstände ihrer Existenz. Dieses Leben unterlag seiner Verantwortung, er hatte es organisiert und vermochte es nicht zu bewahren. Folglich war dieser Tod seine Schuld, seine Schwäche und Erniedrigung. Es zu bewahren wäre unter den bestehenden Verhältnissen sehr schwer, aber vermutlich nicht unmöglich gewesen. Otro mit seinem festen Glauben an die unbegrenzten Möglichkeiten menschlichen Wollens konnte eine derartige Frage gar nicht mit Nein beantworten. Man hätte wirklich wollen müssen, man hätte grübeln und sich bemühen müssen, um dieses Leben zu bewahren. Und dann wäre es nicht unmöglich ⟨gewesen⟩. Doch alles, was geschah, geschah in einer Welt hyperbolischer Wörtlichkeiten. Um ein fremdes Leben zu bewahren, musste man teilen, das letzte Stück Brot teilen, *buchstäblich* das letzte Stück Brot teilen. Ein Gramm mehr dorthin – ein Gramm weniger für einen selbst. Jede Kalorie, die dorthin wanderte, verschwand aus seinem Leben. Das war eine exakte Kalkulation.

Materiell, physisch tat er nicht wenig. Am meisten gab er in der schlimmsten Zeit ab – in der 125-und-200-Gramm-Epoche.[4] Damals teilte er das einzige Mittagessen und begnügte sich oft mit der Suppe. Damals hatte ihn die Gier noch nicht durchdrungen, und es fiel ihm leichter. Dann kam die Phase der erweiterten Möglichkeiten, als menschliches Wollen sich nicht nur blindlings zum Opfer bringen, sondern viel erreichen konnte. Und er erreichte viel. Er stand Schlange und kochte, er trug Essgeschirr und Einmachgläser und ergatterte Extra- und Sonderrationen (worauf die Tante, abgesehen von allem anderen, sich etwas einbilden konnte, weil es ihr ein Gefühl der Überlegenheit gab). In allen Phasen dieses Jahres war er Familienoberhaupt, Organisator des Lebens. Derjenige, der die einzige Portion Kascha von seinem Teller in eine Plastikschachtel kippte, derjenige, der später das schwere Moskauer Paket – nicht alle bekamen es, nur das Schriftstelleraktiv – mit Schokolade, Öl, Konserven im Kissenbezug heimschleppte. Der es schleppte, vergehend vor Ungeduld, es zu zeigen, zu verblüffen, und dabei dachte: Wie dumm wäre es, wenn ich jetzt von einem Geschoss getötet würde. Er war derjenige, der triumphierend den Lachs auswickelte, den er für seine Fleischmarken in der Kantine gekriegt hatte. »Und da sagt man noch, die Leningrader hungern …«

All das war eine Art Selbstverwirklichung, und es machte ihm

Spaß. Außerdem war es etwas, was sich von selbst verstand. Anfangs machte er sich nicht einmal bewusst, dass er *Eigenes* abgab; er verteilte bloß das, was zusammengenommen der Einheit Familie zustand. Viel später hatte er zufällig ein Gespräch mit P. F., einer Frau, die mit einem wundervollen Selbsterhaltungstalent gesegnet war. Er erzählte ihr von seinem Haushalt. Sie sagte plötzlich: »Diese krampfhaften Versuche, einem fünfundsiebzigjährigen Menschen das Leben zu retten, begreife ich nicht.« »Was heißt das? Was soll man denn mit ihm machen?« »Keine Ahnung. Aber das geht ja alles zu Ihren Lasten …«

Sie verabschiedeten sich, und Otro spürte voller Unbehagen, dass dieses Gespräch ihn getroffen hatte, dass es ihn auf neue Einschätzungen gebracht hatte. Er sah plötzlich zum ersten Mal klar, dass er nicht verteilte, sondern umverteilte. Dass die Einheit Familie zwei ungleiche Hälften enthielt – eine mit Arbeiter- und eine mit Angehörigenkarte. Dass die Marken der Arbeiterkarte seine Graupen, sein Fett bedeuteten, die er essen könnte, die er aber umverteilte. So bildete dieses idiotische Gespräch den Ursprung seines inneren Protests, und Otro war es später immer unangenehm, P. F. zu begegnen. Besonders unangenehm war es jetzt. Auf ihr lastete ein Teil seiner Schuld. Auf diesem selbstzufriedenen Weibsstück, das während der Blockade nicht einmal dünner wurde.

Trotzdem tat er im Großen und Ganzen weiter das, was er tun musste, er hielt den erforderlichen Standard eines Familienoberhaupts ein. Das war die gültige Verhaltensnorm, tiefer ließ er sich nicht herab. Er teilte, doch nicht wirklich konsequent. Er behielt mehr Brot für sich (der Norm entsprechend), obwohl die Tante immer so sehr nach Brot verlangte. Doch er litt auch an Brotpsychose. Ihm kam es vor, als könnte er nicht leben und arbeiten ohne Brot. Er aß insgesamt mehr. Die Tante wiederholte gerne: »Du brauchst mehr.« Ja – er arbeitete geistig, er rannte im Kreis, schleppte Eimer, hackte Holz. Das stimmte alles, und trotzdem war es offenbar so, dass sie mehr brauchte, denn sie starb ja.

Außerdem beging er hinterlistige, unredliche Taten, er erlaubte sich kleine Betrügereien. In der Phase der erweiterten Möglichkeiten verschwieg er bei der häuslichen Verteilung häufig, dass er schon in der Kantine eine zusätzliche Kascha gegessen hatte, und nahm sich trotzdem mehr. Das Stück Konfekt, das zum Mittagessen ausgegeben wurde, teilte er. Doch manchmal hielt er es nicht aus, aß es auf und log, dass heute keins ausgegeben worden sei. Manchmal log er am nächsten Tag wieder, dass es zur Kompensation zwei gegeben hätte, und gab ihr das ganze Stück, manchmal schummelte er. Dabei freute sie sich so kindlich auf das Konfekt, sie schnitt es mit dem Messer in kleine Stückchen. Mit dem Konfekt – das war grausam. Er schrie die Tante an, sie würde zu viel trinken, das sei schädlich für sie, brächte sie um. Doch manchmal gab er nach, brachte viel Suppe oder Kaffee mit, wonach sie ständig verlangte, mit dem unredlichen Hintergedanken, sie könnte viel Suppe essen (sie aß sie gern), und dann würde es ihm leichter fallen, sich selber eine zusätzliche Kascha oder Brot zu nehmen.

Man hätte mehr tun können. Vielleicht hätte man sie retten können. Doch in der Welt der schrecklichen Wörtlichkeiten, in der das alles geschah, stand das eigene Leben auf dem Spiel. Marken, die von einem Familienmitglied zum anderen übergingen – das war ein gefährlicher, materieller Prozess, wie eine Bluttransfusion. Irgendwo war eine Grenze – tödlich oder irreversibel zerstörerisch für den Spender des Blutes.

Dasselbe galt für die Arbeit, dafür, noch einen Teil der Hausarbeit zu übernehmen. Er hatte faktisch, physisch keine Zeit, weil er sich für die häuslichen Angelegenheiten schon bis zur Erschöpfung abhetzte; hätte er noch mehr Zeit darauf verwendet, hätte er nicht mehr arbeiten und Geld verdienen können – und sie wären zugrunde gegangen. Die Argumentation war nicht falsch, aber sie blieb an der Oberfläche. In der Tiefe lag ein und dasselbe – die Bluttransfusion. Mehr zu übernehmen – und dann hätte er immer mehr übernehmen müssen – hätte bedeutet, sich der Grenze zu nähern, hinter der das regelrechte Opfer des eigenen Lebens anstand. Und das wollte Otro nicht. Es war nicht so, dass er hätte behaupten wollen, sein Leben sei objektiv wertvoller etc. Aber regelrecht sein Leben opfern wollte er nicht; die Verpflichtung dazu verspürte er nicht. Er war inkonsequent, denn als die Tante starb, war er in sehr schlechter körperlicher Verfassung. Und alles, was geschah, war im Grunde ein Prozess allmählicher Selbstzerstörung, der durch den Tod der Tante zufällig abgebrochen wurde. Doch es war ein allmählicher, unauffälliger Prozess, der sich aus einer Vielzahl kleiner gewohnheitsmäßiger Handlungen zusammenfügte, die sacht ihren Platz im täglichen Kreisgerenne eingenommen hatten, so dass man sie schon nicht mehr weglassen oder ersetzen konnte. All das fügte sich allmählich aus selbstverständlichen, unabdingbaren Kleinigkeiten zusammen und erwies sich am Ende als das, was es war – als Selbstzerstörung. All das vollzog sich ohne das geringste Heldentum. Im Gegenteil, mit einem permanenten Gefühl von Scham wegen seiner Grobheit und grausamen Unbeherrschtheit; mit dem Gefühl, dass all das nicht wirklich konsequent war und dass er trotzdem zu seinen Gunsten mogelte. Doch sein Leben regelrecht mit Vorbedacht zu opfern war er nicht bereit, und er fühlte sich auch nicht dazu verpflichtet.

Das war der Grund, warum die Hauptlast seiner Schuld nicht in dem bestand, was er im Laufe des Jahres getan oder nicht getan hatte. Sondern darin, wie sich alles abgespielt hatte.

In der Welt der Wörtlichkeiten, in der Welt der direkten Bedeutungen, die alle übertragenen Bedeutungen ersetzt hatten, wurde auch die Abhängigkeit dieses Lebens von seinem absolut wörtlich. Sie war hilflos, er hätte ihr nur zwei Tage kein Essen zu bringen brauchen, und sie wäre gestorben. Nie war die Verantwortung für fremdes Leben so groß gewesen. Es war die Verantwortung einer Mutter für ihren Säugling. Otro wusste, dass er dieses Leben gerettet hatte – zum Teil zu seinen eigenen Lasten –, doch er hatte es auch vergällt und vielleicht vernichtet. Alles war so schrecklich stofflich – Gramm, Kalorien, Blutstropfen. Alles wurde durch sehr konkrete, sehr partielle Dinge entschieden. Es war wie in der Wüste, wo man, wenn man einem Menschen einen Schluck Wasser gab, sein Leben retten konnte, aber auch jemanden töten konnte, wenn man ihm einen Schluck Wasser wegnahm.

Ja, er hatte ihr das Leben vergällt – nicht mit irgendwelchen psychologischen Feinheiten, sondern mit schrecklicher Grobheit und Bosheit.

Wie hatte das geschehen können?

Es war quasi eine Fortsetzung ihres alten Streits. Die Tante besaß sämtliche Eigenschaften, die Otro reizten, und war absolut unfähig, mit ihm umzugehen. Man konnte ihn nämlich gerade mit Nachgiebigkeit sehr leicht besänftigen, doch sie gab nie nach. Mit einem Wort, es war ein alter Streit, in dem er immer grob und unbeherrscht gewesen war. Aber damals hatten Hilflosigkeit und Abhängigkeit eben noch keine wörtliche Bedeutung. In der Blockadeexistenz musste der Streit einen grässlichen Beiklang bekommen, und er bekam auch einen grässlichen Beiklang; im Grunde ging es bei dem Streit, wie zur Zeit überall, um Leben und Tod.

Otro war unglücklich, krank, erbittert. Vor allem war er bis zur Erschöpfung abgehetzt, er rannte im Kreis. Alle Menschen waren in demselben Zustand, und alle verhielten sich entsetzlich unbeherrscht und unkontrolliert. Auf der Straße durfte man nicht fragen, wie spät es war oder wie man zu einem bestimmten Ort kam. Zur Antwort erhielt man Gekeife. Besonders schlimm waren die Frauen, die Schlange standen. Sie warteten voller Ungeduld, ja mit Wollust darauf, dass jemand eine Frage an sie richtete, damit sie so richtig über ihn herfallen konnten. Wie früher die Betrunkenen hatten jetzt alle Menschen eine Begründung für anstößiges Verhalten parat. Sie missbrauchten die Begründung der Dystrophie auf jede Weise, weil die Aufhebung sozialer Verbote ihre drückende Last erleichterte.

Otro verhielt sich wie alle. Außerdem neigte er ohnehin zu Unbeherrschtheit. Seine ganze Willenskraft, seine ganze Selbstbeherrschung benötigte er für einen Bereich – für die Arbeit. In allem Übrigen war er träge und gleichgültig, und weil er für das Übrige möglichst wenig seelische Kraft aufwenden wollte, ließ er es gehen, wie es gerade kam.

Otro war erbittert, weil er generell unglücklich war und weil er im Besonderen wegen der Tante unglücklich war. Er war unglücklich über ihre bloße Existenz, die die Ursache für die Alltagsfalle war, in die er geraten war. Und er war unglücklich, weil sie unglücklich war und er dem nicht abhelfen konnte.

Man hatte ihm ihr Leben verdorben – sein gelungenes Werk –, und er litt ohnmächtig darunter. Er konnte nichts ertragen, was ihn daran erinnerte. Und wenn sie klagte – sie begann zu klagen, das war ein Zeichen für ihren Verfall, es war völlig neu und deshalb so auffallend –, geriet er außer sich und schrie, sie wäre undankbar, unbeherrscht, sie hätte, was kaum jemand hätte und was sie gar nicht verdiente. Ihre Klagen waren für ihn eine Beleidigung, eine Verleugnung seiner Leiden und Leistungen. Sein Geschrei sollte das Gefühl verzweifelter Hilflosigkeit betäuben. Er war erbittert, weil mit Erbitterung besser zu leben war als mit Mitleid. Er hatte sie gemocht, als sie fröhlich war, sich mädchenhaft kleidete, auf der faulen Haut lag – das gelungene Werk seiner Hände. Das, was jetzt war, konnte man nur schwer mögen. Dafür hätte Liebe da sein müssen, die allmählich in seiner Gleichgültigkeit untergegangen war, oder Prinzipientreue, ein starkes Pflichtgefühl, was er sein Lebtag nicht gehabt hatte. All das hatte er gegen empirisches Mitgefühl und den Appell der Blutsverwandtschaft eingetauscht und gegen die vage Routine eines mittleren Verhaltensstandards. Liebe oder Pflichtbewusstsein – das war Selbstverwirklichung, und in diesem Rahmen hatten Opfer einen Sinn. Doch im Rahmen zur Routine gewordener Verhaltensstandards konnten Opfer nur belasten und erbittern.

Das konsequente Äußern dieser Erbitterung hätte dem normalen Verbot unterliegen müssen, das der Takt verlangte. Doch der Takt, den die Ereignisse schon zum großen Teil zerstört hatten, wurde vollends von dem ungewöhnlich hartnäckigen – für sie fatalen – Widerstand erledigt, den die Tante allem Wollen von Otro entgegensetzte. Diese alte Opposition (Verweis auf früher Geschriebenes) wurde unter den bestehenden Umständen zur Tragödie.
Mit letzter Kraft[5] nahm Otro den Kampf gegen das Chaos auf, den Kampf um rationale, bewusste Existenz und kreative Arbeit. Je besser der Kampf gelang, desto mehr Möglichkeiten eröffneten sich – und desto erbitterter reagierte er auf alles, was ihn behinderte. In der schlimmsten 125-Gramm-Phase war Otro vergleichsweise friedlich und geduldig. Damals ging es nur um den instinktiven Versuch, sein Leben und gleichzeitig das Leben neben sich zu retten. Und obwohl das Aufgaben waren, die einander im Grunde widersprachen, verschmolzen sie damals in der Praxis zu einer Einheit. Die Widersprüche traten hervor, wenn es um die kreative Arbeit ging, d. h. um dafür freigeschaufelte Zeit. Der häusliche Alltag entriss ihm gewaltsam seine Zeit, und er war wütend darüber. Er kämpfte jetzt zielgerichtet gegen das Chaos. Er löste Probleme der Rationalisierung und Zeitplanung. Und alle seine Anstrengungen sabotierte die Tante, die Verkörperung des Chaos, die Personifikation des Irrationalen, Begriffsstutzigen, Absurden. Jede zusätzliche Bewegung kostete ihn schreckliche seelische und körperliche Anstrengungen, und er geriet in unbeschreibliche Verzweiflung, weil sie diese Anstrengungen zunichtemachte. Die himmelschreiende Absurdität bestand darin, dass dies in bester Absicht geschah, dass es keinen bösen Willen gab. Es war absurd, es war himmelschreiend irrational, und das versetzte ihn in extreme Erbitterung. Er geriet außer sich, wenn sie Geschirr zerbrach, Körner und Tropfen wertvoller Nahrung verstreute und verschüttete, gleich nachdem er sie inständig gebeten hatte, nichts umzuföl-

len oder umzuschütten etc. etc. – Er bekam Tobsuchtsanfälle, nicht nur vor dystrophischer Gier, sondern auch, weil die ganze von ihm aufgepäppelte, säuberliche Konstruktion der möglichst rationalen Nutzung von Zeit und Ressourcen in sich zusammenbrach. Klagend sagte die Tante: »Im Winter, als alles so schwierig war, warst du nicht so böse. Als ich sagte, dass es schwer für dich wäre, die Einmachgläser zu schleppen, hast du gesagt: Gäbe es nur was zu schleppen ... Und jetzt bist du immerzu böse ...«

Das stimmte. Doch damals im Winter versuchte er nicht zu arbeiten, zu denken, Zeit freizuschaufeln. Damals rettete er bloß instinktiv zwei Leben, und ihn freute alles, was dem einen Ziel dienen konnte. Jetzt dagegen befehdete er das Chaos; die Tante erwies sich als die Avantgarde des Chaos. Sie war ein lebendiges, beseeltes Chaosteilchen, und genau deshalb konnte man alle Feindseligkeit und Wut an ihr auslassen. Er stellte sich dem offenen Kampf mit der Avantgarde des Chaos und der feindlichen Welt. Er traf auf die maßlose, unüberwindliche Hartnäckigkeit der Tante. Auf eine vollständige Resistenz gegenüber seinen Bitten, Beschwörungen, Erklärungen, Beschimpfungen, Drohungen – er wusste, dass nichts helfen würde, und wenn er tatsächlich mit dem Kopf voran durch die Wand gerannt wäre. Und die ungeheure Hartnäckigkeit des Chaos, unter den bestehenden Umständen verhängnisvoll für sie beide, stürzte ihn in eine extreme, fast schon unaufhörliche Erbitterung und entband ihn von Verboten, von allen Hemmnissen des Mitleids, Takts, Anstands oder auch nur schlichter zivilisatorischer Gewohnheiten (allgemein gingen die Bräuche der Zivilisation in Stücke).

Er kämpfte. Und hier machte er wieder einen Fehler. Im Grunde konnte man gegen nichts kämpfen. Umstimmen, verändern, verbessern war unmöglich. Weggehen, im Stich lassen war auch nicht möglich, weil es Verantwortung und Blutsverwandtschaft gab. Rächen konnte man sich an niemandem, weil man sich nur für Feindseligkeit, für eine böse Absicht rächen kann, die demü-

tigen will. Doch eine böse Absicht gab es nicht, und was von einem Geschöpf kam, das vollständig von ihm abhing, konnte nicht demütigend sein. Mit einem Wort, kämpfen konnte man für nichts und *gegen niemanden*. Es geschah also etwas, was wie die sinnlose Abrechnung mit unbeseelten Gegenständen wirkte, die uns ohne böse Absicht Böses zufügen. Wie wenn jemand gegen einen Stuhl tritt und ihn umwirft, weil er sich daran gestoßen hat, oder den Hörer hinschmeißt, wenn keiner ans Telefon geht. Solche Handlungen sind sinnlos, aber darauf verzichten ist schwer, weil sie für emotionale Entladung sorgen. Hier passierte dasselbe. Die Wut zu äußern – das erleichterte. Die Aufhebung von Verboten war eine große Erleichterung. Denn im moralischen Kosmos der Dystrophie waren Verbote besonders belastend. In diesem zerrütteten Kosmos brauchte man sich bloß von Verboten zu entbinden, um augenblicklich den Weg der durch nichts beschränkten, vollkommen haltlosen Unbeherrschtheit einzuschlagen.
Da Verbote prinzipiell aufgehoben waren, konnte man sie immer weiter aufheben. Je mehr Verbote wegfielen, desto größer fielen Entladung und Erleichterung aus. Alles, was Menschen eines bestimmten zivilisatorischen Niveaus für sich behalten, unterdrücken und verarbeiten müssen – Gereiztheit, Vorwürfe –, alles konnte sich entladen. Eine besondere, außergewöhnliche Erleichterung verschaffen den Menschen Vorwürfe, denn von der eigenen Opferbereitschaft zu schweigen ist besonders schwer. So kam es, dass allmählich (und das wurde zur Gewohnheit) die furchtbarsten Worte gesagt wurden. Furchtbare Worte aller Art: Beschimpfungen, Vorwürfe, Drohungen, Forderungen und Verwünschungen. In seinem Sprechen hatten sich jetzt zwei Beschimpfungen abgelagert, die quasi alles bezeichneten, und er benutzte sie andauernd. Das war schon zum Standard geworden, mit dem er automatisch auf all das Absurde, Chaotische, dem gesunden Menschenverstand und der üblichen Verhaltensnorm Entgegengesetzte reagierte, was von ihr kam. Vom Beschimpfen

führte ein natürlicher Übergang zu Vorwürfen: »Und wegen so einer Kreatur[6] riskiere ich Gesundheit und Leben.« Übrigens, wenn er von Gesundheit und Leben sprach, schien ihm, als würde er das als Vorwurfs- und Zornesformel sagen, aber tatsächlich kam es der Wahrheit ziemlich nahe. Während er eine dumpfe animalische Erleichterung verspürte, weil die drückenden Verbote weggefallen waren, zählte er alles auf, was er geopfert, und alles, was er wegen ihr verloren hatte (die Möglichkeit wegzufahren, stationäre Behandlung, bessere Ernährung – er konnte sie nicht alleine lassen, und er konnte nicht zulassen, dass sie nur auf die Angehörigenkarte angewiesen war). Seinerzeit hatte er relativ gleichgültig auf diese Vorteile verzichtet, doch jetzt griff er all das gierig auf, um seiner Kränkung Entladung zu verschaffen. Überall suchte er nach den fürchterlichsten und gröbsten Formulierungen, wie sie schlimmer nicht sein konnten, als würde nur extreme Grobheit ihn beruhigen und die Last ausgleichen, die ihn niederdrückte. Er nannte sie einen Parasiten (du verschluderst alles, was ich mit meinem Herzblut ergattere. Tee hast du für sonst was gehalten und in den Mülleimer geworfen. Weil du überall deine Nase reinstecken musst, wo du nichts zu suchen hast. Ich verkneife mir, das zusätzliche Stück Fett zu essen. Ich bring es mit. Und es liegt zertrampelt auf dem Boden. Wo ich dich angefleht habe, es nicht anzurühren oder wegzulegen. Und vor allem, du nimmst das vollkommen ruhig hin. Das ist doch die Haltung eines Parasiten, der sein Lebtag alles vorgesetzt bekommen hat). Er verbarg die Gereiztheit nicht, die ihre Schwerhörigkeit bei ihm hervorrief oder der Umstand, dass sie die Beine kaum noch gebrauchen konnte (ach, lass doch! Es ist leichter für mich, es dir zu geben, als zuzusehen, wie du selber loswackelst. – Keine zwei Schritte kannst du machen, ohne überall hinzufassen und herumzukramen. Und dann liegt alles auf dem Boden). Mit ungeheuerlicher Grobheit drohte er: »Warte nur, ich bringe dir zwei Tage kein Essen, dann wirst du schon Rücksicht nehmen. Ich werd dir schon noch Rücksicht beibringen.

Das setze ich durch. Dir muss man den Brotkorb höher hängen. Weil man mit dir ja nicht vernünftig reden kann.«
Auf diesem Weg verstieg er sich bis zu dem Punkt, bis zu dem er sich versteigen musste, da Verbot um Verbot aufgehoben worden war – bis zum furchtbarsten, dem Reden über ihren Tod. Wenn sie den Standardsatz sagte: »Ich werde dir nicht mehr lange zur Last fallen«, antwortete er: »Tja, weißt du, das ist noch nicht raus. Ich glaube, vorher bringst du mich noch ins Grab. Wenn ich danach gehe, wie ich mich fühle bei dem Leben, das du mir zumutest. Ja, und dann, wenn ich verreckt bin, dann wird die Luft eng für dich. Dann kannst du sehen, wie du mit deiner Angehörigenkarte zurechtkommst.« Oder er sagte: »Um dich mache ich mir überhaupt keine Sorgen (das stimmte nicht, er machte sich Sorgen um sie). Solche wie du kommen nicht um. Die guten Menschen müssen sterben« (ungeheuerlich, unfassbar, dass er das sagen konnte). Und schließlich überschritt er die Grenze. Anscheinend hat er gesagt ... Es ist so ungeheuerlich, dass die Hoffnung besteht, dass er es vielleicht doch nicht gesagt hat: »Wenn du doch endlich wirklich abtreten[7] würdest; dies Leben ist ja nicht mehr auszuhalten.« Und das ein paar Tage vor ihrem Tod. Offenbar hat er es doch gesagt. Aber er hat dabei so ohrenbetäubend gebrüllt, dass sie es wohl nicht gehört hat. Also hat *niemand* es gehört. Und dann ist es dasselbe, als wenn es gar nicht gesagt worden wäre, als wenn es ein hässlicher Gedanke geblieben wäre. Aber das ist Haarspalterei. Wesentlich ist, dass er das Allerfurchtbarste gesagt hat. Er, ein Mensch, der die Wirklichkeit im Wort erlebte, der das Wort fürchtete, der sprachliche Keuschheit bewahrte.
Wie hatte das passieren können? Er war gleichgültig, gereizt, unbeherrscht. Aber er war doch nicht brutal, nicht grausam. Es war ihm immer schwergefallen, Schmerz zu verursachen. Fremdes Leid konnte seinen Willen augenblicklich umleiten. Die Tante sagte zu ihm: »Du bist zu allen nett, nur zu mir nicht.« Das ist generell das Verhalten schwacher und unbeherrschter Menschen,

die sich daheim aller Verbote entledigen. Doch hier ging es nicht nur darum. Er antwortete ihr (und das stimmte): »Alle anderen kann ich loswerden, und das tue ich auch in dem Moment, in dem sie mir zuwider werden. Nur dich kann ich nicht loswerden.« Tatsächlich schützte ihn seine Gleichgültigkeit vor den anderen. Aber hier konnte die Gleichgültigkeit nicht vollständig sein, weil es Verantwortung gab. Er suchte nach anderen Arten des Selbstschutzes und fand die allerschlimmsten.

Er war nicht brutal und grausam, und damit das alles passieren konnte, war das bisher Aufgezählte nicht Grund genug. Es kamen noch zwei Momente hinzu, zwei unselige Aberrationen.

Zum einen behielt er aus Gewohnheit seine alte Überzeugung, die Widerstandskraft der Tante, ihr Lebensdrang, ihr Selbstbild seien unzerstörbar. Das war so ganz anders als etwa das fragile Selbstbild des alten Mannes, das mit jeder unvorsichtigen Bewegung beschädigt werden konnte. Otro hatte seit langem die Gewohnheit angenommen, der Selbstverwirklichung der Tante Widerstand entgegenzusetzen (Hindernisse zu bereiten). Erstens, weil seine Gereiztheit über ihre Hartnäckigkeit und Selbstgefälligkeit darin einen Ausweg fand; zweitens, weil er darin eine Schutzmaßnahme gegen die imperialistischen Tendenzen ihrer Selbstverwirklichung sah, die ihre Umgebung zu überfluten drohte. Deshalb sagte er ihr stets (nicht nur im Zustand der Tobsucht) Dinge, die nach den Regeln des Takts prinzipiell verboten waren. Er hielt das für eine legitime Erziehungs- und Selbstschutzmaßnahme gegen diesen alles überflutenden Lebensdrang. Zum Beispiel versicherte er ihr bereitwillig, dass er sie, obwohl er sie sehr gern mochte etc., auf keine Weise brauchte. Dass sie im Haushalt im Grunde genommen nichts tun müsste, dass sie sich nicht um ihn zu kümmern bräuchte und möglichst nur für ihr Vergnügen leben sollte, was er auf jede erdenkliche Weise unterstützen wollte. – Dabei war eine der liebsten Spielideen der Tante die Vorstellung, sie lebe nicht für sich, sondern für sie, die Neffen. Das war eines ihrer Selbstbilder, und er attackierte

es ohne Gewissensbisse, weil er fand, dass keine Attacke, ja keine Macht der Welt die Spielideen vernichten konnte, die sie sich – zu ihrem Vergnügen – bewahren wollte.
Auch unter den neuen Umständen setzte er den Kampf gegen ihr Selbstbild fort. Und in der Welt der fürchterlichen Wörtlichkeiten nahm dieser Kampf wie alles einen monströsen Charakter an. Ihm schien es notwendig, diesen grausamen Kampf wie früher fortzusetzen, sogar besonders notwendig, denn heute bedeuteten ihr Starrsinn und ihre Selbstgefälligkeit, ihr Unwillen, Rücksicht zu nehmen und klugen Ratschlägen zu folgen – jetzt bedeutete das zerschlagenes Geschirr, auf den Boden gefallenes Essen, verschüttetes Petroleum, also den endgültigen Zerfall ihres erbärmlichen Alltags. Wenn sie unglücklich gewesen wäre, reumütig, hätte er natürlich Mitleid gehabt, sie vielleicht sogar getröstet. Aber bemerkenswerterweise kümmerten die Verluste sie wenig, obwohl sie selber körperlich darunter litt. Das war tatsächlich die Psychologie eines Menschen, der nichts ergattert und sein Lebtag nichts ergattert hat, der überzeugt ist, dass er seinen Anteil (und sei er winzig) unter allen Umständen erhält. Für sie spielte nur eine Rolle, ob sie ohne Schuld dastand, als wäre ihre Schuld oder Schuldlosigkeit der Dreh- und Angelpunkt von allem. Gegen jeden Augenschein beteuerte sie, dass sie gar kein Geschirr zerbreche. Es sei zwar eine Zeitlang passiert, als ihre Hände so schwach waren, aber nun seien die Hände wieder etwas kräftiger geworden. Und eine gewisse Menge Geschirr zerbreche nun einmal immer, bei jeder Hausfrau. »Wenn du gesehen hättest, wie viel Geschirr M. L. zerschlagen hat, als ich bei ihnen wohnte! Jedesmal etwas. Und sie hat es so ruhig hingenommen.« Wenn es um verschüttete Graupen usw. ging, wurde eine penible, ausführliche Argumentation vorgebracht, warum das passiert war. Es stellte sich heraus, dass es anders gar nicht hätte passieren können. Absolut zur Raserei brachte Otro die Geschichte mit dem Stück Fett (dem aus der Kantine mitgebrachten), das er suchte und dann zertrampelt auf dem Boden

fand. Er hatte die Tante gebeten, es nicht aus der Blechschachtel zu nehmen, in der er es mitgebracht hatte. Doch sie fand aus irgendeinem Grund, dass sie das tun müsste, und tat es natürlich, sobald er gegangen war. Merkte nicht, wie sie es fallen ließ, suchte danach, vergaß es dann. Aus diesem Grund gab es einen fürchterlichen Skandal mit Geschrei (mit meinem Herzblut ... und du verschluderst ...). Doch die Tante erklärte, das sei alles so gekommen, weil sie das Stück ihm, Otro, lassen wollte – es war nur unverständlich, warum sie es zu diesem Zweck aus der Schachtel nehmen musste. Sie sagte: »Diese ganze verfluchte Mutterschaft.«

Nein, sie wollte ihr Selbstbild nicht aufgeben. Und er fand, der erbärmliche, am seidenen Faden hängende Alltag müsste verteidigt werden, obwohl seine Reaktionen natürlich viel mehr von unmittelbarer Gereiztheit bestimmt waren als von Kalkül.

Und er rechnete auf fürchterliche Weise mit ihrem Selbstbild ab. Er suchte nach allem, was, wie auch immer, das Gefühl für ihren eigenen Wert zerstören konnte. Er fand das Wort *Parasit*. Er schreckte nicht mehr vor den Wörtern Invalide oder Krüppel zurück (bist extra zum Krüppel geworden, um mich endgültig ins Grab zu bringen). Er wählte zwei herabsetzende, grobe Wörter, die seiner Meinung nach am besten das Geschehen ausdrückten – »verschludern« und »verdrecken«. Er benutzte sie permanent, in unterschiedlichen Zusammenhängen. Er sagte »verdrecken«, wenn es darum ging, dass sie den Eimer im Zimmer beschmutzte, weil sie es nicht bis zum Abort schaffte; wenn es um die schlampige Zubereitung von Essen ging; wenn sie ihren Teller ableckte; wenn sie in die Kascha aus der Kantine Wasser goss, damit mehr daraus wurde, eine Art Suppe (hier, verdreck's nur, mach, was du willst. Es ekelt einen ja, dir was mitzubringen, weil du alles verdreckst); wenn sie das Brot falsch dörrte und dabei sagte: »Ich wärme es nur auf.« Und Otro machte diese Absurdität fassungslos. Otro suchte nach wunden Punkten, und wenn er besonders wütend war, sprach er davon, dass ihr Liebling V.

auf sie pfeifen würde, dass er alles auf ihn abgewälzt hätte; dass er ein Mistkerl wäre, der es nicht einmal für nötig hielte, Geld zu schicken, und ihr nur was hinwerfen würde, wenn er welches übrig hätte. (Dafür hat er einen wundervollen Charakter. – Ich hätte auch einen wundervollen Charakter, wenn ich tausend Werst von dir entfernt wäre.) Mit dem Thema V. hatte er einen geeigneten wunden Punkt gefunden; hier widersprach sie sogar kaum. In Rage zerriss und zertrampelte er dieses Selbstbild. Er sprach dabei bewusst die Unwahrheit, übertrieb alles Hässliche und verbarg alles Gute, was er empfand. Er sagte, ihn würde die Situation kaltlassen, aber alles, was mit ihr wäre, müsste er ausbaden; und wenn er eine Sorge hätte, dann die, sein Leben zu retten. Er verschwieg, dass er sie trotz allem brauchte, dass sie sein letzter Schutz vor der nächtlichen Einsamkeit war, dass sie Heim und lebendige Seele für ihn war, ohne die es schwer auszuhalten wäre. Mitgerissen vom Kampf gegen ihre Selbstverwirklichung, schwieg er davon. Und dieses Schweigen war das grausamste an seinem Verhalten. Womöglich grausamer als die Skandale und das Geschrei.

Und in alldem lag ein Fehler. Eine irreversible Fehlkalkulation. Es war eine Aberration, kraft deren wir an unseren sterbenden Lieben unheilverkündende Veränderungen nicht wahrnehmen wollen und deshalb auch nicht wahrnehmen. Otro glaubte aus Gewohnheit, wie seinerzeit, dass er es immer noch mit dem unverwüstlichen Selbstbild zu tun hatte, das man nicht zu schonen brauchte. Während die Tante doch schon von ihrem Verfall erschüttert war, von ihren Ohren, durchscheinend wie bei einem Hund. Sie war schon nahe daran, sich als alte Frau zu sehen, an sich zu zweifeln. Starrsinn, Opposition, Rechthaberei – das alles gab es noch. Doch womöglich lag es nur noch an der Oberfläche; womöglich war es schon Autosuggestion. Und unter der Oberfläche vollzogen sich schon andere tragische Prozesse, und etwas regte sich schon und drängte nach außen. Und er trat gegen die Konstruktion, die schon brüchig war und die sie, vielleicht mit

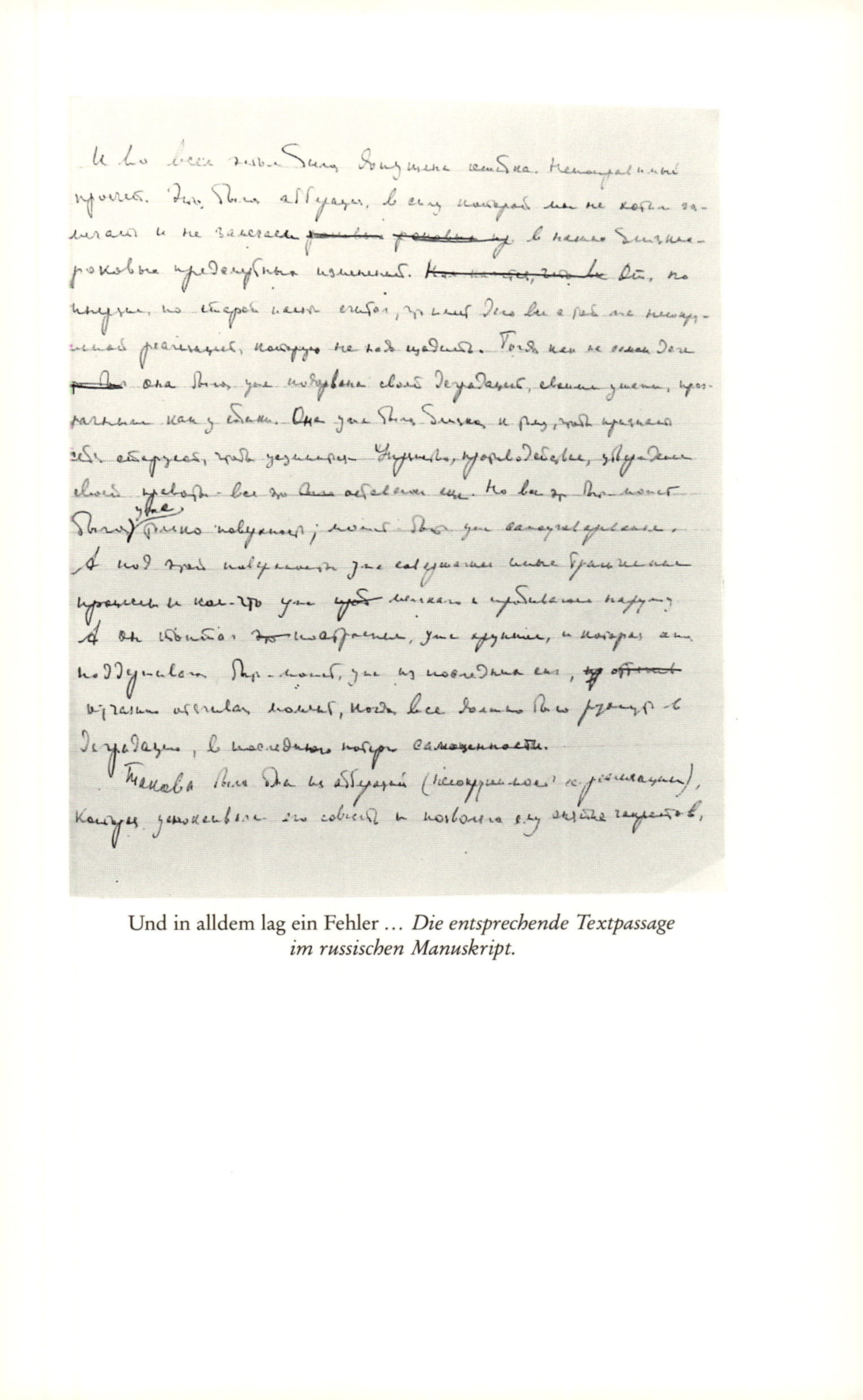

Und in alldem lag ein Fehler … *Die entsprechende Textpassage im russischen Manuskript.*

letzter Kraft, festhielt, um verzweifelt den Moment hinauszuzögern, wenn alles kippen würde, hinab in Verfall und den letzten Verlust des Selbstwertes.

Das war die eine Aberration (die Unverwüstlichkeit ihres Selbstbilds), die sein Gewissen beruhigte und ihm gestattete, Verbote aufzuheben.

Die zweite Aberration grenzte an die erste. Sie bestand in der Überzeugung, dass die Tante kein authentischer Mensch war und alle ihre Reaktionen bloß Spielfiktionen waren. Ausnahmen bildeten nur die einfachsten physischen Bedürfnisse, die Otro zu stillen sich verpflichtet fühlte. Sonst, also in allem, was Wörter betraf, konnte man sich Unbeherrschtheit erlauben, weil Wörter und Begriffe keine authentischen menschlichen Reaktionen hervorriefen. Folglich konnte man sich das Vergnügen erlauben, Verbote aufzuheben, ohne befürchten zu müssen, dem Menschen ernsthaft zu schaden. Eine ähnliche Haltung hatte Otro auch Ljalja gegenüber. Er hatte sich ein für allemal davon überzeugt, dass sie mit Spielfiktionen reagierte, und war deshalb geradezu abwegig grausam zu ihr.

Was die Tante betraf, so gab es Gründe für eine solche Konzeption. Sie war dermaßen asozial, dermaßen durchdrungen von moralischem Parasitentum, dass sich nicht einmal ganz private Impulse in ihr regten, wenn sie eine gewisse soziale Form erforderten. Ein solches privat-soziales Gemisch waren Familieninteressen, die bei ihr geradezu verblüffend reduziert waren. Für sie existierte der Umstand nicht, dass sie Großmutter und Urgroßmutter war (nur in dem Maße, in dem sie sich dafür genierte); es drang auf keine Weise in ihr Bewusstsein, dass der Mann ihrer Enkelin allem Anschein nach umgekommen war und die Familie es furchtbar schwer hatte. Sie erzählte nach wie vor von seinen schlechten Manieren und davon, wie er Pilze einsalzte, als ginge alles noch so weiter wie früher. Wenn lange kein Brief von V. kam, sagte sie, sie mache sich wahnsinnige Sorgen, doch Otro wusste, dass Menschen (wenn sie liebten) sich nicht auf diese

Weise sorgten. Sie konnte sich nicht wirklich sorgen, indem sie sich auf das Objekt ihrer Unruhe konzentrierte, weil sie die Grenzen des Moments, des Augenblicks nicht überschreiten konnte, der doch jedesmal von einem *anderen*, seinem eigenen Inhalt erfüllt war. Wenn Otro heimkam und zu ihr sagte: »Gerade eben ist zwei Schritt von mir entfernt ein Geschoss explodiert«, antwortete sie mit der Phrase, die sich eingebürgert hatte: »Stell dir vor, ich war heute die ganze Zeit so unruhig.« Aber er sah, dass die Nachricht nicht zu ihr durchdrang, weil der Moment, als neben ihm das Geschoss explodierte, und der Moment, als er davon erzählte, unterschiedliche Momente waren, die sie nicht in Zusammenhang bringen konnte. Der gegenwärtige Moment hatte seinen eigenen Inhalt – den Vorgeschmack auf das Essen, das Otro gebracht hatte. Doch einmal, es war vor dem 1. Mai, stand er für Bier an und musste fast die ganze Nacht Schlange stehen. Er dachte, sie würde sich wie gewöhnlich nicht sorgen, doch als er kam, zitterte sie am ganzen Leib. Sie sagte geradeheraus, sie hätte gedacht, ihm wäre etwas zugestoßen, und sie hätte überlegt, was nun aus ihr werden sollte. Denn hier war der Zeitabschnitt, der Moment, der eine ganze Nacht dauerte, von dem unmittelbaren, objektiv fassbaren Inhalt seines Ausbleibens erfüllt, des Ausbleibens des Menschen, der sie im absoluten Wortsinn durchfütterte (die Sehnsucht des Hundes nach seinem Herrn) – das war etwas ganz Anderes als das abstrakte Ausbleiben von Briefen aus einer weit entfernten Stadt. Generell brauchte Otro aber keineswegs zu verschweigen oder abzuschwächen, wenn ihm etwas zugestoßen war oder er sich schlechter fühlte als üblich. Sie blieb ungerührt. Und er verschwieg solche Dinge nicht, sondern betonte sie noch und rühmte so seine Opferbereitschaft.

Dieses Fehlen natürlicher menschlicher Reaktionen motivierte für ihn die totale Aufhebung der Verbote. Er begriff vage, dass er nur die Grausamkeiten nicht begehen durfte, die ihr materiell etwas vorenthalten würden. Und er beging sie nicht. Ungeachtet seiner Drohungen fuhr er fort, zu ergattern und zu schleppen und mit Elan die Beschaffung von zusätzlichem Essen auszutüfteln. Sie wusste, dass sie hinsichtlich seines Tuns beruhigt sein konnte, und nutzte das aus. Wörter dagegen wurden in eine besondere Kategorie gesteckt, auf die andere Seite der Wirklichkeit. Auf diese Weise ergab sich nun auch bei ihm eine Art Spielfiktion. Ein furchtbares Wörterspiel ohne Verbote. Es wurde dadurch verstärkt, dass er die ganze Zeit in seinem Innern das Gefühl hatte, er, Otro, könnte nicht im Ernst solche Wörter sagen, die für ihn immer die Wörter extrem unkultivierter Menschen gewesen waren, die auf der niedrigsten Stufe der Zivilisation standen. Er sah diese Leute von weitem – auf der Straße, in der Kneipe, im Geschäft, er las über sie. Ihr ungehöriger Wortschatz war ein psychologischer Umstand, der mit Gewinn theoretisch untersucht werden konnte, mit Otros psychologischen Optionen aber nichts gemeinsam hatte. Dieses Gefühl, er sei sozusagen seinem eigenen Sprechen theatralisch entfremdet, er passe sich sozusagen irgendeinem Stil an, bestätigte sich dadurch, dass er keine eigenen Wörter gebrauchte, sondern fertige Standardformeln, die bekanntlich von der ganzen Widerlichkeit des Alltagszynismus durchtränkt sind. Von dieser Art waren alle seine zusammengewachsenen Formeln: »du bringst mich ins Grab«, »bist extra zum Krüppel geworden«, »ja, du hast dein Schäfchen im Trockenen«. Die Wörter waren zu diesen Formeln zusammengewachsen, weil diese Formeln in absoluter Vollendung ein infames Lebensgefühl transportierten, das ja nun trotz allem nicht sein Lebensgefühl war. So sollte sich von zwei Seiten her ein Spiel ergeben – keine eigenen, keine echten Wörter und keine authentischen Reaktionen. Das Spiel sollte etwas Vorübergehendes sein, Ausgeburt eines dunklen Lebensabschnitts, irgendetwas, was man danach tief nach innen schieben oder aus dem Bewusstsein verdrängen musste. Indem man ausnutzte, dass es bei dem Spiel keine Zeugen gegeben hatte.

Aber in Wahrheit verlief alles anders. Das Furchtbare-Wörter-

Spiel wurde zum letzten Eindruck und deshalb zum unausrottbaren ⟨…⟩[8] eines Spiels mit der Verwendung von Symbolen einer anderen Kategorie. Eine Tat – das hätte bedeutet, ihr etwas Materielles vorzuenthalten, und das tat er nicht: Er tat das Gegenteil. Das war keine Umsetzung der furchtbaren, von der Wirklichkeit abgetrennten Wörter. Aber in Wahrheit war es doch eine Tat und vermutlich eine Untat. Denn in seiner Umnachtung hatte er die medizinische Seite der Angelegenheit nicht berücksichtigt, hatte sie vergessen. Immerhin hatte man ihr in jenem Leben Ruhe verordnet.

Womöglich war das Ganze eine dieser Familienuntaten, die für immer tief verborgen bleiben. Und wahrscheinlich konnte er das noch nicht in seinem ganzen Ausmaß verstehen, weil er, würde er es verstehen, offensichtlich anders reagieren müsste.

Die ganze Bedeutung, das ganze Grauen, die Tiefe und das Gewicht des Geschehens sind noch nicht zu ihm durchgedrungen. Er fühlt sich nicht als gebrandmarkter Übeltäter und Mörder. Er vergisst das. Er gestattet sich jetzt moralische Bewertungen, normale Reaktionen auf die Wirklichkeit, positive Gefühle, herzliche Beziehungen zu Menschen. Manchmal fällt es ihm ein – ich bin ja ein Übeltäter und habe mein Recht auf all das für immer verspielt. Doch diese Empfindung gleitet über die Oberfläche und gleitet davon. Der Wille kann sie nicht fixieren. Er hat keine Kraft, sie zu fixieren. Der Mechanismus der Seele hat sich die Empfindung nicht angeeignet, indem er sich das Fehlen von Zeugen für die Untat zunutze machte, das Fehlen eines moralischen Tadels von außen her, eines äußeren Richters, der die Schuld objektivieren würde. Wodurch es unmöglich wäre, so weiterzuleben, als wäre nichts geschehen.

Doch ab und zu tauchen, ausgelöst von undefinierbaren Anlässen, furchtbare Szenen in seiner Erinnerung auf. Rasend vor Wut, stößt er sie aufs Sofa, sie kreischt und windet sich, obwohl er sie gar nicht mehr anrührt, und strampelt, zappelt mit ihren erbärmlichen Beinen, die mit Lumpen umwickelt sind. Über all die Lumpen sind abgeschabte, ihre letzten Borsten stäubende Pelzpantoffeln gezogen (das waren einmal seine guten Hausschuhe, die man ihm aus Murmansk mitgebracht hatte), mit Zwirnband festgeschnürt. Und er schreit angeekelt: »Hör auf zu quieken wie ein Schw⟨ein⟩. Sei still. Oder ich garantiere für nichts mehr. Ich kann deine ekelhafte Stimme nicht mehr hören.« Es gab viele solcher ⟨Szenen⟩.

Teilweise hatte er recht mit seinem anmaßenden Kalkül, sie hätte keine genuinen menschlichen Reaktionen. In jedem Einzelfall stellte sich ihre Reaktion wirklich als nicht genuin heraus. Aber letzten Endes irrte er sich doch. Mit seinem Verhalten schuf er einen allgemeinen Grundtonus, der der Tonus ihres gemeinsamen unglücklichen Lebens war. Und in seiner allgemeinen Färbung drang das zu ihr durch. Für ihn selbst bildete sich der Tonus in erster Linie als Niederschlag zahlreicher fragmentierter und verflüchtigter Augenblicke. Das, was er unverantwortlich, ohne an den Inhalt seiner Worte zu glauben, in jedem Augenblick herausschrie – es verflüchtigte sich mit dem betreffenden Anfall, aber zwischen den Anfällen von Gereiztheit blieb ein ununterbrochener Zusammenhang, bewegte er sich doch ununterbrochen in einer Atmosphäre von Geschrei, Grobheit und panischer Bereitschaft, sich über jede Bewegung, jedes Wort aufzuregen.

Nur manchmal am Abend (morgens war er jetzt immer böse, denn morgens hatte er den Wunsch, mit ausgeruhtem Kopf zu arbeiten und zu denken, aber der Alltag hinderte ihn daran), wenn er satt war und wusste, dass die Tante satt war – dann saß er müde und besänftigt da und besprach mit ihr den Speiseplan oder Perspektiven der nächsten Zuteilungen. Und sagte: »Bei Gott, im Moment ernährst du dich doch gar nicht so schlecht. Du könntest mal zunehmen. Bist aber immer noch klapperdürr.« Und die Tante seufzte darüber, dass sie klapperdürr war, und stimmte zu, dass sie sich anständig ernährte. Letzteres war Otro angenehm und beschwichtigte ihn auf der Stelle. Aber das waren Atempausen. Das Geschrei erleichterte ihn psychisch wie eine Entladung, war aber gleichzeitig fatal für den geschwächten Organismus. Vom Schreien schwollen seine Schläfen an und pochten, und das Herz tat ihm weh. Er spürte, dass es ihm schadete, dass er seine letzten wertvollen Kräfte vergeudete. Sie sinnlos vergeudete, während er doch vor der Aufgabe stand, das Leben zu rationalisieren. Und deswegen wurde er noch wütender, schrie er noch wilder, denn daran, dass er schreien musste – daran war sie schuld. Früher hatte er die Eigenschaft, aufzubrausen und schnell wieder einzulenken. Kaum hatte er sich beruhigt, verspürte er Scham, Mitleid etc., denn wie alle schnell aufbrausenden und wieder einlenkenden Menschen konnte er die Impulse, die ihn während des Ausbruchs leiteten, sofort danach nicht mehr *verstehen,* und sie wurden deshalb sofort durch andere, sogar gegensätzliche Impulse ersetzt. Die Impulse sind ja rein affektiv und nur zur Zeit des Affekts wirksam. Außerhalb des Affekts versteht der Mensch die Gründe und Objekte seiner Gereiztheit nicht mehr, wie er Zahnschmerzen nicht mehr *versteht*, wenn der Zahn nicht mehr schmerzt. Dann schämt er sich seiner Wut und Grobheit und verspricht sich selbst, dass das nicht mehr vorkommt, weil ihm jetzt scheint, es würde ihm ganz leichtfallen, sich zu beherrschen. Er müsste sich nur das erste schroffe Wort verkneifen, mit dem alles in Gang und ins Rollen kam. Doch jetzt geschah etwas Neues mit ihm, was ihm noch nie im Leben passiert war. Die Intervalle zwischen den Ausbrüchen wurden so kurz, dass er während der Intervalle nicht mehr aufhörte, die Impulse seiner Wut zu verstehen.

Er hatte nicht mehr genug Zeit, mit dem Verstehen aufzuhören. Die Wut verging, das Verstehen der Impulse blieb. Daraus ergab sich ein Grundzustand der Verhärtung. Was völlig neu war für ihn. Eine Zeitlang gefiel ihm das sogar. Er erklärte sich die Art der Befriedigung, die er dabei empfand, folgendermaßen: Gemeinheiten begehen, sie jedesmal bereuen, wieder Gemeinheiten begehen – das war eine recht unwürdige Angelegenheit. Dagegen war der Umstand, dass er seine Verhärtung in ruhigem Zustand aufrechterhielt, der Beweis dafür, dass er im Recht und die Tante ihm gegenüber im Unrecht war. Zu seinem Erstaunen konnte er jetzt nach einem häuslichen Skandal fast bis zum Arbeitsplatz gehen und immer noch voller Wut daran denken, dass die Einmachgläser wieder nicht vorbereitet gewesen waren und er deshalb wieder Zeit, Kraft, Nerven verloren hatte. In Wirklichkeit wurde die Verhärtung konstant, weil er permanent unglücklich und niedergedrückt vom Alltag war, aber auf der Suche nach Rechtfertigung schien ihm, sein grausames Verhalten würde beweisen, dass er im Recht war; seine Umnachtung ging so weit, dass er in der Grausamkeit selbst den Beweis sah, denn er konnte doch nicht ohne Grund so grausam sein (in relativ ruhigen Momenten). Manchmal blieb er wütend und ungerührt, wenn die Tante klagte und weinte, obwohl er zu den Leuten gehörte, die fremde Tränen nur schwer ertrugen. Und dann sagte er bewusst, in Worten, vor sich hin: »Das macht sie extra, um mein Mitleid zu erregen. Sie tut nur so. Und wenn ich so darauf reagieren kann, hat sie mich wirklich schon zum Äußersten getrieben …« Er hörte sich ungerührt an, wenn 〈…〉[9]

In seiner konstanten Verhärtung kam er mit seinem Verhalten schon an etwas heran, was er selbst für eine Tat hielt. Einmal, als die Gläser nicht vorbereitet waren, brachte er ein bestimmtes Essen nicht mit. Eigentlich tat er das nicht absichtlich, man konnte das Essen ohne Gläser wirklich nicht mitnehmen, doch er berichtete voller Schadenfreude davon. Einmal hatten sie Streit, und er sagte, er ginge zur Arbeit, obwohl er dort eigentlich nichts zu tun hatte, und käme möglichst spät zurück: »Um bloß dein ekelhaftes Heulen nicht zu hören« (der Ausdruck »heul nicht«, »Geheule« hatte sich bei ihm abgelagert wie »verschludern« und »verdrecken«). Sie wollte nicht alleine im Dunkeln bleiben. Sie flehte ihn kläglich an, zu bleiben und sich zu versöhnen, obwohl sie eher nachtragend war und er gerade erst skandalös grob zu ihr gewesen war. Und trotzdem ging er triumphierend und wütend fort, nachdem er die Tür geknallt hatte. Und kehrte auf der Treppe nicht noch einmal um. Kam allerdings auch nicht sehr spät zurück. Nach seinem Verständnis war das schon eine Tat. Und dass er der Tante Grausamkeiten zufügen konnte, war unerwartet für ihn, überraschend, und es bestätigte ihre Schuld.

Doch manchmal drangen unvorhergesehene Dinge zu seinem Herzen durch, begleitet von Mitleid, Schmerz, Scham. Er saß manchmal auf dem Bänkchen am Ofen und hörte zerstreut zu, was die Tante auf dem Sofa sagte. Sie redete davon, dass V. nicht schrieb, dass sie ins Krankenhaus wollte oder dass er, Otro, so böse geworden wäre.

»Du hasst mich, und das kann man verstehen, weil du ungeheure Opfer für mich bringst … Ich höre nie ein freundliches Wort.«

Und plötzlich bahnte sich das, was sie sagte, quasi durch den schweren Nebel des Alltags seinen Weg, drang zu ihm durch, nicht der konkrete Inhalt, sondern die allgemeine Wahrnehmung des Lebens als dauerndes Elend (sie hatte es früher so gut vermocht, dem Leben Freude abzugewinnen). Und das Fazit: Diese Wahrnehmung hatte er geschaffen. Und die Tante redete direkt davon. »Jetzt ist noch Sommer. Und das Essen ist gut. Man könnte leben. Aber du bist so nervös, so nervös.«

Vereinzelt drangen noch weitere Dinge zu ihm. Einmal saß er müde am Ofen und hatte keine Lust zu reden. Die Tante fing an, über Unnötiges zu sprechen. Und er, ständig bereit zu gereizten Reaktionen, fragte gleich schroff: »Na und? Was willst du damit sagen? Was soll das?« Und sie antwortete plötzlich: »Ach, nichts. Ich mache doch den ganzen Tag den Mund nicht auf, wie im Gefängnis. Ich möchte einfach reden.« Nach ihren üblichen wortreichen, unaufrichtigen Begründungen erklang da plötzlich eine so lautere Wahrheit, dass sich Otros Herz zusammenzog vor Traurigkeit. Aber er hatte schon keine guten Worte mehr für sie. Er schwieg.

Ein anderes Mal kam er nach einem großen Skandal abends friedlich gestimmt heim. Sie tranken nett miteinander Tee und unterhielten sich. Und plötzlich sagte die Tante: »Als du weggegangen warst, habe ich ordentlich geweint ...« Er hatte ihr ausführlicher als üblich auseinandergesetzt, dass sie ein Parasit sei, dass sie sein Leben zerstört habe etc. Wenn sie in solchen Fällen sagte: Mich bringt es um, wenn du so etwas sagst, ich will danach nicht mehr leben etc., blieb er ungerührt. Doch dieses »ich habe ordentlich geweint« ging ihm durch und durch. Das war nicht gesagt worden, um sein Mitleid zu erregen – er war ohnehin friedlich gestimmt. Das war die Wahrheit. Ihm ging durch und durch, dass sie alleine weinen konnte, nachdem er gegangen war. Nicht zur Schau. Das änderte sofort die Bedeutung ihrer Tränen. Also hatte sie authentische menschliche Reaktionen. Also war er, indem er ihr zur Selbstberuhigung diese Reaktionen absprach, zu weit und vielleicht von vornherein in die falsche Richtung gegangen. So kamen Zweifel und Traurigkeit auf, die schnell von der nächsten Gereiztheit weggeschwemmt wurden.
So begann er sich manchmal zu schämen. Er begann sich zu schämen, wenn sie ihm für seine Fürsorge dankte, ihm Kosenamen gab, ihn »mein Herzchen« nannte. Er glaubte, dass das nach seiner hässlichen, wüsten Grobheit unmöglich wäre. Dass sie ihm schmeichelte, weil sie sich absolut abhängig von ihm wusste. Wenn er das dachte, begann er sich zu schämen, er fühlte sich bedrückt und konnte sie nicht ansehen.
Und wieder ist es quälend notwendig für ihn herauszubekommen, was genau ihn in diese ekelhafte Raserei versetzt hatte. Wovon, von welchen konkreten Dingen sie jedesmal ausgelöst wurde. Und auf der Suche nach Rechtfertigung, im Bestreben, seine Schuld zu verringern, sie wenigstens zum Teil auf die Verstorbene abzuwälzen, analysiert er von neuem ihren Charakter. Dieser Charakter war schon mehrfach in unterschiedlichen Zusammenhängen einer Analyse unterzogen worden. Dieser Charakter war so folgerichtig und abgerundet, drückte so perfekt bekannte

psychologische Tendenzen aus, dass man ihn in gewisser Weise monumental nennen konnte. Jedenfalls war er einer Untersuchung würdig.

Was kann Otro also zu seiner Rechtfertigung sagen (ist es bloß Rechtfertigung ...)? Dass das ein schlechter Mensch war. Zweifellos war das ein schlechter Mensch. Das absolut vollendete Produkt eines Parasitendaseins (eine Dame) – asozial, amoralisch (da jede Moral sozial ist), sogar die elementarsten menschlichen Gefühle waren verkümmert. Sie war ein schlechter Mensch, unfreundlich, hart immer dann, wenn sie fühlte, dass sie hart sein konnte, nämlich zu allen, die schwächer waren als sie. Diese Grausamkeit kam nicht aus dem Wunsch, Böses zuzufügen, sondern rührte daher, dass egoistische Augenblicksimpulse in ihrem seelischen Mechanismus auf keinerlei Hindernisse trafen. Lediglich aus Unfähigkeit, überhaupt etwas zu tun, tat sie realiter nichts (oder nicht viel) Böses; aus Unfähigkeit zu objektiven Handlungen, die irgendwie die Wirklichkeit veränderten. Doch passiv konnte sie ungerührt viel Böses zufügen. Otro kannte selbst die ganze Skala schlechter und niedriger Regungen. Doch er mit seinem intuitiven Gefühl für das Gute, für Werte – er war entsetzt über die Offenheit, die epische Direktheit, mit der sie einen Ausdruck fanden. Wie über eine furchtbare Amoralität war er entsetzt darüber, dass alles, was verborgen, verdrängt, verboten sein müsste, alles, was als beschämendes Geheimnis in ihm selbst lebte – dass all das bei ihr mit außergewöhnlicher Leichtigkeit an die Oberfläche trat; dass es natürlich und unmerklich vom Gedanken zum Wort wurde und vom Wort zur Tat. Während für ihn zwischen den einzelnen Etappen des Bösen – Abgründe lagen. Alle diese Manifestationen von Egoismus, Eitelkeit, Eigennutz, Neid, der Kriecherei vor Starken und der Unterdrückung Schwacher, die für ihn etwas Vertracktes und Verstohlenes hatten, verliefen in der seelischen Praxis der Tante außergewöhnlich leicht und geradlinig, waren sie doch nur Funktionen ihres Wunsches, in jedem einzelnen Moment dem Leben so viel Genuss wie möglich abzugewinnen. Und diese Leichtigkeit und Direktheit empfand Otro als zutiefst amoralisch.

Ja, sie war ein schlechter und gleichzeitig ein sehr charmanter Mensch, von allen geliebt, die sie flüchtig kannten und nicht mit ihr die Existenz teilen mussten.

Sie war wundervoll mit ihrer Fröhlichkeit, ihrer unwandelbaren, unangreifbaren Lebensbejahung, ihren netten Albernheiten und naiven Eigenarten, die sie durch ihr schwieriges Leben gerettet hatte und die im Alltag furchtbar schwer zu ertragen waren; Außenstehende dagegen fanden diese Züge amüsant, und das wusste sie und nutzte es aus. Jetzt überlegte er, dass er diesen Charme unterschätzt hatte, der sehr stark war, bis hin zu physischer Anziehungskraft, die sie sich lange bewahrt hatte (nicht umsonst hatte sie großen Erfolg beim anderen Geschlecht, obwohl sie nie wirklich hübsch gewesen war). Und es war nicht langweilig mit ihr, sogar ihm nicht. Was ihn so enervierte, wofür er eine scheußliche Bezeichnung gefunden hatte (dumme Kuh) – das war im Grunde keine Dummheit, sondern eine Albernheit, die von sozialer Sterilität herrührte, vom erschreckenden Fehlen adäquater praktischer Ideen. Eigentlich hatte sie einen raschen Verstand, fähig zum Spiel und zu allerlei amüsanten Konstrukten. Deshalb konnte sie Geschichten aus ihrer Vergangenheit interessant erzählen (allerdings immer dieselben). Diese uralten Geschichten verlangten keine Korrekturen durch Praxis und gesunden Menschenverstand und hörten sich deshalb gut an. Doch das sagte er ihr kein einziges Mal, dabei hätte es sie gefreut. Aber er mied ja mit halbbewusster Grausamkeit alles, was ihr Selbstwertgefühl hätte festigen können.

Neben der Leichtigkeit und Direktheit, mit der sich das Böse manifestierte, gab es den Bereich der Heuchelei (auch dafür hatte Otro einen festen Begriff: Scheinheiligkeit). Es war ein System, nach dem sie sich gute, edle Eigenschaften und Motive zuschrieb. Im Grunde war das gar keine Heuchelei. Erstens harmonierte es zu reibungslos mit dem System des offenen Bösen, also der offenen Amoralität. So konnte zweierlei miteinander existieren und perfekt zusammenpassen: einerseits der Leitsatz (die Lebensweisheit), man müsse sich die Menschen zunutze machen, »ich kann mir jeden zunutze machen. Das ist gut«, andererseits der Leitsatz, sie sei gütig und den Menschen selbstlos zugetan. Das war auch gut.

Die Wahl zwischen beiden Leitsätzen hing davon ab, welcher von ihnen in dem betreffenden Moment geeigneter war, den Selbstwert durch eine angenehme Erfahrung zu bestätigen (es ist gut, geschickt zu sein, oder: es ist gut, gütig zu sein).

Zweitens erhob das Heuchelei-System keinerlei Anspruch auf Betrug (und schon gar nicht auf solchen mit praktischer Bedeutung) oder auf Desorientierung der Umgebung. Von der Desorientierung Außenstehender hätte vielleicht noch die Rede sein können, aber gerade ihnen gegenüber wurde das System mit größter Vorsicht angewandt. Wer es abbekam, war Otro, der sich aufregte, es beständig aufdeckte, von dessen Betrug nicht die Rede sein konnte. Deshalb war es keine – aufs Praktische orientierte – Heuchelei, sondern ein reines Spielerlebnis, das spezifisches Vergnügen bereitete.

Ja, es war ein übler Charakter. Wie ein Großteil der Charaktere in dieser Epoche bewahrte er neben neuem Material seine Grundeigenschaften und blähte sie hyperbolisch auf. Hatte die Tante stets danach gestrebt, sich gegenüber wem auch immer überlegen zu fühlen – etwa, weil sie im Gegensatz zu einsamen alten Frauen so weich gebettet war etc. –, so empfand sie dieses Gefühl jetzt in einer Form, die den heutigen Umständen entsprach. Sie war stolz darauf, dass sie nicht auf ihre Angehörigenkarte angewiesen war. Stolz auf Otros Extra-Rationen oder V.s Geldsendungen. Während eine ihrer Freundinnen vom eigenen Sohn im Stich gelassen wurde und dieser Sohn danach auch noch an Dystrophie starb. Eine andere hatte ihren Mann noch vor dem Krieg verloren und hatte jetzt nur eine Angehörigenkarte. Allerdings

besaß sie viele gute Sachen zum Verkaufen, während die Tante nichts mehr besaß außer Plunder. Doch der Verkauf selbst der besten Sachen bot weitaus weniger Anlass für Stolz und Überlegenheitsgefühl als das Extra-Mittagessen, das Otro bekam. Denn das Extra-Mittagessen hatte etwas von Anerkennung und Privileg. Sie war stolz darauf, und sie war sogar stolz darauf, dass sie nicht starb.
Die Tante bewahrte ihre Grundeigenschaften, und sie bewahrte ihre Beziehung zu Otro, eine Beziehung, die er für schlecht hielt und die der Hauptfaktor in Otros Rechtfertigung war. Er setzte seine qualvolle Abrechnung mit der Toten fort. Natürlich hing sie an ihm, doch in den Grenzen ihres Egoismus und ihres Bedürfnisses nach Aktivität und Unterhaltung. Sie benutzte ihn ständig für ihre Spielfiktionen oder einfach für praktische Ziele, wenn sie den Verwandten gegenüber motivieren wollte, warum sie wegfuhr oder blieb etc. Wenn sie in M⟨oskau⟩ bleiben wollte, stellte sich heraus, dass sie sich aufopferte, weil er so gerne allein lebte und sie seine Ruhe nicht stören mochte. Wenn sie zurück wollte, stellte sich heraus, dass Otro ohne sie im Haushalt nicht zurechtkam, und wieder opferte sie sich auf. Alle Proteste fruchteten nichts. Sie nahm niemals Rücksicht auf ihn, auf seinen Geschmack, seine Gewohnheiten, seine Wünsche, seine Arbeit und seine Freizeit. Sie nahm keine Rücksicht, weil er ihr nicht imponierte und weil sie trotz seines ganzen Geschreis keine Angst vor ihm hatte; das heißt, sie hatte keine Angst, dass er irgendeine *Tat* begehen könnte, die Nachteile für sie mit sich brächte. Und sie musste sich nicht anstrengen und sich nichts erkämpfen, weil sie wusste – alles, was an Fürsorge nötig war, würde er von sich aus tun. Und das alles ließ sich voll und ganz auf die jetzige Situation anwenden, nur in hässlich übertriebener und verstärkter Form. Obwohl ihre Abhängigkeit von Otro absolut und wörtlich wurde, nahm sie nach wie vor keine Rücksicht auf ihn; trotz seines tobsüchtigen Verhaltens hatte sie keine Angst vor ihm. Darauf baute er, und besonders ungewohnt und abstoßend war

für ihn der Verdacht, sie würde mit Berechnung zärtlich zu ihm sprechen, um sich einzuschmeicheln. Vermutlich irrte er sich mit diesem Verdacht aber doch. Immerhin sagte sie mit der Geradlinigkeit, mit der sie einige Male plötzlich statt der üblichen Unaufrichtigkeit heikle Dinge aussprach: »Ich habe überhaupt keine Angst vor dir. Du schreist und schimpfst und stürzt dich[10] auf mich. Aber ich habe keine Angst vor dir und bin nicht böse auf dich. Ich kann auf dich nicht böse sein. Da spricht eben das Herz …« Danach kamen wieder Spielfiktionen. Das war schon nicht mehr wichtig. Otro murmelte: »Sehr schade, dass du keine Angst hast; für uns beide wäre es besser, wenn du Angst hättest …« Trotzdem fühlte er sich beruhigt.

Sie nahm das Prinzip ihrer Beziehung zu Otro und ihre angeborenen Eigenschaften mit in jene Welt der furchtbaren Wörtlichkeit, in der sie jetzt lebten. Und in jener Welt wurden auch die Eigenschaften furchtbar. Bestimmte Eigenschaften führten zu bestimmten Kollisionen, die sich ständig erneuerten. Sie zeigten eine dumpfe Wiederholbarkeit. Im eingezwängten, abgeschnürten Alltag bildeten sich ein stabiler Standard von Zank und Zerwürfnissen und einige Skandalgenres heraus. Als Grundlage dienten Komplexe ihrer Eigenschaften. Der Komplex Starrsinn (der mit allen anderen verflochten war), der Komplex Leichtsinn, der Komplex Achtlosigkeit, der Komplex Begriffsstutzigkeit, der Komplex Heuchelei. Sie und die mit ihnen zusammenhängenden Skandale waren sogar an bestimmte Alltagsfunktionen und deshalb an bestimmte Stunden des Tages gebunden. Hinter allen diesen Komplexen stand etwas Zentrales – ein Bewusstsein, zerfallen in autarke Augenblicke, von denen das Bewusstsein jeden als mögliche Quelle eines Vergnügens betrachtete, das sofort genossen werden wollte. Das ist Leichtsinn, das ist Achtlosigkeit, das ist Begriffsstutzigkeit (alle gesteuert vom sozialen Parasitentum). Und es ist äußerster Starrsinn, weil stets aus einem augenblicklichen hedonistischen Impuls heraus gehandelt wird, ohne die Verbindung und Beziehung zwischen

den Dingen zu berücksichtigen, was für vernünftige Argumente unabdingbar ist. Und deshalb kann kein vernünftiges Argument dieses zerfallene Bewusstsein erreichen.
In der Welt der furchtbaren Wörtlichkeiten erschien Otro jeder dieser Komplexe katastrophal, lebensgefährlich. Und er führte einen grausamen, brutalen, verzweifelten, kräftezehrenden – und absolut aussichtslosen – Kampf dagegen. Trat er doch gegen einen monumentalen, irrationalen, elementaren, von der dunklen Intuition augenblicklicher Wunscherfüllung getriebenen *Starrsinn* an, gegen den Argumente ebenso wie Bitten oder Wut machtlos waren.
Zum Beispiel trat jedesmal, wenn er sich zur Arbeit aufmachte und die Essensgläser mitnehmen musste, der Komplex Achtlosigkeit in Kraft. Die Deckel waren nicht vorbereitet, die Tragetasche musste gesucht werden. Das wiederholte sich Tag für Tag, trotz Bitten und Versprechungen. Es brachte ihn zur Verzweiflung.[11] Der Mensch, der hätte helfen müssen, störte. Die Rationalisierung brach zusammen. Es begann mit Deckeln, die nicht an ihrem Platz lagen, und ging mit Geschrei über das Thema Achtlosigkeit weiter. »Und ich riskiere Leben und Gesundheit für dich undankbares Aas. Nichts tust du, selbst wenn man dich auf Knien darum bittet. Wie du dein Lebtag nur an dich gedacht hast, so auch jetzt …« Der Komplex Heuchelei trat beim Essen in Kraft, wenn die Tante jedesmal etwas zugunsten Otros ablehnte, aber extrem unsicher und fadenscheinig, oder sie aß und machte dabei Einwände. Und er war wütend, denn es freute ihn, wenn sie aß, was er mitbrachte. Er fand, dass müsste irgendwie anders passieren. Und er schrie die Standardformel, die sich herausgebildet hatte: »Lass diese scheinheiligen Spielchen!« Derselbe Komplex kam morgens zum Tragen, wenn die Tante im Bett bleiben wollte, aber so tat, als würde sie gleich aufstehen … Mit dem Komplex der Lüge wurde Otro vor allem abends konfrontiert, wenn sich beim Heimkommen herausstellte, dass im Laufe des Tages missliche Dinge geschehen waren, die vor ihm verbor-

gen werden sollten. Und er schrie: »Lüg nicht! Alles, nur das nicht!« Sie sagte: »Warum glaubst du mir denn nicht.« Und er schrie: »Dir glauben! Du hast doch in deinem ganzen Leben noch kein wahres Wort gesagt!« Starrsinn gab es immer und in allem; es war unmöglich, ihn auszutreiben. Begriffsstutzigkeit – das war die falsche Vorstellung von den Dingen, die ein asoziales, parasitäres Geschöpf nun einmal hatte, und der Zerfall in Momente, die nicht in Beziehung zueinander gesetzt werden konnten. Während der gesunde Menschenverstand gerade in der richtigen Beziehung der Momente zueinander besteht. Doch jetzt wurden Katastrophen daraus – jetzt ging es um Fleischkonserven, die sie (um sie bis zu Otros Eintreffen aufzuwärmen) in der Pfanne auf die heiße Herdplatte stellte, noch dazu den Petroleumkocher daneben, und sie verbrannten zu Asche. Und er schrie vom Verschludern der Krumen, die er mit seinem Herzblut ergatterte, und dass er sich nur gestattete, ein winziges Bröckchen solcher Konserven zu essen, und dabei schmeckten sie so gut, so gut, und jetzt …
Im Komplex Leichtsinn stach ein für Otro besonders katastrophaler Aspekt hervor: ihre Unvorsichtigkeit, die bei Krankheit, auch der leichtesten, von akuter Hypochondrie abgelöst wurde. Das kam daher, dass sie in jedem einzelnen Moment nur den Inhalt dieses Moments sah; im einen Fall war das Gesundheit (und deshalb die Unvorstellbarkeit von Krankheit), im anderen Fall Krankheit (und deshalb die Unvorstellbarkeit von Genesung). Dass die Tante erkranken könnte, lastete als furchtbare Drohung auf Otro. Doch wenn sie sich mit kaltem Wasser waschen wollte, wusste er, sie würde sich in jedem Fall mit kaltem Wasser waschen oder den Boden neben den Eimern wischen und dann mit nassen Füßen herumlaufen. Er schrie: »Tante, hast du mich noch nicht genug gequält? Musst du auch noch extra krank werden, um mich endgültig ins Grab zu bringen?« Die meisten Skandale gab es wegen nicht abgekochten Wassers. Die Tante hatte sich in den Kopf gesetzt, dass man Wasser nicht zum Kochen

bringen, sondern nur auf 60 Grad erhitzen sollte, bei denen angeblich alle Bakterien abgetötet würden (ihr gefiel die wissenschaftliche Betrachtung des Problems). Und wie sehr Otro auch tobte, sie trank nicht abgekochtes »60-Grad-Wasser« und gab es ihm zu trinken, beteuerte aber, heute hätte das Wasser im Kessel gekocht wie noch nie. Und man konnte blutige Tränen weinen, mit dem Kopf durch die Wand rennen – alles blieb, wie es war. Auf all sein Geschrei antwortete die Tante: »Bislang bin ich nicht krank geworden. Nimm dagegen M. L., die war, als ich dort wohnte, schier verrückt nach abgekochtem Wasser. Und hatte eine Magenverstimmung nach der anderen. Also ist das nicht der Grund.« Es gab nichts, was Otro mehr zur Raserei brachte. Er schrie: »Versteh doch, versteh doch, du bringst uns um! Einmal geht es gut, hundertmal geht es gut. Und beim hundertersten Mal wirst du krank. Und krank werden dürfen wir jetzt nicht, wir dürfen nicht …« Doch er wusste, dass Schreien sinnlos war. Dass er sich die Lunge aus dem Leib schreien konnte, und das Wasser würde trotzdem auf die Temperatur von 60 Grad erhitzt, die die Bakterien abtötete. Und mit überschnappender, versagender Stimme wiederholte er schreiend: »Wie ich dich hasse …«

Er hatte sich daran gewöhnt, dass an allem Unglück, das im häuslichen Alltag passierte, die Tante die Schuld trug; kraft ihres Starrsinns. Und besonders an Beeinträchtigungen ihrer Gesundheit. Wenn sie sich erkältete – dann war sie schuld, dass sie nicht auf seinen Rat gehört und den Boden gewischt hatte, statt zu warten, bis er kam und aufwischte. Aber sie musste ja das Opfer und die selbstlose Mutter spielen, um ihn danach desto besser quälen zu können. Im Sommer sagte er zu ihr: »Du musst jeden Tag aus dem Haus gehen, sonst verlernst du den Gebrauch deiner Beine.« Sie hörte nicht auf ihn und wartete ab, bis das Wetter zu schlecht war zum Ausgehen, und die Beine gehorchten ihr nicht mehr, und nun hatte er endgültig alles am Hals. Von morgens bis abends sagte er zu ihr: »Trink nicht zu viel, trink nicht zu viel.«

Aber er predigte tauben Ohren, und nun war sie aufgedunsen usw.

Es erleichterte ihn sehr, dass er sie anschreien und ihr die Schuld an ihrem eigenen Leiden geben konnte, statt von Mitleid gepeinigt zu werden. Vor allem aber dienten die Beschuldigungen wunderbar als Begründung und Vorwand, sich an keine Regeln des Takts zu halten und weiterhin Vorwürfe zu äußern, ohne sich zu beschränken. Sie war schuld, und deshalb konnte er ihr vorwerfen, dass sie aufgedunsen war, schwerhörig war, dass ihre Beine ihr nicht gehorchten, dass sie sich in eine Ruine verwandelte, und alles nur, weil sie nicht auf ihn hörte, und alles musste er ausbaden. Und aus Routine, aus Gewohnheit und zur Rechtfertigung seiner selbst gab er ihr immer weiter die Schuld, und er gab ihr die Schuld daran, dass sie starb.

Und es half alles nichts. Es war die einzige Blutsverwandtschaft. Die Liebe hatte sich mit vielem anderen Menschlichen verflüchtigt. Doch die Bindung blieb, es blieb die Verantwortung und deshalb – die Qual des Mitleids. Er hatte weder mit den Guten noch mit den Starken Mitleid. Mit niemandem. Er hatte nur Mitleid mit der hässlichen, gequälten Alten, die ihm das Leben vergällte und ihn fast umgebracht hätte. Der er das Leben rettete und die er später vermutlich umgebracht hatte. Sonst mit niemandem.

Mit diesem Tod war noch eine Aberration verbunden, die wichtigste. Wir sind immer in der Gewalt von Aberrationen, wenn es um nahestehende Menschen geht, denen gegenüber wir schuldig werden. Weil wir mit unterschiedlichen seelischen Ausflüchten versuchen, diese Schuld zu verdrängen oder zu rechtfertigen.

Die Aberration (es war eine Schutzaberration, aufgerichtet gegen das eigene Gewissen) bestand darin, dass Otro fortfuhr, das Verhalten der Tante als gesetzmäßige – nur fortgeschrittene – Entwicklung ihrer ursprünglichen Eigenschaften zu betrachten, während es sich in Wahrheit schon um die neuen Symptome des nahen Todes handelte.

Sie zerbrach Geschirr, verstreute, verschüttete. Sie nahm ohne jedes Erfordernis den großen Topf mit Kaffee. Und Otro hatte kaum gesagt: »Nicht anfassen«, als der Kaffee schon auf den Boden floss. Er war wütend und glaubte, das wäre die Fortsetzung der üblichen Tolpatschigkeit, der Unkoordiniertheit ihrer Bewegungen – doch es waren schon die steif werdenden Hände und Füße. Sie vergaß und brachte alles durcheinander, und er glaubte, das wäre die übliche Ungereimtheit, während es schon der Gedächtnisverlust und die Merkmale des aufkommenden Dystrophie- und Altersschwachsinns waren.

Er begriff nichts. Dabei tauchten schon neue Symptome auf, die den früheren so gar nicht ähnelten und ihm die Wahrheit hätten eröffnen müssen, wenn er auch nur im geringsten an der Wahrheit interessiert gewesen wäre. Sie begann zu klagen und von ihrem unglücklichen Leben zu sprechen – das war der Verlust ihrer Widerstandskraft und ihres Schutzoptimismus, der ihr bis dahin nie untreu gewesen war. Plötzlich tauchte ein jüdischer Trauerton in ihrer Rede auf. Generell war sie von ihrem Charakter her gar nicht jüdisch, und Otro wiederholte gerne den von ihm geprägten Satz, sie habe nicht die Psyche einer jüdischen Dame, sondern die einer verarmten Gutsherrin. Den Klageton nannte er Geheule – was ihn kränkte und enervierte, weil es ein Beweis dafür war, dass er ihr Leben schlecht organisierte.

Einmal wärmte Otro ihr auf dem Öfchen Sojamilch, die sie sehr gern mochte. Und die Tante sagte plötzlich im Trauertonfall: »Ojoj, wenn wir doch wenigstens die Milch bekämen …« – »Ojoj«, äffte er sie nach, »man sollte meinen, du würdest sie nie zu Gesicht kriegen. Gott sei Dank wird sie jeden Tag ausgegeben. Was heulst du also!« Und sie antwortete mit der plötzlichen klaren Einsicht, die ihn stets entwaffnete: »Ich weiß. Ich habe jetzt einfach diese Art an mir.«

Doch das neueste Symptom, das allem eine andere Wendung

gab, war das Aufhören ihrer Betriebsamkeit, ihr Bedürfnis zu liegen. Das widersprach dermaßen ihrem psychischen Wesen, dass es Otro unbedingt auf die schreckliche Wahrheit hätte bringen müssen, wenn es ihn nicht stattdessen auf egoistische Gedanken über das Alltagschaos gebracht hätte, die ihn völlig in Anspruch nahmen.

Der Prozess des Sterbens verlief allmählich, und es war schwer zu bestimmen, wann er angefangen hatte. Zu Beginn des Hungers behielt die Tante noch ihren ganzen Leichtsinn und unverwüstlichen Optimismus. Sie wurde leicht damit fertig, weil sie Fettreserven hatte und weil sie immer wenig gegessen und nicht viel vom Essen verstanden hatte. Sie hatte immer süße Getränke gemocht (und zwar billige). Jetzt stand sie erwartungsvoll in irgendwelchen »Cafeterien« für gesüßten Kaffee oder Sirup an, der sich zu Hause als mit Stärke angereicherter Saft offenbarte. Otro ließ sie ruhig in Cafeterien Essen ergattern. Damals begriff er nicht, wie schrecklich die Lage für die Tante, und ebensowenig, wie schrecklich sie für ihn war.

Dann erkrankte die Tante an Grippe oder Angina. Otro war wütend, denn sie war durch ihre Unvorsichtigkeit krank geworden – und er musste es ausbaden. Damals fing er an, sein Mittagessen zu teilen. Das war der Anfang des Leidens und der Anfang des Begreifens. Die Krankheit der Tante wurde zum Wendepunkt, weil es danach keine Rückkehr mehr zur naiven Idylle der Cafeterien gab. Der furchtbare Alltag begann. Und kulminierte mit ungeheurer Geschwindigkeit. Alles wurde täglich schlimmer – Hunger, Dunkelheit, Frost, Verrohung, entsetzliche Hast. Otro wurde völlig vom Kampf um sich und die Tante in Anspruch genommen. Jeder Augenblick wurde unmittelbar vom vorherigen bestimmt, von Bedürfnissen und Leiden, die der vorherige Augenblick diktierte. Nichts ergab einen Zusammenhang, nichts entwickelte sich. Deshalb sah Otro die Veränderungen nicht, die mit der Tante vor sich gingen. Die Kulmination des furchtbaren Alltags trat ein. Als es gar kein Brennholz mehr gab und

Otro aus dem Haus floh, während die Tante bei einer dystrophiekranken Nachbarin Unterschlupf fand, die sie ausnutzte. Und nach einigen Tagen kam zu Otros Überraschung heraus, dass die Tante in dem eiskalten fremden Zimmer unter Mantel und Decken lag und vor Schwäche nicht aufstehen konnte. Und da brachte er sie fort (schnell! nur schnell!) und schleppte sie mit Müh und Not zu Freunden, wo sie bleiben konnte. Das war eine Art Atempause, und alles wurde klarer. Es stellte sich heraus, dass die Tante kaum noch die Treppe steigen konnte, nicht mehr allein Brot holen konnte. Für Otro war das eine Überraschung. Er sagte: »Man denke nur, die Tante – in so einem Zustand! Sie, die immer …« Er glaubte, es sei ein psychisches Trauma, das sich wieder geben würde.
Eines Tages sagte M. L., bei der die Tante lebte, während eines Gesprächs über die Tante zu Otro: Ein sehr alter und sehr hungriger Mensch. Otro fühlte sich unangenehm berührt. Er wollte nicht akzeptieren, dass die Tante ein sehr hungriger Mensch war (nicht einmal, dass sie sehr alt war). Früher gab sie sich mit wenig zufrieden. Sie war zufrieden, wenn er ihr ein halbes Mittagessen mitbrachte, und jetzt, wo er ein ganzes Mittagessen für sie bekam, meinte er, das wäre vollkommen in Ordnung. Er hatte sich eben immer noch nicht daran gewöhnt, Veränderungen wahrzunehmen. Es war, wie sich herausstellte, schon jetzt zu wenig, und in Zukunft müsste es noch viel mehr sein.
Sie zogen im Frühling wieder nach Hause zurück. Das war die Zeit der Atempause. Mit dem Essen wurde es viel besser, und Otro widmete sich eifrig seinen Beutezügen. Die Tante teilte seinen Eifer. Im Haushalt war sie sehr aktiv, putzte stundenlang das Grünzeug, das eine sehr sättigende Kascha ergab. Die Tante wusch, wiegte, kochte das Grünzeug stundenlang. Das alles hätte vereinfacht werden können, doch wie immer war ⟨sie⟩ taub für Argumente. Die Arbeit erschöpfte sie. Otro tröstete sich damit, dass sie ohne Arbeit trübsinnig geworden wäre. Ausgehen mochte sie nicht. Sie war es nicht mehr gewöhnt. Draußen gewahrte

sie auf unangenehme Weise ihren Verfall. Sie fühlte sich wie eine gebrechliche, gekrümmte, die Beine nachziehende Alte. Die Augen tränten, im ungewohnt hellen Licht trat der Ruß hervor, der sich nicht mehr abwaschen ließ. Otro sah das alles bei den seltenen Gelegenheiten, wenn sie ausgingen, mit plötzlicher Schärfe. Und sie sah es vielleicht nicht, aber sie spürte es, wenn sie draußen war. Draußen fühlte sie sich ängstlich, unbehaglich, unwohl. Außerdem war ihr langweilig. Sie ging nur dann gerne aus, wenn sie etwas zu erledigen hatte, ein Ziel. Doch einfach so einkaufen gehen konnte man nicht mehr, selbst die Cafeterien waren verschwunden, und Otro weigerte sich grob, ihr Lebensmittelkarten anzuvertrauen.

Man sagte zu Otro, sie müsste unbedingt aus dem Haus gehen, solange es noch warm war. Sonst würden die Beine ihr den Dienst versagen. Er schrie sie an, ergriff aber keine ernsthaften Maßnahmen. Er befürchtete, sie würde allein ausgehen, und wollte sich nicht sorgen müssen, dass etwas passiert sein könnte, während er es doch nicht mehr schaffte, Dinge auszubügeln oder ins Lot zu bringen. Und zusammen ausgehen – das hieße, sich quälend langsam, Schritt für Schritt dahinzuschleppen, herumzutrödeln. Das war zu enervierend. Und er hatte wirklich keine Zeit. Die Tante suchte ihrerseits Ausflüchte, um nicht auszugehen. Anfangs war es ein verlorener Schlüssel, und sie phantasierte die ganze Zeit von dem Schlüssel. Dann fand er sich, doch sie ging nicht aus. Sie hatte einen Kommentar parat: »Die Lebensmittelkarten gibst du mir nicht. Was soll ich rumlaufen wie eine Idiotin? (»Du musst aber rumlaufen wie eine Idiotin, weil du sonst zum Krüppel wirst, und ich muss es ausbaden«, doch sie sprach weiter, ohne auf sein Geschrei zu achten.) Ich soll rumlaufen wie eine Idiotin, wenn zu Hause so viel Arbeit wartet. Einmal habe ich im Park gesessen, und gleich tat sich zu Hause wer weiß was. Und du hast mich so zurechtgestaucht …«

Diese Begründung brachte Otro besonders zur Raserei, weil es eine Opferbegründung war, die ihm die Schuld zuschob.

Der Herbst rückte näher. Die Tante und Otro glaubten mit derselben Naivität, dass mit der verbesserten Ernährung auch ihr Zustand besser werden müsste. Es kam ihnen auch so vor, als würde er besser werden. Doch zur gleichen Zeit tauchten plötzlich ganz andere schlechte Anzeichen auf. Es tauchten Unpässlichkeiten auf, die es früher nicht gegeben hatte, wie es den jüdischen Trauerton nicht gegeben hatte. Zum Beispiel kamen hämorrhoidale Beschwerden auf. Sie verrichtete ihre Notdurft unter qualvollen Schmerzen. Manchmal erzählte sie ihm, wie sie geschrien hatte, als er nicht da war, manchmal hörte er sie stöhnen, wenn sie auf dem Eimer saß. Er hörte unbewegt zu, weil er so abgequält war, dass er diese Schmerzen nicht auch noch an sich heranlassen konnte.

Auf Krankheiten der Tante hatte er immer panisch reagiert, hatte viel Aufhebens darum gemacht. Jetzt konnte er das nicht, konnte das Rennen im Kreis nicht für ungeplante Handlungen unterbrechen. Jedesmal schickte er sich lange an, eine solche Handlung zu vollziehen (den Arzt holen, in die Apotheke gehen). Und während er sich anschickte, ging die Unpässlichkeit irgendwie von selbst vorbei. So formte sich bei ihm die Haltung: Es geht schon! So stumpfte das Katastrophengefühl ab.

Dann wurde sie noch von Krätze gequält, von Juckreiz. Er kannte den Grund, und in bösen Momenten sprach er davon. Doch sie wollte diesen Grund nicht akzeptieren. Dann hätte man Maßnahmen ergreifen müssen, und diese Maßnahmen überforderten sie physisch (früher war sie sehr reinlich gewesen). Deshalb sagte sie immer, das sei es ja gar nicht, sie hätte die Nesselsucht. Und keine Macht der Welt konnte sie von dieser Ansicht abbringen.

Doch am ernsthaftesten waren die Schwellungen, die Beine. Hier hätten sie beide erschrecken müssen, doch sie erschraken nicht, weil sie anderweitig beschäftigt waren. Otro war damit beschäftigt zu beweisen, dass die Tante selbst schuld war, weil sie nicht auf ihn hörte und zu viel Flüssigkeit zu sich nahm. Dabei leistete

er noch Vorschub und brachte ihr Kohlsuppe ohne Abschnitt[12] und Kaffee mit, weil so das Ernährungsproblem vereinfacht wurde. Die Tante wiederum war damit beschäftigt zu beweisen, dass sie nicht schuld war. »Das Trinken hat nichts damit zu tun. Anna Michailowna trinkt acht Gläser am Tag und fühlt sich ganz normal. Bei mir ist das eine Alterserscheinung, Gicht. Jetzt ist vermutlich noch Ischias dazugekommen.« Das war wie mit der Nesselsucht. Es war beruhigender, etwas Altes, Bekanntes zu haben. Keine Läuse, keine Dystrophie, Produkte des furchtbaren neuen Alltags, der mit Ungewissheit und Tod drohte. Bloß Nesselsucht und Ischias. So trugen sie ihren Streit aus, und für beide verbarg sich im Streit der katastrophale Kern des Geschehens. Einmal kam Otro heim, als es noch hell war. Die Tante lag zusammengekrümmt auf dem Sofa. Sie hob ein wenig den Kopf, und er erstarrte, als er ihr Gesicht sah, eingeschrumpft und gleichzeitig aufgedunsen, verknautscht vom Liegen. »Mit dem Trinken muss Schluss sein!« Er war überzeugt, man müsste drastische Mittel gegen sie ins Feld führen. Also Geschrei: »Hemmungslos ist das! Du bist ja kein Mensch mehr. In dir ist ja nichts Menschliches mehr. Bloß saufen, saufen, saufen, bis der Wanst voll ist. Und dann zusammensacken. Schau dich doch an. Schau dir dein furchtbares, aufgedunsenes Gesicht an. Wenn du es wissen willst, solche Gesichter haben Leute, die zwei Tage später tot sind.« Sie erschrak. Danach trank sie zwei Tage weniger und fand, die Schwellung sei schon zurückgegangen und sie könnte langsam wieder anfangen, ein bisschen mehr zu trinken.
Angesichts des nahenden Winters stellte sich die Frage, ob die Tante ins Krankenhaus gehen sollte. Sie hatten Beziehungen, und das gefiel ihr als Element der Privilegiertheit besonders (»nicht nach den üblichen Kriterien«). Mit ihrer asozialen Einstellung hielt sie hartnäckig an der alten Vorstellung vom Krankenhaus als einer Art privater Heilstätte mit Ärzten aus dem Bekanntenkreis fest, wie sie auch teilweise an der alten Vorstellung von Geschäften festhielt, indem sie etwa überzeugt war, die Lebensmit-

tel bei Jelissejew wären besser. Das Krankenhaus war für sie ein naiver Traum von Komfort und Erholung. Das wollte sie, und deshalb reagierte sie überhaupt nicht, wenn es hieß, dass man dort schlecht versorgt würde, dass es weniger Essen als zu Hause gäbe und man welches mitbringen müsse. Otro hatte die Idee selber aufgebracht, aber jetzt widersetzte er sich. Später erfuhr er zur Beruhigung seines Gewissens, dass es dort wirklich sehr schlimm gewesen war, aber damals konnte er das nur vermuten. Er widersetzte sich aus einer Reihe von Gründen. Er verspürte ein Grauen bei der Vorstellung von zusätzlichen, ungewohnten, mit einem Wort, außerhalb des Kreises liegenden Handlungen, die er vollziehen müsste, um die Tante im Krankenhaus unterzubringen. Ihn schreckten die Einsamkeit (davon hätte er der Tante aus pädagogischen Erwägungen um keinen Preis etwas gesagt) und die Störung der festgefügten Ordnung. Und vor allem (das war völlig verrückt!) hielt ihn der Unwille ab, ein von hässlichen, nicht beigelegten Konflikten überschattetes Zusammenleben zu unterbrechen. Deshalb mochte er ihre Reisen auch nie, obwohl das Zusammenleben ihn belastete.
Das alles ließ sich nicht eingestehen. Und er tarnte es mit extrem hässlichen, egoistischen Begründungen (dabei ging es darum gerade nicht). Vor allem, dass er sich weiß der Teufel wohin schleppen müsste, um ihr Essen zu bringen. Die Tante reagierte mit extrem altruistischen Begründungen. Vor allem hatte sie vor, ihn von sich zu befreien. Er brauchte sich nirgendwohin zu schleppen. Na ja, vielleicht einmal in der Woche. Der altruistische Ton brachte ihn zur Raserei. Der unausrottbare Leichtsinn. Sie wollte ein Bad nehmen (dabei gab es in den Dystrophie-Krankenhäusern gar keine Badewannen), und deshalb dachte sie nicht daran, dass dort Hunger herrschen würde, mehr als jetzt. Doch er musste ja daran denken und alles eigenhändig dorthin tragen. Und er schrie: »Erleichterung! Solange du lebst, gibt es für mich keine Erleichterung! Mich endgültig zugrunde richten – das ja! Wenn ich mich auch noch jeden Tag auf die Petrogr⟨ader Seite⟩

schleppe. Und dir alles hinbringe, was ich habe. Ein Idiot war ich, dass ich dir davon erzählt habe, jetzt hast du dich festgebissen und gibst keine Ruhe mehr.«

Das Problem Krankenhaus und dass man sich unbedingt um die Gesundheit der Tante kümmern musste, wurde ⟨…⟩[13] vielen anderen Dinge aufgeschoben, die von Tag zu Tag aufgeschoben wurden. Otro hatte sich daran gewöhnt, dass die Unpässlichkeiten von selbst zurückgingen. Die Krätze schien auch wieder weg zu sein (manchmal sagte die Tante: »Warum juckt ⟨es⟩ nicht, wenn ich esse …«). Vermutlich würden die Beine ebenfalls wieder abschwellen. Otro war damals besonders reizbar, weil er gerade die Rationalisierung des Alltags vorantrieb. In dem System, das er entworfen hatte, konnte die Tante ihren Kräften entsprechend sinnvoll eingesetzt werden. Faulenzen sollte sie nicht. Die Energie und die Zeit, die er investierte, die Güter, auf die er verzichtete, ließen sich nur mit den Vorzügen von Hausmannskost und der Verringerung von Hausarbeit rechtfertigen. Die Krankheit der Tante warf alles über den Haufen. Er war wütend über diese ärgerliche Durchkreuzung seiner Kalkulationen. Auf ihr Liegen (sie lag immer häufiger und sagte, dann wäre ihr warm und sie hätte keine Schmerzen) reagierte er unfreundlich. In ihm keimte der Verdacht, das Liegen wäre eine ihrer *Ideen,* wie das Einreiben der Haare mit Butter, damit sie nicht grau würden. In seiner Umnachtung durch Wut und Egoismus wollte er (der Psychologe!) nicht begreifen, dass sich das nicht vergleichen ließ. Dass das Einreiben der Haare ihrem Wesen nicht widersprach, das Liegen ihm aber widersprach und deshalb nur erzwungen sein konnte.

Das Katastrophengefühl war so abgestumpft, dass er (es klang für ihn selbst verrückt) von ihr verlangte zu arbeiten, wo jede Arbeit schon ihre Kräfte überstieg. »So krank bist du gar nicht«, sagte er, »heute kannst du aufstehen und mir helfen.« Morgens spielte sich eine Standardszene ab. Er trug die Eimer raus, rannte los und holte Wasser, holte Brot, machte Frühstück; die Tante

blieb währenddessen liegen. Er wusste, dass sie nicht aufstehen wollte, mehr noch – dass sie in keinem Fall aufstehen würde. Doch jeden Morgen hielt sie es für nötig, ein Gespräch darüber anzufangen, ob sie aufstehen sollte, ob das Sinn hätte usw. Das waren wieder ihre »scheinheiligen Spielchen«. Und in der letzten Zeit antwortete Otro schnell und grob: »Steh auf. Bitte. Aber dass es bloß schnell geht.« Sie stand nicht auf.
Im Zusammenhang mit ihrer neuen, für ihn so merkwürdigen Angewohnheit zu liegen verstrickte er sich in Widersprüche, weil mehrere Impulse gleichzeitig in ihm wirksam waren. Einerseits Mitleid mit ihr und vor allem Angst vor einer *Tat*, lag doch die Aufforderung zu arbeiten schon an der Grenze zu einer Tat, die körperlichen Schaden zufügte. Andererseits Mitleid nicht mit sich, sondern mit seiner Zeit, die er durch alle möglichen Rationalisierungstricks der kreativen Arbeit zuschlagen wollte und die ihm ständig gewaltsam entrissen wurde. Und er schrie mal »steh auf«, mal »leg dich hin«. Und die Tante erlaubte sich die Spitze, ihn der Heuchelei zu beschuldigen: »Da sagst du nun, ich wäre scheinheilig. Du heuchelst ja selber, wenn du verlangst, dass ich liegen bleibe, und dann herumschreist.« Er schwieg. Im Grunde genommen war das keine Heuchelei, es war ein Konflikt verschiedenartiger Impulse.
Derselbe Impulskonflikt wurde bezüglich ihres Essens wirksam. Einerseits waren hier Reste von Menschlichkeit und sein Selbstbild als Familienoberhaupt wirksam (die Befriedigung, dass er ihr Leben organisierte). Andererseits Gereiztheit über die irrationale Verschwendung seiner Kräfte und Ressourcen. Es war ein Auf und Ab. Mal servierte er ihr fürsorglich das Essen, wählte die leckersten Stücke. Mal brach er plötzlich in einen Schwall von Grobheiten aus: »Tja, du hast dein Schäfchen wieder im Trockenen.« – »Dir stehen nicht mehr als 300 Gramm Brot am Tag zu.« – »Hemmungslos.« – »Ja, ja, nur schnell alles runtergeschlungen!« Ihn brachte ihr System auf, Butter unter dem Vorwand, sie ließe sich nicht streichen, stückchenweise zu essen. Er

begründete seinen Protest damit, dass das unvernünftig wäre, dass er eine rationale Aufteilung anstrebte, doch diese Begründungen bemäntelten ein hässliches Gefühl. Über Butter gab es jedesmal heftige Auseinandersetzungen, die wie alle Auseinandersetzungen mit der Tante zu nichts führten (»Was beobachtest du jede Bewegung von mir? Da wird einem ja das Essen zuwider.« »Ich beobachte dich, weil es gleich wieder mit den Butterstückchen losgeht ...«). Otro glaubte, das Verzehren von Butter in Stückchen und ohne Brot wäre auch eine *Idee* (sie behauptete, das wäre besonders gesund), die vermehrte Lust auf Süßes (sie rechnete aus, wie viele Tage bis zur Ausgabe der »Konditoreiwaren« blieben) wäre alte Naschkatzengewohnheit. Er begriff einfach nicht die neue Funktion des Verhaltens – der sterbende Organismus suchte instinktiv mit besonderer Gier nach dem, was ihn retten könnte: Fett, Süßes.
Manchmal, besonders abends, im Bett, wenn die Tretmühle stillstand, zuckte in Otro der Gedanke auf: Aber sie stirbt ja, im Winter stirbt sie. Man muss die Situation verändern. Doch der Katastrophengedanke flammte blitzschnell auf und verlosch wieder, überdeckt von den laufenden egoistischen Überlegungen. Er verlosch so schnell, dass Otro nicht einmal imstande ⟨war⟩, die Zusammenhänge zu rekonstruieren, in denen er auftauchte, ihn zu lokalisieren.
Zu diesem Tod stellte sich dieselbe Frage wie zu diesem Leben: Was hätte man tun können? Vielleicht wäre die Rettung möglich gewesen, aber zu einem extrem hohen Preis. Aber man hätte trösten, beruhigen, das Sterben begehen können. Auch das hätte eine riesige Anspannung, einen hohen Aufwand an Seelenkräften erfordert. Dafür hätte man *verstehen* müssen. Verstehen, dass der Zustand nicht endlos dauern würde. Dass das die letzte Krankheit war. Das hätte man sich sagen und zu seiner Aufgabe, zu seiner Selbstverwirklichung machen müssen. Er verstand es zu spät. Oder man hätte Liebe in sich finden müssen. Womöglich wären Liebe und die Rettung dieses elenden blutsverwandten

Lebens durch die Liebe seine grausame kreative Arbeit wert gewesen. Er wusste es nicht und würde es nie nachprüfen können. Es gab keine Liebe, sie war nirgendwo zu finden.
Erst jetzt, als er ohne Hast denken konnte – da begriff er, dass Liebe nötig gewesen wäre. Dass die Tante nicht so weit vom genuin Menschlichen weg gewesen war, wie es ihm in der Eile vorkam. In dem gequälten Organismus spielte sich ein gewisses Seelenleben ab. Womöglich mehr im Schlaf, wenn das Bewusstsein von Getriebe und Hast befreit war. Sie hatte komplizierte, interessante, miteinander verbundene Träume, die sie Otro gerne erzählte (wenn er morgens mit dem Eimer rausgegangen war, sagte sie: »Da bist du ja, setz dich, ich habe einen Traum für dich«); sie war stolz darauf, wie man auf eigene Gedichte stolz ist. Otro hörte betroffen zu, weil in den Berichten das Seelenleben der Tante zum Vorschein kam, das nach Aufmerksamkeit und Mitgefühl verlangte und das er in der Eile meistens von sich schob und ignorierte. Die Träume anzuhören war deshalb schwer und unbehaglich für ihn, weil er in ihnen deutlich den Gedanken an den Tod sah, vor dem sie Angst hatte. Einmal weckte er sie, weil sie stöhnte. Es stellte sich heraus, dass sie von einem fürchterlichen Albtraum gequält wurde. Sie starb; sie lag auf dem Boden, und die Trümmer eines Marmortischs lasteten auf ihrer Brust, und in der Hand zerdrückte sie aus irgendwelchen Gründen eine Flasche. Das war eindeutig ein Albtraum, schrecklich für sie, aber für Otro nicht so schlimm wie ihre Träume mit verschobener oder indirekter Bedeutung. So träumte sie nicht lange vor dem Ende von ihrem verstorbenen Mann und dem jungen Wohnungsnachbarn, der an der Front gefallen war. Sie stritten, wer von ihnen als erster in die Wohnung gehen sollte (in diese Wohnung), und ließen einander den Vortritt, und die Frau des Nachbarn, die an Dystrophie gestorben war, begrüßte sie. Und der Mann der Tante ließ dem anderen dann doch den Vortritt, weil der ja voller Freude zu seiner Familie gekommen war und so schnell wie möglich eintreten sollte.

Für Otro war das ein sehr schlimmer Traum. Die Tante lag nun stundenlang allein auf ihrem Sofa und sagte, ihr sei nie langweilig, sie würde nachdenken. »Worüber denkst du denn nach?«, fragte Otro mit derselben schmerzlichen Betroffenheit. »Ach, über dich, über mich. Vor allem erinnere ich mich an früher. Mir ist nie langweilig.«

Das war Seelenleben. Hier hätte man sich herunterbeugen, aufmerksam hinschauen, trösten müssen. Otro schwieg nur und hörte voller Unbehagen zu. Er wurde schnell müde, ihm fiel das Sprechen schwer, besonders wenn er laut sprach (die Tante hörte jetzt ja schlecht); wenn er sich schon unterhalten musste, dann am liebsten über das Essen. Das war einfach, normal und interessant.

Die letzte Zeit vor dem Ende war eine hässliche Zeit. Nicht schlecht bezüglich des Essens; aber sehr hässlich, was Otros Verhalten und Befinden anging. Seine Gereiztheit über das zeitvergeudende Chaos wuchs permanent. In den letzten Tagen häuften sich belastende, scheußliche Szenen. Die Tante hatte seine Hosenträger verlegt. Er suchte, er verlor Zeit, Zeit, von der ohnehin zwei Drittel dafür draufgingen, das Mittagessen für sie herzuschleppen. Er geriet in Raserei: »Lass es sein, lass es sein! Fass meine Sachen nicht an! Hol's der Teufel, ich krieg das hin; ich bring dich noch dazu, meine Sachen nicht anzufassen!« Sie stritt ihre Schuld ab, hatte die Hosenträger aber tatsächlich verlegt, denn später sah er sie offen herumliegen (sie waren eindeutig mit Absicht dorthin gelegt worden). Aber vorerst tat er, was er früher in solchen Fällen getan hatte. Angeblich im Verlauf der Suche (das war eine Fiktion) warf er systematisch den ganzen Schrankinhalt auf den Boden. Und ging tobend fort. Sie musste das alles wieder aufheben. Er wusste, dass ihr jetzt jede Bewegung schwerfiel. Das war durchaus schon eine *Tat*.

Diese Szene vermischte sich mit einer anderen – als es um die nicht geflickte Hose ging. Einen ganzen Monat passiert nichts. Keine Sachen, um unter die Leute zu gehen. Unmöglich. Steh auf und mach es endlich. Sie stand auf. Im Zimmer war es kalt. Er kam herein und sah: wie sie am Tisch sitzt. In der grünen Strickjacke zittert. Die Hose in zitternden Händen hält. Otro merkt plötzlich voller Entsetzen, wie furchtbar das alles ist. Ihr Kopf – der auch zittert – hängt tief über der Tischplatte, fast als wäre sie ohne Besinnung. Verzweifelter Schrei von Otro: »Leg dich sofort wieder hin!« – »Nein, wenn du mich schon aufgescheucht hast …« Er reißt ihr die Hose weg. Er schreit wie ein Irrer. Wie kann sie es wagen, nicht auf ihn zu hören, wie kann sie es wagen, ihn daran zu hindern, so schnell wie möglich, unverzüglich das begangene Böse wieder zu richten. Danach verstummte er. Abends legte er sich früh hin, furchtbar müde. Fragte, ob sie zur Nacht den Rollladen hochziehen könnte. Die Tante zog den Rollladen hoch und stolperte beim Zurückkommen über den Eimer. Otro schrie auf, als er den Fall hörte. Die Tante sagte betreten, sie hätte sich nicht wehgetan, könnte aber nicht alleine aufstehen. Otro fuhr hoch, hob sie auf (er fand es merkwürdig, wie leicht sie war), trug sie aufs Sofa, legte sie hin, deckte sie zu, wobei er den Ekel vor ihrem Sofa und den Lumpen darauf überwand, die er in letzter Zeit zu berühren vermied (dort waren Läuse). An dem Abend begriff er. Er akzeptierte die Tatsache – die Tante war schwerkrank. Er stellte sich um.

Sie vereinbarten, dass die Tante liegen würde. Das war nun legitim und schien Otro sofort viel einfacher. Am nächsten Tag gab es gutes Essen. Er brachte Reisauflauf mit. Doch die Tante hatte keinen Appetit. Das war merkwürdig, aber es hatte sogar etwas Positives, etwas aus Friedenszeiten. Sie hatte am Tag vorher Suppe aus Heringsköpfen gegessen, die rostrot gewesen war. Otro hatte sie beschworen, nichts davon zu essen. »Das hast du dir selber eingebrockt.« Er glaubte, die Heringssuppe hätte eine Magenverstimmung verursacht. Aber es gab schlechte Anzeichen. Sie verspürte eine leichte Übelkeit, hatte Lust auf saure Speisen. Das waren Symptome mit hässlichen Assoziationen. An dem Tag wurde in der Kantine Zucker ausgegeben (eine große Seltenheit!). Er zerschlug den Zucker in kleine Stückchen und sagte: »Iss nur, iss. Du brauchst das wie Medizin.« Die Tante sagte: »Ich bin sogar froh, dass ich keinen Appetit habe. Dann bleibt mehr Brot für dich.« Im Geschäft wurden Wein und Sprotten angekündigt. Sie hatte große Lust auf Wein. Ganz unerwartet war der Wein sehr teuer (50 Rb.), und Otro hatte nicht genug Geld. Er brachte die Sprotten und sagte, morgen würde er Geld bekommen und Wein holen (am nächsten Tag gab es keinen Wein, so dass sie diesen letzten Wein, auf den sie Lust gehabt hatte, nicht trinken konnte). Nach einiger Zeit sagte sie plötzlich: »Lieber Himmel, wie teuer die Sprotten sind – was hast du gesagt, 50 Rubel?« (Die Sprotten kosteten 1,30 Rb.) Er sagte ruhig, das wären nicht die Sprotten, sondern der Wein, aber ihm wurde ganz kalt. Er erschrak vor dem Altersschwachsinn, der sich hier ankündigte, der lange dauern konnte. Er war erschrocken und sanftmütig. Er sagte, am nächsten Morgen würden sie einen Einlauf machen (sie mochte Einläufe – das war auch eine ihrer *Ideen*), und alles würde besser werden. Er fragte oft: »Na, wie geht es dir? Besser?«

Am Morgen wollte er unbedingt, dass sie Sprotten aß. Bei der letzten Zuteilung hatten sie ihr so geschmeckt. Essen, essen, damit der Organismus nicht verfällt. Und damit Otros Beute nicht ungenutzt verdirbt. Als Otro am Morgen den Haushalt besorgte, hatte er die Tante nicht näher angeschaut. Doch nun stellte er ihr auf einem Teller in Stücke geschnittenes Brot mit Sprotten hin, und sie stupfte die zitternde Hand in den Teller. Die Sprotte glitt ab, er hob sie auf, sie glitt wieder ab, und die Tante aß Sprotte und Brot getrennt und schaute dabei mit einem starren Blick, der keine Beziehung zum Essen hatte, vor sich hin. Das war unerträglich ähnlich. So hatte der alte Mann damals Apfelsinen gegessen. Und in dem Moment verstand Otro alles. Er entfaltete eine hastige Aktivität. Er handelte wie ein Idiot und wie ein Barbar. Er hatte sie zum Essen gezwungen, damit der Organismus nicht verfiel. Nun nahm er den Einlauf in Angriff. Sie glaubte an die wundertätige Kraft von Einläufen. Otro hatte es immer ermüdend und widerwärtig gefunden, sich damit abzuplagen. Er dachte, nun würde sie sich freuen. Doch sie sagte plötzlich, es wäre nicht nötig, sie hätte kein Bedürfnis danach. Sie war plötzlich müde wie ein Mensch nach schwerer Arbeit, sie wollte nicht gestört werden. Doch er beharrte darauf, wie ein Idiot und Barbar. Und er versuchte es. Und da stellte sich heraus, dass er sie nicht umdrehen konnte, dass sie einen schweren, kalten Körper hatte, wie ein Stein, mit aufgeblähtem Bauch. Sie schlief ein. Und mit dem Einlauf wurde es nichts. Er hatte alles nass gemacht. Sie schlief ein, ohne darauf zu achten. Er konnte sie nicht anheben, um trockene Tücher unterzulegen. Er wusste jetzt, dass alles verloren war. Und alles ging seinen Gang, schneller und schneller. Alles verlief wie im Wahn, ähnlich wie bei dem anderen Tod, nur in beschleunigter, geraffter, vereinfachter Form. Sofort erschien die Nachbarin, als gäbe es ein entsprechendes Naturgesetz. Dabei hatte man früher ständig umsonst auf sie gewartet und sie umsonst gebeten zu kommen. Sofort begannen das Umziehen des starr werdenden Körpers und verschiedene Prozeduren, die der Körper nicht mehr nötig hatte und vor kurzem so nötig gehabt hätte, als er noch lebendig und empfindlich war. Doch da verschaffte man ihm keine Erleichterung, da ließ man ihn schmutzig, in Lumpen, verlaust, und er *juckte*. Dann trieb Otro unter großen Schwierigkeiten einen Arzt auf, in dem Wissen, dass das ein völlig nutzloses Ritual war. Und der Arzt tat alles außergewöhnlich schnell und gleichgültig. Trotzdem ging Otro noch zur Apotheke. Das Bewusstsein schwand langsam. »Warum schläfst du nicht?«, sagte sie tagsüber zu ihm. Und als er sich über das Bett beugte, wiederholte sie begierig: »Schlafen, schlafen …« Und Otro antwortete ihr im Stillen mit einer Art Spott, der geradezu qualvoll war: O ja, du schläfst bald ein und wachst nicht mehr auf … Ihre Zunge wurde starr. Sie lallte Unverständliches. Sie lallte bu-bu. Doch plötzlich sagte sie: »Komm, ich will dir einen Kuss geben …« Ihm wurde leichter zumute. Als hätte sie ihm mit diesen Worten seine Schuld verziehen; als hätte sie gelobt, dass sie keine Kränkung und keine Bitterkeit mit sich nähme. Ob sie wusste? Am meisten befürchtete er ihr bewusstes Erleben. Und quälte sich mit Zweifeln. Ihr Gesicht zeigte weder Leid noch Anspannung. Er rief sie, und ihre Lider zuckten seltsam automatisch zur Antwort. Er klammerte sich an diese Verbindung und hatte gleichzeitig Angst vor diesen Lidern, die auf den Klang seiner Stimme reagierten. Das war ja Bewusstsein, waren womöglich Gedanken, Todesgedanken, die sie nicht mehr aussprechen konnte. Er streichelte ihr die Stirn, küsste sie. Er lauschte nachts auf ihren Atem. Es war kalt im Zimmer, doch nachdem er ihren Kopf eingepackt hatte, wurde ihr Atem ruhig. Er konnte sich immer noch nicht von dem törichten Gedanken trennen, der Organismus müsste unterstützt werden, und schob ihr mit Gewalt Butterschmalz in den Mund (hier – Butter ohne Brot und in Stückchen!). Der Mund war zugepresst, doch zweimal machte sie ihn plötzlich mit einer Art Kieksen weit auf. In ihrem letzten Gespräch ging es dann doch ums Essen. Am Abend steckte er ihr ein kleines Stückchen Zucker in den Mund. Und fragte, ohne im geringsten eine Antwort zu erwarten: »Schmeckt es dir?« Und plötzlich antwortete sie überdeutlich, wie ein Kind, das schwierige Wörter ausspricht: »Sicher. Gib mir noch ein Stückchen Zucker.«

Gut, dass sie in den letzten Tagen keinen Appetit hatte. Dass sie nicht starb, während sie sich nach einem Stück Brot sehnte.

Ihr Gesicht war ruhig und ernst. Unter Otros Hand erkaltete feierlich die Stirn. Das ähnelte ihrem geschäftigen Wesen so gar nicht.

Um ihretwillen fürchtete Otro bewusste Augenblicke. Aber aus egoistischen Gründen quälte ihn ihre Bewusstlosigkeit, die nicht zuließ, dass er büßte, Verzeihung erlangte, das Sterben beging. Alles geschieht schnell. Er weiß, dass einmal empfundene Reue sich nicht wiederholt. Gram wie Reue sind jetzt fingiert, geschrumpft, und die Reue steht in keinem Verhältnis zum Ausmaß der Schuld. Otro wird sich in der nächsten Zeit noch selbst kasteien, wird sich Erholung und Freude versagen. Er wird sich über Fehlschläge im Alltag freuen, weil sie sie nicht erleben muss, und über Erbeutetes traurig sein, weil sie nicht da ist, aber das alles steht in keinem Verhältnis. Das alles war nur ein matter Abklatsch der Empfindungen, die an dieser Stelle hätten aufkommen müssen.

Doch was sich sofort und unumstößlich änderte – das war die Funktion des Essens. In den letzten Tagen hatte er gedacht: Ich komme nach Hause, finde das Ende vor, esse das ganze Brot, esse mich satt, und dann ist da noch die Lebensmittelkarte. Ein intensives Gefühl stellte sich aber nicht ein, weil die Tante schon allmählich aufgehört hatte zu essen und er allmählich immer mehr von dem aß, was für zwei bestimmt war. Die Marotte, alles mögliche mit dem Essen anzustellen, hatte er noch. Es gab eine Zuteilung Schokolade und Butter. Das war jammerschade, denn sie mochte beides so sehr. Er wollte nach alter Gewohnheit, dass die Geschmacksempfindung nicht verloren ging. Sie lag da im Sterben. Und er fabrizierte eine Mischung aus Butter und Schokolade und strich sie aufs Brot, von dem es viel gab, mehr als je zuvor. Er aß, gepeinigt von Trauer. Das war die heftigste Empfindung von Trauer und Gram, die er im Zusammenhang mit diesem Tod verspürte. Essen, das Erlebnis des Essens war fest mit ihr assoziiert, und das war nun zu Ende, und zu Ende gegangen war auch das Interesse, das menschliche Interesse am Essen; was blieb, war etwas Düsteres und Tierisches. Und gleichzeitig kam es ihm so vor, als würde das Essen die Trauer betäuben, als würde sie physisch verstopft, verklebt von der Nahrung, die in die Tiefe glitt, der nagenden Trauer entgegen. Er kaute und schluckte, und die Trauer hob sich, dem Essen entgegen. Das war der kummervollste Augenblick, den er in diesen Tagen erlebte. Er kaute und schluckte, und der durch Leiden geschaffene Alltag und Aufbau jenes Jahres mit seinen »kleinen Freuden«, wie die Tante gesagt hatte, ging für ihn zu Ende.

Später quälte ihn die Trauer, und er fühlte sich die ganze Zeit so schlecht, dass er die ganze Zeit seine Lage ändern wollte (wie wenn man nicht schlafen kann und sich die ganze Zeit herumwälzt, von einer Seite auf die andere wirft). War er im Zimmer, wollte er nach draußen, weil ihm schien, die Bewegung würde ihn ablenken. War er draußen, hetzte er zurück, bis ihm der Atem ausging. Dann bildete er sich ein, die einzig mögliche, noch am wenigsten schmerzhafte Lage für ihn bestünde darin, reglos, erstarrt am Tisch festzusitzen und langsam eine Papirossa zu drehen. Es half nicht, und dann bildete er sich ein, ihm müsste leichter sein, wenn er zu Bekannten ginge (die man mit Mühe ausfindig machen musste), oder schließlich, wenn er sich ins Bett legte, ausstreckte, die Decke übers Gesicht zog – und das half tatsächlich mehr als alles andere.
Mittendrin kam V.s Postkarte an – die Antwort auf das Telegramm. Sie war von einer so unumwundenen Sentimentalität, dass es an Unverschämtheit grenzte. Von Otros Standpunkt aus war schon die bloße Tatsache, zu diesem Anlass eine Karte zu schreiben und in diesem Ton, eine Unverschämtheit. Er schrieb doch wahrhaftig: »Unser goldenes Alterchen, wenn ich daran denke, dass ich unser Schätzchen nie mehr wiedersehe …« Dieser professionelle Witzbold, dieser gewohnheitsmäßige Skeptiker etc. war eben doch kein Vertreter einer intellektuellen Kultur, die ein einheitliches Lebensgefühl (oder eine reflektierte Dialektik) voraussetzte. Gerade seine Professionalität enthob ihn dieser Probleme. Und ließ Bereiche ernsthafter, emotionaler Beziehungen zu den Dingen ausgespart, wo er sich völlig primitiv ausdrückte. Gesagt hätte er »goldenes Alterchen, unser Schätzchen« wohl kaum, weil solche Wendungen nicht zu seinem Wortschatz gehörten. Aber schreiben konnte er es, um ein momentanes emotionales Bedürfnis zu befriedigen.
Die Karte rührte Otro nicht. Sie schmerzte ihn und machte ihn wütend. Insbesondere erbitterte ihn der Satz: »Ich bin irgendwie schuldig ihr gegenüber, aber ich kann mir da jetzt keine Klarheit

verschaffen.« Wie leicht dieser leichthändige Mensch das unvermeidliche Schuldgefühl abtat. Er hatte es sich in diesem Zusammenhang – wie überhaupt im Leben – immer leicht gemacht. Er lebte allein. Die Tante besuchte ihn; er schickte Geld, aber nur, wenn es ihm nicht allzu schwerfiel. Er verschaffte sich jetzt keine Klarheit und würde es natürlich nie tun. Weil er schon nach einer Woche nicht mehr das Bedürfnis danach haben würde. Er hatte Otro die ganze materielle Daseinslast der Tante mit all den physischen Einbußen und Leiden überlassen – jetzt überließ er ihm auch die ganze Last von Schuld und Reue. Die Wörter »Schätzchen, goldenes Alterchen« klangen (was V. betraf, unfreiwillig) so unwahr, sie widersprachen so schrecklich der Tragödie des Bösen, der Grobheit, der Verrohung, des Alltagschaos, die mit der Tragödie ihres Todes verschmolzen war und die Otro gerade erst erlebt hatte, dass er beim Lesen dieser Wörter vor Schmerz aufstöhnte. Mit schmerzlicher Rührung hatte dieser Schmerz jedoch gar nichts zu tun.

*Umschlag des Hefts, in das Lidia Ginsburg die* Erzählung *geschrieben hat, mit Blockademotiven.*

# Aufzeichnungen eines Blockademenschen

Während der Kriegsjahre lasen die Menschen gierig *Krieg und Frieden*, um sich zu überprüfen (und nicht Tolstoi, an dessen adäquater Darstellung des Lebens niemand zweifelte). Und wer las, sagte sich: »Aha, das empfinde ich also richtig. Das ist also so.« Wer die Kraft zum Lesen hatte, las im Leningrad der Blockadezeit gierig *Krieg und Frieden*.

Tolstoi hatte ein für allemal Gültiges über die Tapferkeit gesagt, über den Menschen, der an der gemeinsamen Sache eines Volkskriegs teilnimmt. Er hatte auch davon gesprochen, dass die von der gemeinsamen Sache Erfassten sie sogar dann noch unbewusst fortführen, wenn sie scheinbar nur mit der Bewältigung ihrer persönlichen Lebensprobleme beschäftigt sind. Die Menschen im belagerten Leningrad arbeiteten (solange sie konnten) und retteten, falls sie das konnten, sich selbst und ihre Angehörigen vor dem Hungertod.

Und letztlich nutzte das auch der Sache des Krieges, denn dem Feind zum Trotz lebte die Stadt, die der Feind vernichten wollte.

Davon wird hier manches erzählt.

Es schien mir erforderlich, nicht nur das allgemeine Leben darzustellen, sondern auch das Blockadedasein eines Menschen. Dieser Mensch ist Summe und Einzelner (deshalb heißt er N.); er ist Intellektueller und lebt unter besonderen Umständen.

Ein Frühlingstag im Leningrad des Jahres 1942. Übrigens: Das Wort »Frühling« klang seltsam. Man hatte die Brotration erhöht, die Straßenbahnen fuhren unentschlossen durch die aufgetauten Straßen. Die Deutschen hatten ihre Bombenangriffe eingestellt, beschossen die Stadt aber mehrmals am Tag. Die Stärksten und

Lebenstüchtigsten waren gestorben oder hatten überlebt. Die Schwachen starben langsam weiter. Das Wort »Frühling« klang seltsam.
N., ein Blockademensch, den man wegen seiner Sehschwäche nicht einberufen hat, wird wach. Im letzten Sommer ist er anders aufgewacht: Regelmäßig weckte ihn um sechs Uhr morgens der Radiolautsprecher, der zur gemeinschaftlichen Nutzung im Flur angebracht war. Später wurde er schon automatisch zehn, fünfzehn Minuten früher wach, lag im Bett und lauschte. Doch etwa drei Minuten vorher hielt er es nicht mehr aus und ging im Schlafanzug auf den Flur. Dort standen bereits die Nachbarn, halbangezogen, die Gesichter gierig angespannt. Wenn der Ansager mit seiner üblichen unnatürlichen Stimme die Sender aufzählte, schien das zu bedeuten, dass heute Nacht nichts besonderes geschehen war … N. wusste, dass das eine Aberration war, aber er konnte sich nicht davon befreien. Übrigens begann die Übertragung nicht mit dem Ansager, sondern mit kurzen Tönen und Pausen, die eine Klangfolge bildeten. Traurigere Klänge hatten wir noch nie gehört. Dann kam die Aufzählung der Rundfunksender mit ihrer schwachen Suggestion von Stabilität. Schließlich die schrecklich kurzen Nachrichten (es schien, als würden sie immer kürzer), die damals aus dem Verlesen der Frontabschnitte bestanden. Und die Menschen standen mit stockendem Herzen vor den Lautsprechern, während sie den aktuellen Frontverlauf vernahmen. Der Ansager sprach unnatürlich langsam, man konnte die Sekunden zählen, die ein Wort vom anderen, eine Ortschaft von der anderen trennten. Der Frontverlauf … Die Menschen wussten: Danach kommt Luga, und danach … So war es im Sommer 1941 gewesen.
Die Gier nach Informationen war furchtbar. Fünfmal am Tag stürzten die Menschen zum Lautsprecher, unterbrachen jede Beschäftigung. Sie bestürmten jeden, der auch nur einen Schritt näher an der Front, der Macht oder den Informationsquellen war als sie selbst. Der Ausgefragte ärgerte sich über die sinnlosen

Fragen. Denn die Fragenden wollten ja gar nicht wissen, wonach sie fragten. Sie wollten wissen, wie das wäre, wenn Krieg ist, wie das sein würde.

Diese Ahnungslosigkeit war das Charakteristikum der ersten Tage, merkwürdig vermischt mit der langen Vorbereitung, mit dem jahrelang eingehämmerten Gedanken an die Unausweichlichkeit und die zerstörerische Totalität dieses Ereignisses.

Jeder, der ihn erlebt hat, erinnert sich an seinen ersten Kriegstag. Sonntag. Eine kurze Schlange an der Kasse für den Vorortzug. Die Hand nimmt das Wechselgeld und das Papprechteck der Fahrkarte entgegen. Und genau in dieser Sekunde ertönt eine gleichsam erstaunte Stimme (oder war das kein Erstaunen?): »Molotow spricht ... Er sagt da so etwas ...«

Die Menschen drängten sich schon am Bahnhofseingang. Aus dem Lautsprecher kamen Worte, und jedes enthielt, unabhängig von seiner Bedeutung, das bevorstehende Martyrium, das ungeheure Martyrium eines ganzen Volkes. Die Ansprache ist zu Ende. Ich kehre nach Hause zurück, drücke die an der Kasse gekaufte Fahrkarte so fest, dass die Hand weh tut. Sie werden heute lange auf dem Bahnsteig stehen und vergebens auf mich warten. Noch ist keine halbe Stunde vergangen, und schon haben wir uns unaufhaltsam von der Ordnung der Vorkriegsgefühle entfernt.

Ich gehe durch Straßen nach Hause, die scheinbar noch Vorkriegsstraßen sind, an Dingen vorbei, die Vorkriegsdinge sind, deren Bedeutung sich aber schon geändert hat. Noch gibt es kein Leid, keine tiefe Trauer, keine Angst, im Gegenteil: Erregung und das an Leichtigkeit grenzende Gefühl vom Ende dieses Lebens.

Im ersten Moment des sich vollziehenden Geschehens schien es, als müsste man sich furchtbar beeilen und als könnte nichts mehr so sein wie vorher. Dann zeigte sich, dass vieles noch war wie vorher. Noch fuhren die Straßenbahnen, die Honorare wurden gezahlt, in den Geschäften wurden die üblichen Dinge verkauft.

Das überraschte. Das Gefühl vom Ende des bisherigen Lebens war zunächst so überwältigend gewesen, dass das Bewusstsein alles auf dem Weg dorthin übersprang und sich ausschließlich auf den Ausgang konzentrierte. In dieser unerhörten Situation wollte es nicht schwanken; es wollte streng und standhaft sein. Diejenigen, die am wenigsten vorbereitet waren, wussten nichts Besseres, als sofort mit dem Ende zu beginnen und sich auf den Tod einzustellen. Sie sagten ganz aufrichtig zueinander: »Tja, eines ist bei aller Unklarheit klar: Wir werden umkommen.« Etwa zwei Wochen lang glaubten sie, das sei einfacher als alles übrige, und sie stünden dem Ganzen ziemlich ruhig gegenüber. Dann stellte sich heraus, dass umzukommen schwerer war, als es auf den ersten Blick aussah. Und da rangen sie der Dystrophie mit Mühe stückweise ihr Leben ab, und viele von ihnen beteiligten sich bewusst oder unbewusst an der gemeinsamen Sache.
Später hörte man dem Lautsprecher anders zu. Alltäglicher. Die Verflechtung von ganz Persönlichem (jedem verkündet der Lautsprecher sein Schicksal) und Historischem, Epochalem löste sich. Der Kelch ging an keinem vorüber – alle erfuhren, wie Krieg sein kann. Eine neue Wirklichkeit bildete sich, die es noch nie gegeben hatte und die doch der früheren viel ähnlicher war, als man für möglich gehalten hatte. In ihr musste man sich zurechtfinden. Den Menschen schien nun, als hinge ihr Schicksal nicht von den Meldungen des Ansagers ab, sondern von weitaus konkreteren und naheliegenderen Dingen: von der Einnahme der Ortschaft N., von der Batterie, die in Ligowo Stellung bezogen hatte, von dem Lastkahn mit Brot, der durchgekommen war. Im Winter schließlich war das morgendliche Erwachen nur noch der Auftakt zu neu anhebenden Qualen, die bis zum nächsten Schlaf andauern würden.
Remarque hat seinerzeit seinen Roman darauf aufgebaut, dass der Heeresbericht genau an dem Tag *Im Westen nichts Neues* lautete, als sein Held an der Westfront fiel. Ein typischer Beleg für den individualistischen Pazifismus, der als Reaktion auf den Ers-

ten Weltkrieg entstand. Die Menschen damals (besonders die Menschen im Westen) wollten nicht begreifen, dass soziales Leben wechselseitigen sozialen Schutz bedeutet (sonst wäre es bloß Unterdrückung und Gewalt). Wir dagegen wussten, dass die Meldung an dem Tag, an dem wer auch immer von uns durch einen Granatsplitter der Hitlertruppen getötet würde, den Wortlaut hätte: »Leningrad setzte unter feindlichem Beschuss sein Arbeits- und Geschäftsleben wie gewohnt fort.« Dafür sagte hier jeder: Wir kesseln Charkow ein, wir haben Orjol erobert … Die Truppen sind durchgebrochen, haben sich festgesetzt, sind vorgerückt … Hinter solchen Formulierungen für kollektive Handlungen stehen Tausende einzelner Menschen, die dabei waren, gefallen sind und die Früchte ihres Kampfes nicht ernten würden. Hinter ihnen aber stehen weitere Millionen, die nicht dabei waren, doch die Früchte der anderen ernten würden. Was geht das alles die Gefallenen an, und was nutzt es ihnen? Nichts. Selbstverständlich nichts. Nur aus religiöser Sicht kann einem Toten etwas von Nutzen sein. Doch es nutzt dem Lebenden. Die Lebenden nähren sich vom Blut. Die einen sitzen als Schmarotzer an der Festtafel, die anderen sind anständige Gäste und haben dafür ihr eigenes Blut geopfert. Nichts kann das Minderwertigkeitsgefühl der Überlebenden unterdrücken, weder Eigenliebe noch der Gedanke, man sei an seinem Platz nützlicher gewesen, oder die Überzeugung, ein schöpferisches Ausnahmetalent zu sein. Man sollte nur nicht glauben, dass das Wissen um die Zusammenhänge den Wissenden egoistisches Tun erspart oder sie triumphierend zu einem heroischen Lebensgefühl geführt hätte. Für Unvorbereitete blieben die Zusammenhänge furchtbar und theoretisch unzumutbar.
Unter den Bedingungen der Blockade war die erste, unmittelbare Stufe sozialen Schutzes die Familie, Grundeinheit der Blutsverwandtschaft und des Alltagslebens mit ihren unabweisbaren Forderungen, Opfer zu bringen. Man wird sagen: Liebes- und Verwandtschaftsbeziehungen machen Opfer leicht. Nein, es ist

weit komplizierter. So schmerzhaft, so schrecklich waren die Berührungen unter den Menschen, dass es in der Nähe, in der Enge schwierig wurde, zwischen Liebe und Hass für diejenigen zu unterscheiden, vor denen man nicht fliehen konnte. Fliehen konnte man nicht, aber einander beleidigen, einander kränken konnte man. Die Bindungen lösten sich trotzdem nicht auf. Alle nur möglichen Beziehungen – kollegiale, pädagogische, freundschaftliche, leidenschaftliche – lösten sich wie Blätter vom Baum; diese eine hatte Bestand. Ob die Menschen sich vor Mitleid krümmten, ob sie fluchten – sie teilten ihr Brot. Fluchend teilten sie es, und teilend starben sie. Wer aus der Stadt entkam, hinterließ den Zurückgebliebenen diese häuslichen Opfer. Und die Unzulänglichkeit der Opfer (er hat überlebt, also hat er nicht genug geopfert) und mit der Unzulänglichkeit die Reue.

Jetzt ist der Sommer da. Ein gnädiger, kühler Sommer. Jeden Tag verspürt N. beim Aufwachen das erstaunliche, immer noch nicht obsolete Gefühl der Abwesenheit von Qual. Das ist der erste Eindruck des Tages – und der beste. Arme und Beine liegen entspannt auf dem ziemlich ebenen und weichen Sofa. Das Fenster steht offen. Ihm ist weder kalt noch heiß. Es ist hell. Und hell wird es bleiben, die ganze weiße Nacht hindurch. Er hat nicht einmal Hunger. Der kündigt sich allerdings schon an, das Gefühl ist immer irgendwo präsent (wie im Verliebten die Liebe), aber vorläufig braucht er nicht daran zu denken. N. wirft die Bettdecke ab und überlässt den Körper der klaren, leichten, weder kalten noch heißen Luft.

Doch N. weiß: Er braucht sich nur auf die linke Seite zu drehen, mit dem Gesicht zum Zimmer, und schon erblickt er das auf ihn lauernde Chaos (damals diskutierten die Geisteswissenschaftler noch nicht über Organisation, Information und Entropie). Alltagsdurcheinander: der Teller voller Zigarettenkippen, die das Chaos aus sich herauskatapultiert hat, die Jacke auf dem Koffer der verstummten Schreibmaschine. Warum? Weil den erschöpften Menschen gestern ein kraftloses Zittern der Gereiztheit befallen hatte und er nicht imstande war, die Jacke an einem passenden Platz aufzuhängen. Die Dinge sind generell von ihrem Platz gerutscht, sie sind trüb, haben verwaschene Umrisse (also keine Form). Nur auf den an die Wand geschobenen Regalen stehen in merkwürdig toter Ordnung die angegrauten Bücher. Und doch haben die Dinge ihre Bestimmung zum Teil wieder zurückgewonnen. Ganz anders im Winter …

Eine feindliche Welt war auf dem Vormarsch und schickte ihre Stoßtrupps. Plötzlich erwies sich der eigene Körper als der Stoßtrupp, der am dichtesten herangerückt war. Jetzt ist die Zeit der Atempause, aber im Winter war er ein Hort unablässiger Qualen – immer wieder tauchten neue Ecken und Rippen an ihm auf und ängstigten besonders die Menschen, die zu Korpulenz neigten und ihr Übergewicht (einmal pro Woche) mit einer Milch-Apfel-Diät bekämpft hatten. Im Winter, als die Menschen einen Knochen nach dem anderen an sich entdeckten, entfremdete sich ihnen ihr Körper, spaltete sich der bewusste Wille vom Körper als einer Erscheinungsform der feindlichen Außenwelt ab. Der Körper erzeugte jetzt neue Empfindungen, die nicht seine eigenen waren. Stieg der Mensch (mühsam und zugleich mit einer neuen, quälenden Körperlosigkeit) die Treppe hoch, bückte er sich, um die Überschuhe zu suchen, oder schlüpfte er in die Ärmel seines Mantels – die Empfindungen waren ihm fremd, als würde ein anderer sie erleben. Mit der Auszehrung vertiefte sich die Entfremdung. Schließlich zerfiel alles auf seltsame Weise in zwei Hälften: in die ausgezehrte äußere Hülle aus der Kategorie der Dinge, die zur feindlichen Welt gehörten, und in die Seele, die sich, separat plaziert, irgendwo im Brustkorb befand. Eine anschauliche Verkörperung des philosophischen Dualismus.

In der Phase extremer Auszehrung wurde klar: Das Bewusstsein schleppt den Körper mit. Den Automatismus der Bewegungen, das Spiel der Reflexe, die unmittelbare Korrelation mit dem psychischen Impuls – all das gab es nicht mehr. So erwies sich zum Beispiel, dass die aufrechte Haltung dem Körper überhaupt nicht entsprach; eine bewusste Willensanstrengung musste den Körper festhalten, sonst entglitt er und stürzte ab, wie in eine Schlucht. Der Wille musste ihn aufrichten oder hinsetzen oder von einem Gegenstand zum anderen führen. An den schlimmsten Tagen fiel nicht nur das Treppensteigen schwer, sondern sogar das Gehen auf ebener Erde. Und der Wille mischte sich nun in Dinge ein, mit denen er früher nie etwas zu tun hatte. »So, jetzt gehe ich«, sagte er, »das heißt, eigentlich geht ja mein Körper, und auf den muss man gut aufpassen. Also, ich setze den rechten Fuß vor, der linke bleibt hinten, hebt sich auf die Zehen, das Knie beugt sich (wie schlecht es sich beugt!), dann löst sich der Fuß vom Boden, bewegt sich durch die Luft nach vorn, senkt sich wieder, und in der Zwischenzeit ist der rechte irgendwie nach hinten geraten. Weiß der Teufel! Man muss aufpassen, wie er da nach hinten kommt, sonst könnte man noch fallen.« Es war eine extrem widerwärtige Tanzstunde.

Noch kränkender war die Abruptheit, mit der man das Gleichgewicht verlor. Das war keine Schwäche, kein Schwanken aus Schwäche, das war etwas ganz anderes. Der Mensch will seinen Fuß auf den Stuhlrand stellen, um sich den Schuh zu schnüren; in dem Moment verliert er das Gleichgewicht, es pocht in den Schläfen, das Herz setzt aus. Der Körper ist der Kontrolle entglitten und will wie ein leerer Sack in eine unergründliche Tiefe stürzen.

Mit dem entfremdeten Körper geschehen abscheuliche Dinge: Er degeneriert, schrumpft, schwillt an, und das gleicht keiner guten alten Krankheit, weil die Veränderungen sich wie an toter Materie vollziehen. Manche nimmt der Betroffene nicht einmal wahr. »Er ist doch schon ganz aufgedunsen«, sagt man von ihm, während er noch nichts davon ahnt. Die Menschen wussten lange nicht, ob sie aufgedunsen waren oder zugenommen hatten. Plötzlich begreift der Mensch, dass sein Zahnfleisch anschwillt. Entsetzt berührt er es mit der Zunge, betastet es mit dem Finger.

Vor allem nachts kann er lange nicht damit aufhören. Er liegt da und befühlt konzentriert etwas Taubes und Schleimiges, das gerade wegen seiner Unempfindlichkeit schrecklich ist: In seinem Mund ist eine Schicht toter Materie.

Monatelang schliefen die Menschen – die meisten Einwohner der Stadt –, ohne sich auszuziehen. Sie verloren ihren Körper aus dem Blick. Er verschwand in der Tiefe, eingemauert in Kleidung, und dort, in der Tiefe, verwandelte er sich, degenerierte er. Der Mensch wusste, dass sein Körper hässlich wurde. Er wollte vergessen, dass er irgendwo weit weg – unter der Wattejacke, dem Pullover, der Unterjacke, den Filzstiefeln, den Fußlappen – noch einen schmutzigen Körper besaß. Aber der Körper machte sich bemerkbar – durch Schmerzen, durch Krätze. Die Lebenstüchtigsten wuschen sich manchmal, wechselten die Wäsche. Dann ließ sich eine Begegnung mit dem Körper nicht mehr vermeiden. Der Mensch betrachtete sich mit boshafter Neugier, die stärker war als der Wunsch, nichts zu wissen. Der Körper war fremd, hatte jedesmal neue Ecken und Kuhlen, war fleckig und rauh. Die Haut war ein fleckiger Sack, zu groß für seinen Inhalt.

Jetzt kam der Körper wieder an die Oberfläche. Er tauchte in die Luft ein, atmete. Eben das war die Atempause.

Generell bestand jetzt alles aus drei sich überschneidenden Ebenen. Irgendwo, in unerreichbarer Ferne, winkte jenes Leben … Es war uns extrem unbequem vorgekommen, als wir es noch lebten; aber jetzt war es wie ein Märchen: Wasser, das aus der Leitung kam; Licht, das man per Knopfdruck anmachte; Essen, das man kaufen konnte … Dann gab es die Wintererinnerung und die Winternachwirkung … Und es gab die Atempause. Die Atempause, die in ihrer Unbeständigkeit traurig und hektisch war.

Dinge und Gesten, die zu den verschiedenen Ebenen gehören, überschneiden sich. Aus jenem Leben stammen die Radierung über dem Bücherregal und der Tonkrug von der Krim auf dem

Regal – ein Geschenk. Die Frau, die ihm diesen Krug geschenkt hatte, war jetzt auf dem Festland,[1] und die Erinnerung an sie wurde für N. unverbindlich und vage. Im Winter, als das Chaos außer Kontrolle geriet, schienen die Vase und sogar die Bücherregale zur selben Kategorie zu gehören wie der Pogankin-Palast[2] oder das Kolosseum; es schien, als würden sie nie mehr eine praktische Bedeutung haben (deshalb war es auch nicht schlimm, etwas zu zerbrechen oder zu zerhacken). Dann begannen die Dinge, langsam zu ihrer Bestimmung zurückzukehren. N. konnte sich auch nur langsam und ungläubig daran gewöhnen. Das war wie beim Ausziehen der Filzstiefel. N. hatte seine Filzstiefel überhaupt nicht mehr ausgezogen; irgendwie hatte er sich eingebildet, Filzstiefel wären zum unentbehrlichen Utensil des Menschen geworden. Bis zum Matschwetter hatte er abgewartet, bis es wirklich nicht mehr anders ging. Und schließlich tauschte er seine formlosen, verkrusteten Filzstiefel gegen kaum getragene Schuhe aus, die vor Neuheit knarrten. Seltsamerweise wunderte sich in seinem Bekanntenkreis niemand darüber. Für N. war das eine merkwürdige und wichtige Sache: die Möglichkeit, den Dingen ihren ursprünglichen Sinn zurückzugeben. Noch las er kaum, aber die Regale, die über dem Durcheinander zusammengerückter Stühle, über den leeren und vollen Einmachgläsern auf dem Schreibtischrand aufragten, boten schon wieder an, ihrer Bestimmung nachzukommen. Und die mechanische Handbewegung, mit der N. vor dem Schlafengehen die Uhr aufzog und vorsichtig auf den Stuhl neben dem Sofa legte (im Winter war die Uhr nicht gegangen – das Uhrwerk war eingefroren), stammte ganz und gar aus jenem Leben. Die Hast hingegen, mit der sich die Menschen jetzt beim Schlafengehen alles bis zum letzten Faden herunterrissen, kam von der Atempause. Darin lagen Gier und Nervosität des Übergangszustands vor dem zweiten Winter, an den man nicht denken konnte, weil der Mut fehlte; darin lag das Wintertrauma der nicht ausgezogenen Kleidung.

Nach dem Aufstehen unbedingt der Gang zum Fenster: die jahrelang unveränderte morgendliche Geste der erneuerten Kontaktaufnahme mit der Welt. Im Hintergrund Bäume, die über den Zaun der Grünanlage ragen, an der Kurve die Straßenbahnhaltestelle,[3] wo jetzt Ziegel und Balken aufgetürmt sind. Die Straßenbahnhaltestelle klingt neuerdings anders. Die Balken krachen beim Abladen wie Artilleriegeschosse; die Laststraßenbahn, die um die Kurve biegt, heult wie Fliegeralarm. Die Menschen an der Haltestelle sehen klein und eilig aus. Sie ähneln Schülergrüppchen auf dem Pausenhof. Erstaunlich, dass auch Professoren darunter sein können, Ärzte, die von ihren Patienten ängstlich angesehen werden, Funktionäre.

Vor einem Jahr hatte der jahrelang praktizierte Morgenblick aus dem Fenster einen neuen Sinn bekommen – er wurde zur Frage an die Welt und zum Warten auf eine Antwort. Die Welt konnte zu dieser Zeit alles Mögliche bereithalten, bis hin zum Schlimmsten; und man wünschte sich von ihr möglichst viele Anhaltspunkte für den weiteren Verlauf der Dinge. Die Straßenbahn war beruhigend wie die Stimme des Ansagers, der die Rundfunksender nannte. Es gab ein Zentrum, das die roten Straßenbahnwagen unsichtbar leitete. Die Wagen fuhren, also funktionierte das Zentrum. Die Schienen entsprangen dort und mündeten wieder darin. Jeder Wagen war durch seinen Strombügel mit dem Zentrum verbunden, zentralisiert. N. schob den Vorhang zur Seite und sah erleichtert zu, wie ein ramponierter roter Wagen quietschend um die Ecke bog, dem Zentrum gehorchend, den Schienen folgend, an der Leine des Strombügels.
In der Morgenstunde der erneuerten Beziehungen zeigte sich die Welt klar in ihrer Doppelfunktion – feindselig und schützend. Was bedrückte, aufstörte, verdross, quälte – es diente zugleich als Schutz oder als Substitut des Bösen. Es diente als physischer Schutz und als letzte Zuflucht und Obhut inmitten der Angst vor der inneren Isolation.

So hatte die Welt beim ersten Blick aus dem Fenster vor einem Jahr ausgesehen. Dann folgten lange Monate, in denen die Welt aus den Fenstern verschwand, weil sie mit einer Eisschicht bedeckt waren.

In jenem Winter fand man nie Ruhe. Nicht einmal nachts. Man sollte meinen, der Körper müsste nachts zur Ruhe kommen. Doch im Grunde ging sogar im Schlaf der Kampf um Wärme weiter. Nicht weil die Menschen permanent gefroren hätten – dazu hatten sie zu viele Kleidungsstücke auf sich getürmt. Doch gerade deshalb kämpfte der Körper weiter. Der Kleiderberg lastete schwer auf ihm, und, schlimmer noch, die Sachen rutschten und fielen auseinander. Um ihnen Halt zu geben, war eine unmerkliche, doch letzten Endes ermüdende Muskelanstrengung erforderlich. Man musste sich beibringen, regungslos und konzentriert zu schlafen und dabei das Bein, das das Fundament der Konstruktion stützte, auf eine bestimmte Art anzuwinkeln. Sonst konnte das Ganze plötzlich unaufhaltsam und erbarmungslos zu Boden rutschen. Und dann musste man in Dunkelheit und mörderischer Kälte die Sachen aufs neue zu einer Konstruktion auftürmen, die jetzt aber wacklig und unbrauchbar war. Man durfte im Schlaf weder die Arme ausstrecken noch die Knie unter der Bettdecke anheben, noch sich jäh umdrehen, um das Gesicht im Kissen zu vergraben. Körper und Nerven kamen also nie völlig zur Ruhe.
In ihren Wohnungen kämpften die Menschen wie erfrierende Polarforscher um ihr Leben. Morgens wachten sie in der Grube oder Höhle auf, die sie sich im Laufe der Nacht aus allen Kleidungsstücken konstruiert hatten, die sie auf sich häufen konnten. Sie wurden um vier Uhr wach, um fünf. Während der Nacht hatten sie es geschafft, warm zu werden. Ringsum herrschte eine Kälte, die sie den ganzen Tag unablässig quälen würde. Trotzdem warteten die Menschen voller Ungeduld nicht auf den Morgen, denn der Morgen (das Tageslicht) kam viel später, sie warte-

ten auf einen Anlass zum Aufstehen, auf den Beginn des neuen Tages, also darauf, dass es sechs Uhr wurde und die Geschäfte und Bäckerläden öffneten. Das heißt nicht, dass alle sich um sechs Uhr auf den Weg zum Bäckerladen machten. Im Gegenteil, viele versuchten (soweit die Kraft reichte), den Augenblick, in dem sie ihr Brot bekamen, hinauszuzögern. Aber sechs Uhr, das war der beruhigende Wendepunkt, der an neue Möglichkeiten denken ließ. In gewisser Weise war das sogar der schönste Augenblick – das ganze Brot lag noch vor einem, aber es war bereits eine erreichbare Realität des angebrochenen Tages. Die Ungeduld des Hungers bezwang die Angst vor der Kälte. Sie trieb die Menschen aus der vom Atmen warm gewordenen Höhle in den Frost des eigenen Zimmers. Das Aufstehen fiel leicht, leichter als in jenem Leben, als den Menschen ein Spiegelei erwartete, an das jetzt nicht zu denken war. Außerdem war der Übergang einfacher geworden. Man schlief fast ohne sich auszuziehen; man brauchte nur rasch in die Filzstiefel zu schlüpfen, die vor dem Bett lagen.

Der typische Blockadetag begann damit, dass der Mensch in die Küche oder ins dunkle Treppenhaus ging, um den Tagesvorrat an Spänen oder Kleinholz für die Wremjanka, das Eisenöfchen, zu spalten. Die Nacht hatte gerade erst begonnen sich zu lichten, und vor dem zerbrochenen Treppenhausfenster wurden die Wände der gegenüberliegenden Häuser nicht gelb, sondern scheinbar noch dunkler. Man musste das Holz tastend spalten, das schräg angesetzte Beil vorsichtig in das Scheit treiben und dann erst zuschlagen. Ganz unbrauchbar waren die Hände. Die Finger krümmten sich und erstarrten in irgendeiner zufälligen Haltung. Die Hand hatte die Greiffähigkeit verloren. Sie ließ sich nur noch wie eine Pfote, wie ein Stumpf oder wie ein stielförmiges Werkzeug benutzen. Der Mensch tastete in der Dunkelheit herum und harkte die auf dem steinernen Treppenabsatz verstreuten Späne zusammen, presste den Haufen Späne zwischen seine beiden Stümpfe und warf sie in den Korb.

Danach musste man noch Wasser aus dem zugefrorenen Keller holen. Eine Eisschicht überzog die Stufen zur Waschküche, und die Menschen gingen in die Hocke und rutschten diesen Abhang hinunter. Und kletterten wieder nach oben, trugen den vollen Eimer mit beiden Händen vor sich her und setzten ihn auf jeder Stufe ab, nachdem sie eine flache Stelle gesucht hatten. Eine alpine Klettertour der besonderen Art.

Der Widerstand von jedem einzelnen Ding musste durch die Kraft des eigenen Willens und des eigenen Körpers bezwungen werden, ohne jedes technische Hilfsmittel. Der Mensch stieg mit den leeren Eimern die Treppe hinunter, und durch das zerbrochene Fenster sah er den sich verengenden Hofraum, der mit gefüllten Eimern überwunden werden musste. Das unvermittelte Spürbarwerden des Raumes, seine physische Realität machte beklommen. Seltsam – dasselbe Wasser, das wie Blei an Armen und Schultern hängt, das einen zu Boden drückt, kann all die Stockwerke überwinden, indem es leicht durch Rohre aufwärtsfließt. (Überhaupt ist es seltsam, dass farbloses, schnellfließendes Wasser bleischwer ist.) Die Wasserleitung – das ist menschlicher Verstand, Verbindung der Dinge, die das Chaos besiegt, geheiligte Organisation, Zentralisierung. Die janusköpfige Welt wendet dem Menschen ihr freundliches Gesicht zu. Doch die Technik, die Verbindung der Dinge, ist beides. Dieselbe Welt, die dir die Technik schenkt, fordert dein Leben – für das Wasser, das durch Rohre fließt, für das Licht, das einem kleinen Schalter gehorcht.
Mit vollen Eimern kann man auf den unteren Treppenstufen etwas rasten. Den Kopf in den Nacken gelegt, misst der Mensch die zu bewältigende Höhe. In weiter Ferne die Decke mit einem Alabasterschnörkel. Der Schnörkel liegt genau in der Mitte des Rechtecks, das vom freischwebenden Treppenzickzack gebildet wird. Es zeigt sich, dass Treppen tatsächlich frei in der Luft schweben (wenn man genau hinschaut, ist das sehr beängstigend);

getragen werden sie durch eine unsichtbare Verbindung mit dem Haus. Den Kopf in den Nacken gelegt, misst der Mensch den aufragenden Raum des Treppenhauses aus, durch den er mit der Kraft des eigenen Willens, des eigenen Körpers das bleischwere Wasser tragen muss.

Im Laufe des Tages warten noch viele verschiedene Räume. Der wichtigste ist derjenige, der vom Mittagessen trennt. Das Mittagessen ist nun einmal in der Behördenkantine am besten, weil die Kascha dort am ehesten nach Kascha schmeckt. Zum Mittagessen läuft er bei Frost quer durch die Stadt, die im knirschenden Rauhreif wie zum Hohn wunderschön ist. An seiner Seite und ihm entgegen laufen (oder kriechen – dazwischen gibt es nichts) Menschen mit Aktentaschen, Einkaufsnetzen, Essgeschirren, die an den Enden ihrer stocksteifen Arme baumeln. Die Menschen laufen durch den Frost und überwinden so den sich vergegenständlichenden Raum. Besonders Belesene erinnern sich dabei an Dante, an den Höllenkreis, in dem die Kälte regiert. Auch in der Kantine wird es so kalt sein, dass sich die froststarren Finger nicht ausstrecken lassen und man den Löffel zwischen Daumen (den einzigen beweglichen Finger) und gefrorenen Stumpf klemmen muss.

Auch das eigentliche Mittagessen bedeutet die Überwindung von Räumen, kleinen Räumen, quälend verengt durch Warteschlangen. Eine Schlange vor der Tür, eine Schlange vor dem Kontrolleur, eine Schlange vor den Sitzplätzen. Das Essen – etwas Flüchtiges und Ephemeres (ein Teller Suppe, soundsoviel Gramm Kascha) – wurde nach den klassischen Prinzipien des Handlungsaufbaus hypertrophiert und retardiert. Fragte man die Menschen: »Was tun Sie da eigentlich?«, bekam man zur Antwort: »Wir essen zu Mittag.«

Eine Zeitlang gab es häufig kurz hintereinander Fliegeralarm. Wer unterwegs zum Mittagessen war, musste den Alarm im Keller abwarten oder unter Flakfeuer und den Pfiffen der Miliz seinen Weg fortsetzen. Und die Menschen hassten den Milizionär, der sie vor den Bomben rettete, und den Bombenangriff betrachteten sie als Hindernis auf dem Weg zum Mittagessen. Manche gingen gegen elf Uhr vormittags los (um diese Zeit war es gewöhnlich noch ruhig) oder kamen erst abends um sechs oder sieben zurück.

Manche brachten etwas für ihre Angehörigen mit (falls sie noch Angehörige hatten). Zu Hause war es stockdunkel. Man heizte die Wremjanka an und goss beim Schein des qualmenden Öfchens die mitgebrachte Suppe aus dem Einmachglas in einen Topf, schnitt die vierzig Gramm Brot in schmale Scheibchen. Dann rückte derjenige, der aus der Außenwelt zurückgekehrt war, in der er zu Mittag gegessen hatte, ganz dicht an das qualmende, glühende Ofentürchen und wärmte sich die Hände. Und solange der Spanvorrat für den Tag nicht aufgebraucht war, ließ er sich durch nichts und niemanden von diesem Genuss abhalten. Im Zimmer, hinter seinem Rücken, klirrte der Frost, herrschte das Dunkel. Nur vor dem Ofentürchen gab es einen kleinen Wärme- und Lichtkreis. Lebenskreis. Wärmen konnte man sich eigentlich nur die vorgestreckten Handflächen. Die Handflächen absorbierten die entlangstreichende Hitze. Das war ein unermesslicher Genuss, der einem allerdings dadurch vergällt wurde, dass der Spanvorrat für den Tag unaufhaltsam zur Neige ging.

Es war dieses Warten auf das Ende, dieses Begreifen, dass die uns verliehenen Lebenskräfte unwiederbringlich zur Neige gingen, das uns jede Freude und das Lebensgefühl selbst vergällte. Die Blockadesituation veranschaulichte diesen Gedanken sehr gut. Das immer neue Erreichen von Zielen, die immer aufs neue zunichtewurden, veranschaulichte sie im Bild des Rennens in einem geschlossenen Kreis.

Mit welcher Anstrengung zwang sich der Mensch von einer qualvollen Handlung zur nächsten? Es war gar keine besondere psychische Anstrengung erforderlich. Jedes Leiden – das Essgeschirr im Frost, die Eimer auf der Treppe – war zugleich eine

Erlösung von schlimmerem Leid, ein Substitut des Bösen. Ein Ertrinkender, der noch strampeln kann, ist nicht zu faul zum Strampeln, schämt sich nicht fürs Strampeln. Es ist diese Verdrängung von Leid durch Leid, diese irrsinnige Zielstrebigkeit Unglücklicher, die erklärt (ein Phänomen, das ein oberflächlicher Mensch wohl kaum versteht), weshalb Menschen in Einzelhaft, im Arbeitslager, in größter Armut und Erniedrigung leben, während sich ihre Mitmenschen in komfortablen Villen ohne ersichtlichen Grund eine Kugel durch den Kopf jagen. Leiden strebt unablässig danach, sich selbst durch ein anderes, ein Ersatzleiden loszuwerden. Die Ziele, Interessen und Impulse des Leidens erzeugen eine Abfolge festgelegter Handlungen, die sich immer wieder erneuern und den Willen nicht mehr belasten. Der Wille ist aber auch nicht stark genug, diese Abfolge zu durchbrechen und eine neue Geste zu integrieren, die nicht durch Leiden festgelegt wäre. So schloss sich im Winter der Kreis eines Blockadetages. Und diese Bewegung, rotierend und invariabel, setzt sich auch während der sommerlichen Atempause fort und lässt erst allmählich nach. Die Menschen tragen diese Bewegung wie ein Trauma in sich.

Jetzt, während der Atempause, da die Leidensimpulse weniger stark und zwingend sind, verlangt die Bewältigung des Alltags sogar mehr seelische Kraft. Dafür brauchen wir uns jetzt nicht mehr krampfhaft anzustrengen, um nach einem Quentchen Essen, Wärme oder Licht zu suchen. Das Rennen im Kreis nimmt teilweise den Charakter einer Ordnung an. Für viele war es stets ein unerreichbarer Traum gewesen, ihr Leben und Arbeiten zu ordnen. Es hätte zu viel Mühe gekostet, das Leben zu entrümpeln. Jetzt wurde es entrümpelt: von allerlei Geschwätz, von diversen Substituten und Täuschungen, von Unstimmigkeiten in der Liebe, von den Anforderungen eines zweiten oder dritten Berufs, vom quälenden Ehrgeiz, der die Menschen dorthin gebracht hatte, wo sie überhaupt nicht hingehörten, wo aber ihre Altersgenossen und Freunde Erfolg hatten, was einem natürlich

keine Ruhe ließ. Wir, die wir so viel Zeit verloren hatten, hatten auf einmal Zeit, die unausgefüllt, aber nicht frei war.
Auch N. hatte ein Leben lang von einer Ordnung seines Arbeitstags geträumt und sogar geglaubt, dass sie nur wegen seiner Gewohnheit, spät aufzustehen (die Gewohnheit aller Leningrader, die nicht zum Frühdienst müssen), nicht zustande kam. Es fing immer damit an, dass der Morgen schon verdorben war, dass das schöne Gefühl, einen vollständigen, unangebrochenen Tag vor sich zu haben, schon unwiderruflich verpatzt war. Da alles sowieso schon verpatzt war, gab N. erleichtert die Kontrolle auf, und die Dinge liefen, wie es gerade kam. Jetzt dagegen war der kausale Zusammenhang von Impulsen und Handlungen grob entblößt und festgeschraubt. Er wachte um sechs Uhr auf, weil er wie alle in der Stadt (die keine Spät- oder Nachtschicht hatten) früh zu Bett ging, und stand sofort auf, weil er hungrig war oder fürchtete, bald hungrig zu werden. Er erledigte gleich morgens die Hausarbeit – sie nicht zu tun, sie aufzuschieben würde den Tod bedeuten. Er ging in die Redaktion, in der er arbeitete, da man ihn wegen extremer Kurzsichtigkeit nicht zur Landwehr oder zur Armee eingezogen hatte. Zu einer bestimmten Uhrzeit ging er in seine Kantine, weil das Mittagessen dort auf keinen Fall versäumt werden durfte, denn man bekam es vielleicht ohne Lebensmittelmarken (in dieser Kantine kam das manchmal vor). Nach dem Mittagessen kehrte er in die Redaktion zurück, wo es noch viel zu tun gab. Dann ging er nach Hause, weil ihm ja noch eine Abendmahlzeit zustand, und außerdem hätte er auch nirgendwo anders hingehen können. Tanja war evakuiert worden, nachdem sie alles Erdenkliche – es sei ja gar nicht, weil … sondern im Gegenteil, weil … – zu dem Umstand gesagt hatte, dass sie sich evakuieren ließ und er zurückblieb (er hatte sie selbstverständlich überredet, sich evakuieren zu lassen). Seine Freunde und Kollegen waren an der Front oder auch evakuiert. Er aß zu Abend und ging sofort schlafen, denn er war seit sechs Uhr auf den Beinen, und um zehn war er müde.

Aber diese Struktur, die, unantastbar und präzise, im wesentlichen durch die Triade der Mahlzeiten bestimmt wurde, war noch keine Ordnung, sondern das leblose Schema einer Ordnung. Eine Ordnung erfüllt einen bestimmten Zweck. N. kannte die von der Dystrophie herrührende fixe Idee, bei Kräften bleiben zu müssen, die alles Mögliche motivierte, insbesondere die komplette Unterordnung der Zeit unter das dreimalige Essen. Aber nun fragte er sich bereits: Wozu sollte man eigentlich bei Kräften bleiben? Er hätte sich das nicht gefragt, wenn er gekämpft oder in der Fabrik an der Werkbank gestanden hätte. Aber er war an der Peripherie des Krieges, die sich, obwohl fast verschmolzen mit der Front, von ihr durch eine besondere Qualität der Unfreiheit unterschied. In der peripheren Welt war bisher alles negativ. Selbst die Arbeit. Selbst die nützlichste Arbeit in der Etappe befand sich in demselben Kreis wie das Essen, wie die Sorge um Feuer und Wasser. Eine schwere Anstrengung des Willens, der sich an die monotone Abfolge von Gesten gewöhnt hatte, war erforderlich, um irgendwo, an irgendeiner Stelle den Kreis aufzubrechen und eine *Tat* hineinzuzwängen. Wenn ein Mensch schreiben kann, hat er dann nicht die Pflicht, über das Ganze hier und das, was ihm vorausging, zu schreiben? Irgendwann, vielleicht nach der Hausarbeit, fänden sich wohl anderthalb Stunden fürs Schreiben (mehr gibt die rotierende Bewegung des dystrophen Lebens nicht her). Dann würden alle anderen Elemente des Tages neu aufleben, sich nach dieser Stunde orientieren und hierarchisch um sie herum anordnen.
Vielleicht könnte man sich ja morgens bei der Hausarbeit, wenn man den Koteimer rausträgt oder die Wremjanka putzt, Gedanken machen. Oder auf dem Weg zum Bäckerladen oder zum Mittagessen. Beim Schlangestehen ist das Denken unmöglich, und es ist unmöglich, nach dem Mittagessen zu denken oder zu schreiben. Das ist die Zeit, in der die Willenskraft verfällt. Gegen Abend wird es wieder leichter. In den Stunden tiefer Schwermut nach dem Mittagessen sollte man überhaupt nicht

denken. Da ist es besser, in der Redaktion zu sitzen und zu arbeiten (schlecht geht es denen, die nicht arbeiten, sondern nur essen und hungern) und dabei zerstreut auf die Stimmen der Arbeitskollegen zu hören (gut, dass ringsum Stimmen sind!).

Aber ist es denn notwendig zu schreiben? Nein, wirklich, ist das noch notwendig? Oder gibt es nur eine Tat – an die Front? Mit den Deutschen kämpfen – und alles Weitere ist von Übel?

Wer gesehen hat, worüber die Schreibenden schreiben wollen, wird wohl niemals für notwendig halten, dass darüber geschrieben wird, was es im Einzelnen auch sei … Doch das Gedächtnis billigt keinen Rückzug; es verteidigt seine Stellung, und das Vergessen verteidigt die seine. Das Vergessen erhält das Leben durch die ständige Erneuerung von Kräften, Wünschen und Irrtümern. Es gibt dem Leben die unentbehrlichen Nichtigkeiten zurück – nach so unermesslichen körperlichen und geistigen Qualen, dass die Rückgabe nicht mehr möglich schien.

Der elastische Stoff des Lebens dehnt sich, spannt sich bis zum äußersten; doch sobald die Anspannung nachlässt, sobald losgelassen wird, schnellt der Gummi zurück und nimmt seine ursprüngliche Form und Gestalt wieder an. Was sich dem Menschen in Grenzsituationen erschließt – es verschließt sich auch wieder. Sonst wären etwa die Menschen unserer Generation längst außerstande weiterzuleben.

Das ist nicht die metaphysische Substanz, das sich gleich bleibende Wesen des 19. Jahrhunderts, sondern ein unaufhörlicher Wechsel von Situationen, die Reaktionen und Reflexe auslösen. Doch in der Situation kommt jedesmal ein relativ beständiges System biologischer und sozialer Gegebenheiten zum Tragen, die eine einzigartige und gleichzeitig typische Kohäsion miteinander eingehen (den singulären Charakter), und wir wundern uns, mal über die Unveränderlichkeit des Menschen (er hat nichts vergessen und nichts gelernt), mal über seine Veränderlichkeit. Indessen wirken beide Prinzipien ineinander. Das beständige System passt sich kontinuierlich den wechselnden

Situationen an und strebt kontinuierlich seinem Ausgangszustand zu.
Tolstoi kannte die Umkehrbarkeit von Grenzsituationen. Er wusste, dass der Himmel über Austerlitz nur einen Augenblick lang aufreißt, dass aus Pierre zwischen der Mündung eines französischen Gewehrs und der Zarenkasematte wieder ein liberaler Gutsbesitzer würde.
Aber damals dachten wir doch … Selbstverständlich dachtet ihr: Wird es danach je wieder möglich sein, einfach nur zu plaudern, zum Beispiel über einen lyrischen Helden … Ja, so dachtet ihr … Aber warum? Wer sagt denn, dass die Dystrophie Realität und das normale Leben ein Trugbild ist? Und dass man, wenn man einen Blick in die Realität geworfen hat, kein Trugbild mehr will?
So befolgen wir also das Gesetz des Vergessens, das zu den Grundpfeilern des sozialen Lebens gehört, gemeinsam mit dem Gesetz des Erinnerns – dem Gesetz von Geschichte und Kunst, von Schuld und Reue. Alexander Herzen hat dazu gesagt: »Wer überlebt hat, muss auch die Kraft haben, sich zu erinnern.«[4]

Vielleicht wird sich N. über seine freie Stunde hermachen, und sie wird ihm nicht genügen. Er wird sehnsüchtig jede Stunde des rotierenden Tages durchgehen, um irgendwo noch ein halbes Stündchen, noch zwanzig Minuten aufzutreiben. Die Empfindung verlorener Zeit bedeutet den Beginn der Genesung. Die Genesung beginnt, sobald man zum ersten Mal denkt: Für eine kaffeeähnliche Brühe mit Sacharin sind vierzig Minuten Schlangestehen zu viel.
Noch sind das Träumereien. Noch geht es praktisch nur darum, die Hausarbeit zu rationalisieren. Statt der Krampfbewegungen eine Bewegungsautomatik zu finden. Automatik bedeutet, eine Aufgabe korrekt zu lösen, und Muskeln wie Intellekt können spüren, wie exakt die Lösung ist. Immer häufiger gelingt ihm nun eine korrekte Bewegung – beim Heben des Eimers, beim Sä-

gen eines Bretts, allein oder zu zweit. Das Sägen stellt eine besonders untrügliche Prüfung der Bewegung dar. Wenn sie gleichmäßig und ohne Drücken gelingt, kommt das festgefahrene Sägeblatt, das mit allen Zähnen quälend steckenbleibt, plötzlich wieder in Schwung, und nicht mehr der Mensch führt die Säge, sondern sie führt die Hand, die sich mühelos bewegt. Und wie der richtige Ablauf eines jeden Mechanismus wird auch der fließende Lauf der Säge durch das richtige Geräusch bestätigt – ein gleichmäßiges, volles, singendes Sägegeräusch. Dann achtet der Mensch plötzlich auf seine Körperhaltung, und er spürt, dass dies tatsächlich die Haltung eines Sägenden ist; dass er sich ganz richtig vorgebeugt, das eine Bein vorgeschoben, das andere Knie angewinkelt hat. Er hat die Körperprojektion des Vorgangs gefunden und empfindet deshalb Befriedigung.

Morgens muss das Kleinholz für die Wremjanka für den ganzen Tag gehackt werden. Und wenn dabei das Beil nicht hängenbleibt, sondern kräftig zuschlägt und genau die richtige Stelle trifft und das Holzscheit leicht und trocken in zwei Hälften spaltet – dann macht das Freude. Keine Freude macht es, für die Wremjanka Möbel zu zerhacken, wohlbekannte Armlehnen, Schnitzereien und Metallbeschläge unter dem Beil zu sehen, die Form eines Stuhlbeins, eines Kommodentürchens zu erkennen. Das ist so ähnlich wie mit der Hausfrau, die ein Huhn schlachten lässt, das man im Hause großgezogen hat, und es am liebsten als Schnitzel isst: Die Form eines Hühnerflügels oder einer Keule würde ihr Skrupel bereiten.

Danach muss unbedingt der Unrat nach draußen gebracht werden. Das ist eine lebenswichtige Angelegenheit, und deshalb betrachtet N. sie sachlich. Er versteift sich ein wenig, als wollte er versuchen, eine Distanz zwischen sich und dem stinkenden Eimer aufzubauen. Dies ist jeden Tag das erste Hinaustreten auf die Straße, und es hat seinen Reiz. Es ist das Hinaustreten aus dem Zimmer, das von der gähnenden Leere der Wohnung umzingelt ist, aus dem Zimmer, in dem Isolation und nicht endgültig unterdrücktes Chaos herrschen. Ein Hinaustreten in die objektiv existierende Welt ...

Im Sommer 1942 waren wenige Menschen in der Stadt, nur ganz wenige Fabriken waren in Betrieb, und die Leningrader Luft war ungewohnt sauber. N. sieht den Granitschwung der Ufermauer, das verzierte Gitter und dahinter das Wasser, das vor lauter Unrat zusammenklumpt, seine Farbe verloren hat und nur noch zäh dahinfließt. Irgendwie erinnert ihn diese Morgenstunde an das Leben auf dem Land – weil er den Stadtsommer nicht kennt, wegen der seltsam sauberen Luft, der Leere, der Stille, weil die Menschen beinahe barfuß nach draußen gehen mit ihren Eimern.

N. hebt den Eimer über das Gitter und kippt den Inhalt eilig, ohne hinzusehen ins Wasser. Ein Gefühl der Erleichterung ... Das Gefühl der Erleichterung verschmilzt für einen Augenblick mit der Leichtigkeit des Lebens. Der Wind spielt in seinen Haaren. Mit körperlicher Intensität erinnert er sich an die Dorfstraße, die Apfelbäume hinterm Zaun. Als Junge hat er dort immer den Sommer verbracht; jeden Morgen schickte ihn die Mutter zu den Nachbarn, um Milch zu holen. Barfuß läuft er durch den Staub; vorsichtig, um nichts zu verschütten, trägt er den Milchkrug. Das Entscheidende ist die Gleichzeitigkeit der Empfindungen: Die nackten Füße stapfen durch den weichen Straßenstaub, und in den Händen spürt er den sonnenwarmen Ton.

Ja, er hatte schon immer die herrlichen Zusammenhänge der Natur geliebt. Nicht einer Natur, an deren Anblick man sich erfreut, sondern einer Natur, die ewig gegenwärtig ist und stets an allem teilhat, was der Mensch tut. Wie gut ist es, zum Fluss hinunterzugehen, um sich zu waschen, sich die Zähne zu putzen und dabei mit den Füßen im Wasser zu stehen, und übers Wasser gleitet das Sonnenlicht, und am nahen anderen Ufer wogt und rauscht das Laub.

Als nächster Punkt des exakt festgelegten Tagesplans folgt der Gang zum Bäckerladen oder, falls es eine Zuteilung gibt, zum Geschäft. Straßenbahnen fahren vorüber, die Menschen gehen zur Arbeit oder einkaufen. Doch seltsam, die Stadt wirkt immer noch still und aufgeräumt. Warm schimmert der Asphalt im Licht der noch tiefstehenden Sonne. Es ist gut, es ist richtig, dass gefegte Straßen der Stolz der Stadt sind, wenn links und rechts zerbombte Häuser stehen; so wird die soziale Verbindung der Dinge fortgesetzt oder zurückgeholt.
Die täglichen Wege führen an Häusern vorbei, die auf unterschiedliche Weise zerbombt sind. Es gibt aufgerissene Häuser, die penetrant an eine Meyerhold-Konstruktion erinnern. Es gibt aufgerissene Zimmer, klein und bunt, mit unversehrten runden Öfen, die in der Farbe der Wände gestrichen sind, mit unversehrten Türen, die manchmal noch einen Spalt offenstehen. Schreckliche Türattrappen, die sorgfältig gearbeitet sind, aber ins Nichts führen. Die aufgerissenen Häuser legen das System ihrer Stockwerke, die dünnen Trennschichten von Fußböden und Zimmerdecken frei. Verwundert beginnt der Mensch zu begreifen, dass er, wenn er zu Hause in seinem Zimmer sitzt, in der Luft hängt, dass andere Menschen genauso über seinem Kopf und unter seinen Füßen hängen. Natürlich weiß er das, er kann ja hören, wie man über ihm Möbel verrückt, sogar, wie man Brennholz hackt. Aber das alles ist abstrakt, ähnlich unvorstellbar wie die Tatsache, dass wir auf einer Kugel durch das All rasen, die sich um die eigene Achse dreht. Jeder glaubt, dass der Fußboden seines Zimmers auf festem, von Dielen bedecktem Grund steht. Doch jetzt tritt die Wahrheit mit schwindelerregender Deutlichkeit zutage. Es gibt hohle Häuser, von denen nur noch die Fassade steht, durch die die aufgesprengte Dunkelheit und Tiefe schimmert. In den leeren Fensterhöhlen der oberen Stockwerke kann man den Himmel sehen. Es gibt Häuser, vor allem kleinere, mit zerborstenem Dachstuhl, dessen Balken und Bretter herabgestürzt sind. Sie hängen schief herunter, und es sieht aus, als

würden sie immer weiter stürzen, ewig fallen wie ein Wasserfall.

Man fand eine neue Beziehung zu Häusern.

Die Menschen begannen über Häuser zu sprechen, über sie nachzudenken. Das Haus war zur wahrnehmbaren Einheit der Stadt geworden, während früher die Straße mit ihren undifferenzierten Fassaden diese Einheit gebildet hatte. Die unaufmerksamen Menschen sahen plötzlich, woraus sich ihre Stadt zusammensetzte. Sie bestand aus einzelnen Ensembles der unvergleichlichen Leningrader Schönheit, wundervollen Anlagen aus Stein und Himmel, Wasser und Laub, außerdem aus Häusern der zweiten Hälfte des 19. Jahrhunderts mit einer Prise vorrevolutionären Jugendstils und den Kästen der ersten Jahre nach der Revolution. Wie talentlos war doch die Architektur der zweiten Hälfte des vorigen Jahrhunderts mit ihrer Scheu vor Linie und Fläche, vor glatten Oberflächen und leeren Räumen, die sie veranlasste, jedes freie Fleckchen mit irgendwelchem unsinnigen Stuck vollzustopfen. Nun sahen wir, wie an diesen Häusern der Putz bröckelte, wie sich in der schlechten Farbe feuchte, rostfarbene Schlieren zeigten. In der schweren Zeit des Herbsts sah es so aus, als würde ihr Inneres diese rostige Feuchtigkeit ausschwitzen. Sie verhießen nichts Gutes.

Man fand eine neue Beziehung zu Häusern. Jedes Haus war jetzt Schutz und Bedrohung. Die Menschen zählten Stockwerke, und die Zahl war zweischneidig – wie viele Stockwerke würden sie schützen, wie viele Stockwerke würden über ihnen zusammenbrechen. Wir lernten, auf Volumen, Proportionen, Material der Häuser zu achten. Die Wahrnehmung eines Hauses wurde analytisch. Es zerfiel in Dachgewölbe, Zwischendecken und Treppenhäuser, die wie große Kästen wirkten. Treppenkasten – das klingt eigenartig und unheimlich. Während die Menschen die Hintertreppen ihrer Wohnhäuser hinuntergingen, betrachteten sie Mauervorsprünge oder Gerümpelecken, auf die sie bislang nie geachtet hatten. Jetzt boten sie Deckung. Was war im Fall des Falles besser, sich hier an die rechte oder an die linke Wand zu drücken? Manchmal versuchte der Mensch, sich das Unvorstellbare vorzustellen: Die Mauervorsprünge und Stufen, die dort oben hängen, stürzen tatsächlich blitzartig ein, fallen ihm auf den Kopf, die Brust. Der Treppenkasten zerquetscht den Brustkasten ... Brustkasten – auch das klingt eigenartig und unheimlich.

Während man das Haus analytisch wahrnahm, wurde die Wahrnehmung der Stadt synthetisch. Die Stadt ist nicht mehr eine Reihe zufälliger Kombinationen von Straßen, Häusern und Bussen. Die Stadt ist eine synthetische Realität. Sie, die Stadt, ist es, die kämpft, leidet, die Mörder zurückschlägt. Stadt ist ein Oberbegriff – materiell. Wir erleben die Stadt jetzt aus der Vogelperspektive oder wie auf einer Landkarte. Sie ist ein stoffliches Ganzes, begrenzt von einer sichtbaren Grenze. Die Grenze ist von Wachen umgeben; die Grenze wird von Toren unterbrochen (die Stadt hat Türen wie jede menschliche Wohnung). Der Feind stürmt gegen die Tore an; Wachen und Tore lassen den Feind nicht eindringen.

Wir empfanden von neuem die dem modernen Menschen fremde Realität der Entfernungen innerhalb der Stadt, die durch Straßenbahnen, Busse, Taxis längst unsichtbar geworden waren. Der Grundriss der Stadt mit ihren Inseln, den Newa-Armen, der klaren Aufteilung in Stadtbezirke kam zum Vorschein, denn im Winter, ohne Straßenbahnen, ohne Telefon, konnte es geschehen, dass Menschen, die sich kannten, monatelang auf der Wassili-Insel, der Wyborger oder der Petrograder Seite lebten, ohne einander zu begegnen, und dass sie starben, ohne es voneinander zu wissen.

Die Stadtbezirke erwarben neue Eigenschaften. Es gab Bezirke, die unter Artilleriebeschuss lagen, und Bezirke, die bevorzugt aus der Luft angegriffen wurden. Über eine Brücke zu gehen bedeutete manchmal, eine Zone anderer Möglichkeiten zu betreten. Es gab Randbezirke, die sich auf einen Sturmangriff vorbe-

*Lidia Ginsburg in den sechziger Jahren, zur Zeit der Niederschrift des* Blockademenschen.

reiteten. So vergrößerte sich die Bedeutung kurzer Entfernungen. Die Flüsse der Stadt wurden zu militärischen Faktoren, die Flussbrücken mit den Flakbatterien darauf wurden zu militärischen Faktoren. Die Flüsse durchschnitten die Stadtbezirke mit den besonderen Eigenschaften. Sie waren potentielle Grenzen. Und ein Krieg nach oder zwischen Bezirken lag durchaus im Bereich des Möglichen.

Mit Kriegsausbruch hatte die Stadt begonnen, ungewöhnliche Details hervorzutreiben. Als erstes erschienen kreuzförmige Klebestreifen auf den Fenstern (damit die Scheiben nicht herausflogen). Diese Maßnahme war der Bevölkerung bereits in den ersten Kriegstagen nahegelegt worden. In der noch unbeständigen Beklommenheit der ersten Tage, als sich die neuen Lebensformen noch nicht herausgebildet hatten, wirkte diese mechanische Tätigkeit beruhigend, lenkte von der Leere des Abwartens ab. Aber man hatte dabei auch ein seltsames und quälendes Gefühl, wie etwa beim Anblick eines vor Sauberkeit blitzenden Operationssaals, wo noch keine Verwundeten sind, wo sie sich aber unweigerlich einstellen werden.

Manche klebten die Streifen zu recht ausgeklügelten Mustern. Auf die eine oder andere Weise bildeten die Fensterreihen mit den Klebestreifen ein Ornament. Bei Sonnenschein wirkten sie von weitem sogar fröhlich. Sie ähnelten den geschnitzten Girlanden, die reiche Bauernkaten schmücken. Doch das änderte sich, sobald man sich die Klebestreifen an den Fenstern der unteren Stockwerke bei schlechtem Wetter genauer ansah. Das Gelb des durchweichten Papiers, die Kleisterflecke, die wie Schmutz wirkende Zeitungsschrift, die schief abgeschnittenen Ränder – eine Symbolik des Todes und der Zerstörung, die sich nur noch nicht klar abgesetzt, noch nicht mit den kreuzförmigen Papierstreifen verknüpft hatte.

Später begann man Schaufenster und Fenster zu vernageln. Die einen nagelten ihre Fenster zu, weil die Scheiben herausgeflogen waren, die anderen, damit sie nicht herausflogen. Manchmal wurde dafür neues, fast weißes Sperrholz benutzt, manchmal knorrige, sehr düstere Bretter. Ein vernageltes Fenster ist das Zeichen für eine verlassene Behausung. Doch im Herbst waren die Häuser noch nicht leer; drei Millionen eingekesselte Menschen füllten sie bis zum Rand. In jenen Herbsttagen verkehrte sich die Bedeutung der vernagelten Fenster auf furchtbare Weise in ihr Gegenteil – sie wurden zum Zeichen lebendig Begrabener und in der Enge Sterbender, sie standen für Sargbretter, für das Eingeschlossensein in Kellern und die Last der Stockwerke, die über den Menschen einstürzten.

Die Stadt wurde von der monotonen Vielfalt solcher Details beherrscht, die prägnant und im einzelnen unterschiedlich waren, aber etwas Einheitliches ergaben. In den feuchten Wänden traten die Fenster hervor, verschlossen mit frischem Sperrholz, vernagelt mit knorrigen Brettern, überklebt mit Papier – blauem Packpapier, Buntpapier, Zeitungspapier –, vermauert mit Ziegeln. Manchmal kombinierte ein Fenster Sektoren aus Sperrholz, Ziegeln, Glas, aufgeklebtem Papier. Die Zeichen waren unsicher und widersprüchlich; bevor sie feste Gestalt annahmen, lösten sich die beklemmenden Assoziationen auf. Dann wurde alles gleichgültig. Die Fenster bedeckten sich mit Eis. Die Menschen auf der Straße achteten nun nicht mehr auf die Häuser. Sie achteten auf den Boden vor ihren Füßen, weil die Gehwege vereist waren und die Menschen Angst hatten, auf dem Glatteis vor Entkräftung hinzufallen. Die Angst war besonders groß, wenn ihr Essgeschirr voll Suppe war.

Im Winter war von Verdunklung keine Rede mehr (1939, während des Finnischen Krieges, war viel davon die Rede gewesen). Es gab jetzt kein Licht, man konnte nicht mehr spätabends nach draußen gehen, und man hatte auch keinen Grund. Aber es schien nachts auf der Straße nicht so dunkel, nicht so schrecklich zu sein wie zu Hause. Denn die Straßenbahnen (solange sie noch fuhren), die Straßenbahnen mit ihren blauen Lämpchen schienen eine Zuflucht zu bieten. Da war Licht, wenn auch nur blaues, da waren Menschen, die ein wenig Wärme geatmet hatten, da knurrte die geschäftige Schaffnerin ... Und nach dem Warten an der verlassenen Haltestelle tauchte der Mensch dort ein und fand Ruhe.

Keiner dachte mehr an die Verdunklung und an all das andere. Einhundertfünfundzwanzig Gramm, Wasser aus dem Eisloch in der Newa, Kälte, die niemals nachließ, nicht im Schlaf, nicht beim Essen, nicht bei der Arbeit; Dunkelheit, die mitten am Tag hereinbrach und sich erst am späten Morgen lichtete; Leichen in den Torwegen, Leichen auf Kinderschlitten, ausgestreckt und dünn – Mumien ähnlicher als normalen menschlichen Leichen.

Jeden Tag zu einer bestimmten Stunde – sie änderte sich im Laufe des Herbstes – erklang pünktlich, mit Abweichungen von weniger als dreißig Minuten, ein Ton. Aber wie das so ist, gerade dann hatte der Mensch nicht damit gerechnet. Er hatte vergessen, auf den Ton zu warten, und versuchte hastig, vor dem Alarm das Teewasser auf der Wremjanka zum Kochen zu bringen. Plötzlich drang der Ton aus dem Lautsprecher und erfüllte die Wohnung, alle ihre Zimmer, bewohnte und unbewohnte. Damit begann die Luftschutzkellerprozedur. Eine Zeitlang setzten die Angriffe immer gegen acht Uhr abends ein. Die deutsche Pünktlichkeit war ein wohlüberlegter Bestandteil der psychologischen Kriegsführung.

Die Luftangriffe waren von unterschiedlicher Dauer, Häufigkeit und Stärke, die Prozedur aber war so einförmig, dass sie einem Ritual glich. Die Menschen zogen Überschuhe und Mäntel an. Es war schade um den halb ausgetrunkenen Tee, und keiner hatte Lust, in den kalten Keller zu gehen. Man horchte – vielleicht war es ja Fernalarm? –, die Flak schoss häufiger und lauter. Also tasteten sich die Menschen im Dunkeln die vertraute Treppe hinunter. Im Keller hatten viele ihren Stammplatz, dort traf man Bekannte, unterhielt sich, döste; man las, wenn man sich zur Glühbirne durcharbeiten konnte; man ging vor die Tür, um zu rauchen; bei der Entwarnung verspürte man jeden Tag freudige Erleichterung. Nach der Entwarnung wurde debattiert, ob es lohnte, gleich nach oben zu gehen, oder ob man den nächsten Alarm abwarten sollte (es gab zu verschiedenen Zeiten unterschiedliche Daten für solche Berechnungen); man ging nach oben, manchmal ging man wieder hinunter; man ging endgültig nach oben, trank den kalten Tee aus und legte sich schlafen, ohne sich auszuziehen. Schon in der rituellen Wiederholung der Prozedur lag etwas Beruhigendes. Zu ihrer Abfolge gehörten das nervöse Ticken des Lautsprechers, die Suche nach den Überschuhen im Dunkeln, die schläfrige Feuchte des Kellers, die Selbstgedrehte, die am Ausgang geraucht wird, die langsame Rückkehr nach Hause (je langsamer, desto besser, falls es nochmals Alarm geben sollte). Aber ein Volltreffer, einstürzende Gewölbe, ein Blutbad gehörten nicht zu dieser Erfahrung und erschienen daher irreal. Das Ritual begann mit dem Ton aus dem Lautsprecher und endete mit der Rückkehr zur noch glimmenden Wremjanka. Deshalb ließ – entgegen aller Logik – die Nervenanspannung schon nach, wenn der Mensch ins Treppenhaus trat, um zum Luftschutzkeller zu gehen. Es war der Auftakt zur Prozedur – ihr glückliches Ende wurde täglich durch eigene Erfahrung bewiesen. Vielen schien sogar, gerade das Hinuntergehen und das Abwarten des Angriffs im Keller garantiere einen glücklichen Ausgang; ihnen kam nicht in den Sinn, dass das Haus dieses Mal auch verschont worden wäre, wenn sie oben in ihren Wohnungen geblieben wären. Eine solche Überlegung, die doch auf der Hand lag, hätte sie erstaunt.

Am Morgen sahen die Menschen, was in der Nacht geschehen war. Sie betrachteten die zerfetzten Häuser, die grässlich zerfetzte menschliche Existenz, und die Abscheu vor dem, was hier stattgefunden hatte, machte sie schaudern. Doch am nächsten Abend trat die Prozedur wieder in ihre Rechte ein.

Manchmal verstrichen im Luftschutzkeller stille, leere Stunden. Dann schien es, als ginge es nicht mehr weiter, als käme nichts mehr. Doch plötzlich war ein satter Knall zu hören, und gleichzeitig erbebte die Erde in ihrem Innersten. Genauer gesagt war es ein Schlag, satt und nach oben aufsteigend. Doch gleichzeitig schien es immer ein Knall zu sein. Die Menschen im Keller hoben die Köpfe und blickten einander an. »Die hat gesessen«, sagte jemand. Die Männer erörterten träge, wo die Bombe eingeschlagen war und wie viel sie wog.

Unvergesslich ist dabei das auf den Kopf gestellte Zeitempfinden. Die unmerklich kurze Gegenwart, die für die hier Sitzenden längst zur Vergangenheit geworden war, bevor sie als Angst ins Bewusstsein drang: Dort draußen hatte sie für irgendjemanden einen gewaltigen, schrecklichen Inhalt bekommen und war schon das Ende von allem oder der Beginn langer Qualen.

Das hypertrophierte Mittagessen, das Ritual des Abwartens im Keller. Der Gipfel der Unfreiheit, die Negation der Menschenwürde. Dem entgehen konnte man nur um den Preis der unmittelbaren Kriegsteilnahme.

Die typische Haltung der Menschen gegenüber Bomben, Beschuss und Todesgefahr veränderte sich mehrmals; sie wurde vom Schicksal der Stadt, von der allgemeinen Situation in der Stadt verändert.

Wir haben im Blockade-Leningrad alles mögliche gesehen, Angst aber am wenigsten. Die Menschen hörten zerstreut auf das Pfeifen der über ihren Köpfen fliegenden Granaten. Natürlich ist es viel schwerer, bewusst auf eine Granate zu warten; aber es war auch allen klar, dass das Pfeifen nur der hört, den sie dieses Mal nicht getroffen hat.

Das abgestufte Ausmaß von Gefahr, oder genauer, die Wahrscheinlichkeit zu sterben (der Grad dieser Wahrscheinlichkeit) ist von entscheidender psychologischer Bedeutung. Es liegt ein himmelweiter Unterschied zwischen dem sicheren und dem beinahe sicheren Tod. In Leningrad war die Gefahr ein alltägliches, systematisches Phänomen, wobei ihr System auf die Zerrüttung der Nerven zielte, doch statistisch gesehen war sie nicht besonders groß. Die durch tägliche Erfahrung erprobte Gefahr, die von den Bomben- und Artillerieangriffen ausging, stand hinter der riesigen Zahl derer zurück, die an Dystrophie starben. Auf diesen langsamen Tod bereitete sich der Mensch jedoch innerlich ganz anders vor. Und natürlich wurden Beschuss und Bombardierung in Leningrad anders erlebt als an der Front oder in den Städten, die in der Folgezeit durch Luftangriffe dem Erdboden gleichgemacht wurden.

Vor den Bombenangriffen fürchteten sich die wenigsten Leningrader – nur Menschen, die eine besondere physiologische Veranlagung zur Angst hatten. Fliehen konnte man bald nicht mehr. Deshalb floh auch keiner, und keiner fragte sich: Wieso bleibe ich hier, wenn alle anderen evakuiert werden? Gelassenheit wurde zu dem allgemeinen, durchschnittlichen Verhalten, von dem abzuweichen schlimmer und furchterregender ist als reale Gefahren. Um inmitten allgemeiner Panik kaltblütig zu bleiben, muss man schon fast ein Held sein. Aber versuchen Sie mal zu schreien und herumzurennen, wenn alle um Sie herum einfach ihre Arbeit tun – dazu gehört eine besondere Vermessenheit.

Als die Friseure noch regulär arbeiteten, saß ich einmal während eines Alarms im Frisiersalon fest und konnte dabei zusehen, wie ganz gewöhnliche Mädchen unter dem Donner der Flak Dauerwellen legten, während sie sich gegenseitig bestätigten, wie beängstigend das alles sei.

Eine erfolgreiche Verdrängung ist nur möglich, weil der Tod empirisch nicht erfahrbar ist. Er ist die Abstraktion des Nichtseins oder ein Gefühl von Furcht. Im ersten Fall gehört er (wie Ewigkeit oder Unendlichkeit) zu den nicht vorstellbaren Vorstellungen. Um sich die blitzschnelle Umwandlung von Zimmer und Mensch in ein Chaos aus Ziegeln, Eisen und Fleisch, vor allem jedoch in die eigene Nichtexistenz vorzustellen, ist eine Imaginationsarbeit erforderlich, die die Fähigkeit der meisten Menschen übersteigt.

Der Künstler K. (ein guter Künstler) unterschied sich von den meisten Leningradern durch seine Furcht vor Bombenangriffen. Er zog zu Bekannten, weil sie im Erdgeschoss wohnten. Deren zwölfjährige Tochter kam zu ihm herein, als er ruhelos im Zimmer auf und ab lief: »Kommen Sie Tee trinken. Die hören gleich auf.« (»Die« – das waren die Deutschen). Er antwortete: »Du hast keine Phantasie, deshalb hast du auch keine Angst. Weißt du, man muss sehr klug sein, um sich richtig fürchten zu können.«

In dem Maße, in dem die Todesangst ein Gefühl ist, unterliegt sie den Launen und Inkonsequenzen von Gefühlen. Sie entsteht und vergeht nicht nach den Gesetzen der Vernunft, die eine objektive Gefahr registriert, sondern durch ein Wechselspiel von Impulsen und Reflexen. Ich erinnere hier an Dinge, die längst bekannt sind. Man kann zum Beispiel in Zeiten tiefsten Friedens in seinem Bett aufwachen, starr vor Entsetzen beim Gedanken an den unvermeidlichen Tod, und man kann zerstreut und gleichmütig durch Geschützfeuer laufen (im ersten Fall handelt es sich um nächtliche, störungsfreie Konzentriertheit, im zweiten um Abgelenktheit). Die Nerven eines Menschen, der unter philosophischer Todesangst leidet, können sich durchaus an das spezifische Krachen und Pfeifen anpassen – und umgekehrt.

Manchmal fällt es leichter, einer Todesgefahr entgegenzugehen, ohne an sie zu denken, als zum Dienst zu gehen und nicht an die Rüge zu denken, die man beim Diktat erhalten hat. Es gibt keinen anderen Bereich, in dem sich die Macht sozialen Drucks so anschaulich offenbart.

Seit unvordenklicher Zeit ist das Wort Feigling ein magisches Wort. Vor einem Schnupfen darf man Angst haben, aber Angst vor dem Tod zu haben ist beschämend. Wie konnte man dem Menschen mit seinem Selbsterhaltungstrieb so etwas suggerieren, ihn zu so etwas erziehen? Vermutlich wäre die Existenz der Gesellschaft, des Staates sonst schlechterdings unmöglich, und so konzentrierte man die Suggestion mit aller Macht auf diesen Punkt.

\- 6 -

Успешное вытеснение возможно именно потому,что смерть недоступна опыту.Она - абстракция небытия или эмоция страха.В первом случае она принадлежит к числу непредставимых представлений (вроде вечности,бесконечности).Чтобы конкретно мыслить мгновенный переход от комнаты и человека к хаосу кирпича,железа и мяса, а,главное,к несуществованию, - нужна работа воображения превышающая возможности многих.

От подавляющего большинства ленинградцев художник X (хороший художник) отличался страхом перед бомбежками. Он перебрался к знакомым,потому что они жили в нижнем этаже.Дочка их,лет двенадцати,заглядывала к нему,когда он ~~нервно~~ беспокойно ходил по комнате. - Идемте чай пить.Они ~~(немцы-то есть)~~ сейчас кончат (они - это немцы). ~~Чего волнуетесь?~~ Он отвечал ей: У тебя нет фантазии - поэтому ты не боишься.Понимаешь,надо быть очень умным,чтобы как следует испугаться.

В той ~~же~~ мере,в какой страх смерти есть эмоция, он подвержен всем капризам и непоследовательностям эмоций.Он возникает и пропадает не по законам разума,регистрирующего объективную опасность,но в ~~силу игры импульсов и рефлексов.~~

Eine erfolgreiche Verdrängung ist nur möglich, weil der Tod empirisch nicht erfahrbar ist. *Seite im Typoscript mit handschriftlichen Korrekturen der Autorin.*

Hier nun die Erzählung von M., einer Frau mittleren Alters; sie arbeitete bei Kriegsausbruch als Stenotypistin in einer Leningrader Behörde. Nach und nach wurden alle evakuiert. In dieser Behörde wurde wie in mehreren anderen formell noch gearbeitet. Zu Beginn des Krieges hatte man dort Nachtwachen der Angestellten im Büro des Direktors eingeführt – für alle Fälle. Am achten September hatte M. Nachtwache. Die Deutschen brachten sich damals pedantisch gegen zwanzig Uhr durch folgenlosen Fliegeralarm in Erinnerung. Das gehörte schon zur Tagesordnung. M. hatte sich ein Buch mitgebracht; später würde sie sich aufs Sofa legen und bis zum Morgen dösen. Punkt zwanzig Uhr – Alarm. Das ist normal; er geht vorbei, und sie kann sich hinlegen. Doch plötzlich – etwas Neues, noch nie Erlebtes. Das ist kein Knall, kein Stoß – der Knall selbst ist der Stoß. Schwer erzitterte der Fußboden, an der Zimmerdecke schaukelte die Lampe. Noch einmal, und noch einmal. Wäre nicht die Verdunklung gewesen, hätte man den Feuerschein der Badajew-Lagerhäuser sehen können, in denen Leningrads Brot brannte. Die ersten Bomben des ersten Angriffs fielen ganz in der Nähe der Behörde. Die Behörde war ausschließlich für zivile Angelegenheiten zuständig gewesen und in jenen Tagen längst überflüssig. Doch die Wache musste beim Telefon des Direktors wachen für den Fall – wovon? – von Anordnungen vermutlich. M. stand in der Mitte des Raums; drei Stockwerke tiefer befand sich der Luftschutzkeller. Wieder erzitterte der Fußboden. Und auf dem stoffbespannten Direktorentisch mit dem Bronzeschreibset stand schweigend das Telefon. Es zu verlassen wäre Feigheit, Pflichtvergessenheit dem Staat gegenüber gewesen. Der Gedanke an Feigheit, ihre Furcht davor, feige zu sein, und gleichzeitig der Gedanke an die Sinnlosigkeit der Gefahr nahmen M. so gefangen, dass sie nicht dazu kam, echte physische Angst zu empfinden. Sie ging hinaus auf die Hintertreppe und kam zurück, sie ging wieder hinaus und kam zurück, und sie spürte, wie Todesangst und Selbsterhaltungstrieb von ihrer Erstarrung in Schach gehalten wurden. Im Büro des Direktors tickte nervös das Radio. Um die Verlassenheit und eine neue Art von Beklemmung abzuwehren, nahm M. ziellos den Hörer von der Gabel. Es kam keine Verbindung zustande. Totenstille – also war die Leitung bereits irgendwo unterbrochen. Da ging sie nach unten. Vor dem Eingang zum Luftschutzkeller drängten sich mehrere Menschen. Einer hatte den Kopf notdürftig verbunden. Sie waren aus einer Seitenstraße, aus dem ersten zerbombten Haus hierhergelaufen. Ein Arbeitskollege von M., der Chef der Luftabwehrgruppe des Viertels, eilte auf dem Flur hin und her. Er war zu allem bereit, selbst zum Sterben. »Warum sind Sie nicht auf Ihrem Posten? Alle auf ihre Posten! Was wollen Sie hier?« – »Die Telefonverbindung ist abgerissen …« Aber er hörte ihr nicht mehr zu, er schrie und rannte weiter über den Flur. Er hatte gar nicht das Recht, ihr Befehle zu erteilen, niemand konnte sie daran hindern, in den Keller zu gehen. Aber sie ging nicht. Wieder ruckte und erzitterte das Haus. Langsam ging sie nach oben, ins Büro des Direktors, und berührte das tote Telefon. Als sie das Telefon berührte, fiel ihr ein, dass sie nicht zu Hause anrufen konnte (im September waren private Telefone noch zu benutzen) und dass ihr Mann möglicherweise schon wusste, dass man diesen Bezirk bombardiert hatte. Es wurde still. Aus irgendeinem Grunde flackerte das trübe Licht. Langsam stieg sie die Treppe hinunter. Nicht in den Luftschutzkeller, sondern nur so – um unten im Flur zu stehen.

Dieses Mal war sie nicht dazu gekommen, echte Angst zu erleben. Echte Angst verdrängt alles übrige, weil sie es belanglos macht. M. war zu sehr mit etwas anderem beschäftigt gewesen – mit dem Gedanken daran, bloß nicht ängstlich zu sein und zu tun, was alle tun, oder daran, wie überflüssig das war, was sie und alle anderen taten in dieser längst überflüssigen Behörde.

Am frühen Morgen ging sie nach Hause; in einer Nebenstraße stand dicht gedrängt ein Häuflein Menschen. Schweigend und aufmerksam musterten sie den Bombentrichter im Asphalt, ihren ersten Bombentrichter.

Die Menschen, die es vom Festland nach Leningrad verschlug, waren fassungslos. Sie fragten: »Warum hat bloß keiner von euch Angst? Was muss man tun, um keine Angst zu haben?« Man gab ihnen zur Antwort: »Anderthalb Jahre hier leben, hungern, frieren … Ach was, das lässt sich nicht erklären.«

Bloße Gewöhnung war es nicht. Gewöhnung schwächt die Impulse von Angst und Selbsterhaltung nur ab, hilft sie zu unterdrücken und durch andere zu ersetzen. Man musste sich neue Impulse zulegen, die durch ihre Elementarkraft überwältigten und alles andere überdeckten.

Der Blockademensch vom Herbst 1941 wurde vom Menschen des Winters 1941/42 abgelöst. Dieser Mensch geht während des Artilleriebeschusses eine Straße entlang. Er weiß, wie gefährlich und schrecklich das ist. Aber er geht zum Mittagessen in die Kantine. Und anstatt sich zu fürchten, ist er wütend (nicht einmal in Ruhe zu Mittag essen lassen sie einen …); anstatt sich vor dem Tod zu fürchten, fürchtet er, unterwegs festgehalten, am Weitergehen gehindert, in einen Bunker geschickt zu werden, damit er sein Leben nicht in Gefahr bringt. Dass er umkommen kann, ist dem Menschen bewusst, aber sein unmittelbares Erleben wird bestimmt durch den Hunger und insbesondere durch die Angst vor dem Hunger und die hungrige Hast, die blindlings ihrem Ziel zustrebt. Man kann zwar mehrere Dinge gleichzeitig begreifen, doch man kann sie nicht gleichzeitig mit derselben Intensität begehren.

Der Mensch wird in der Nacht von Fliegeralarm geweckt. Seine Hoffnung auf einen *Fernangriff* ist nur von kurzer Dauer. Das Flakfeuer kommt immer näher. Wie die Flak dröhnt! Oder war das schon eine Bombe? Er denkt nicht mehr daran, aufzustehen, die Überschuhe zu suchen und in den eisigen Keller zu gehen. Er denkt, dass er nicht einschlafen darf. Es soll nicht im

Schlaf geschehen. Er will nicht in einer über ihm zusammenbrechenden Welt aufwachen, um in einem blitzartigen, sofort wieder verlöschenden Augenblick seinen Tod zu erleben. Besser, man ist vorbereitet. Besser, man horcht im Liegen auf die näher kommenden Einschläge. Besser, die Katastrophe hat einen Prolog. Er denkt, dass er nicht einschlafen darf, doch wenige Minuten später schläft er, weil er müde ist.

Was geschieht, ist extrem beängstigend. Jetzt gleich, im nächsten Augenblick, schneller als er sich die Decke über den Kopf ziehen kann, schneller als er die Luft, die gerade seine Lunge füllt, wieder ausatmet – jetzt gleich kann sich die vertraute Wirklichkeit in eine andere, unvorstellbare verwandeln – in eine heulende, klirrende, vom Gipfel der Qual ins Nichts stürzende Wirklichkeit.

Und obwohl das so ist, hat er nicht die Kraft sich zu fürchten. Er will schlafen. Er staunt darüber, was für ein Mensch er früher einmal war. Dieser Mensch wurde um ein oder zwei Uhr nachts vom Alarm geweckt. Er brauchte nur den Ton zu hören, um augenblicklich sein warmes Bett zu verlassen und in den eiskalten Keller zu gehen. Das bewirkte sein naiv unversehrter, frischer Selbsterhaltungstrieb, den die Erschöpfung und der unaufhörliche Kampf gegen das Leiden noch nicht zersetzt hatten. Das Ergebnis dieses Kampfes: das vom Körper angewärmte Bett, der bewegungslos im Bett liegende Körper waren zur Wohltat, zur Wonne geworden, gegen die das geistige Material einer Schreckensvorstellung nichts mehr ausrichten konnte.

Ich weiß, dass das hier beängstigend ist. Ich will leben. Falls es passiert, werde ich in meinem letzten bewussten Augenblick meine Unvernunft verfluchen. Ich weiß, ich müsste Angst haben und entsprechend reagieren. Aber ich habe keine Angst und kann keine Angst haben, weil ich schlafen will.

Der Mensch im Sommer 1942 … Seine Reaktionen weisen neue Nuancen auf. Mittlerweile ist die Nervenanspannung schon etwas Normales; sie verschwindet zusammen mit dem Reiz, der sie hervorgerufen hat. Der Moment der Entwarnung vermittelt eine Art körperliches Wohlbehagen, eine Leichtigkeit, wie man sie empfindet, wenn Zahnschmerzen plötzlich aufhören. Daher rührt das, von außen betrachtet, merkwürdige Umschalten, merkwürdig durch seine Geschwindigkeit. Vor einer Minute haben die Menschen auf den Tod gelauscht, in der nächsten Minute plaudern sie wieder, tauschen Redaktionsklatsch aus, und die Frauen beschließen mit neuer Lebhaftigkeit, sich Strümpfe zu beschaffen oder ihre Kleider umzuarbeiten.

Die Nervenreaktion wird weder von beständigen Gefühlen noch von der Vorstellungskraft beeinflusst, auch der bewusste Wille hat ihr nichts entgegenzusetzen. Die mächtigen Impulse der Widerstandskraft haben es geschafft, all das umzugestalten. Diejenigen, bei denen diese Impulse nicht mehr funktionierten, waren krank.

Weshalb war der Hunger (die Deutschen hatten das begriffen) der stärkste Gegner dieser Widerstandskraft? Weil Hunger permanent gegenwärtig ist, sich nicht abstellen lässt. Er ist überall anwesend und macht sich unaufhörlich bemerkbar (nicht unbedingt durch das Verlangen zu essen); am qualvollsten, am schlimmsten ist er während des Essens, wenn sich das Essen mit entsetzlicher Geschwindigkeit dem Ende nähert, ohne den Hunger zu stillen.

Zweck des Hinausgehens am Morgen ist der Einkauf. Das Lebensmittelgeschäft ersetzt auch den Bäckerladen. Es steht sogar an der Tür: »Hier wird Brot verkauft.« Ob das wohl Käufer anlockt? Zur Zeit ist es im Geschäft ziemlich leer und ruhig. Die Verkäuferinnen tragen weiße Kittel, im Regal prunken Attrappen, die die Käufer, das heißt die Leute mit Zuweisung verärgern, und auf dem Ladentisch türmen sich noch nicht ausgegebene Lebensmittel, die man nicht kaufen kann.

Zur Zeit hat das Ähnlichkeit mit der grausamen Sterilität in Ambulatorien; sie schützen den Menschen, aber die Unerbittlichkeit

ihrer Mechanismen weckt Wut und Furcht. Und der Mensch, dem die weißen Flure, die weißen Arztkittel, der beklemmende Geruch, die schrecklichen Metalldinger unter Glas Grauen einflößen, hasst schon nicht mehr seine Krankheit, sondern das, was ihn von der Krankheit befreien soll.
Das Geschäft mit seinen ehernen Gesetzen (abgerissene Marken werden nicht angenommen, Brot wird nur für einen Tag im voraus ausgegeben): Das ist gut organisierte Unterernährung. Die Regale der Brotabteilung sind dicht gefüllt mit properen Brotlaiben. Es sind so viele, sie riechen so frisch, die Verkäuferin zieht sie so träge aus dem Regal – es gibt keinerlei Anzeichen dafür, dass sie etwas Verbotenes darstellen. Das Brot liegt da, zum Preis von einem Rubel fünfundzwanzig oder einem Rubel zehn pro Kilo, seine Tagesration bekommt man ohne Anstehen, ohne jede Anstrengung … Und doch ist es ein Tabu. Das ist beinahe irrational.
Im Winter dagegen hatte alles seine Logik. Im Geschäft herrschte Dunkelheit, dichtes Gedränge, ein Gewirr von drohenden und flehenden Stimmen. Die Verkäufer hinter dem Ladentisch kämpften mit der Menschenmenge. Im Winter gab es Tage, an denen die Wasserleitungen der Stadt endgültig einfroren und Wasser aus Eislöchern geholt werden musste. Die Brotfabriken konnten ihr Plansoll nicht liefern. Ab vier, fünf Uhr morgens standen Hunderte von Menschen in Dunkelheit und Frost um Brot an. Plötzlich fällt dem Menschen ein, wie er das erste Mal Schlange gestanden hatte. Er stand da und dachte, es wäre unmöglich, unvorstellbar, dass er ans Ziel käme (er hatte seit der Suppe am Vortag nichts gegessen). Doch gleich darauf dachte er, dass die Zeit, selbst wenn er noch fünf, sechs oder gar sieben Stunden stehen müsste, trotz allem verging und auch diese fünf oder sechs Stunden – so quälend sie in ihrer Unbeweglichkeit für den einzelnen Menschen sein mochten – ganz gewiss vergehen würden, dass also gewissermaßen die Zeit selbst ihn ans Ziel trug. Der Bäckerladen war damals an der Ecke, und auf

dem Weg dorthin gab es ein mit Brettern vernageltes Geschäft, an dem ein langes Schild hing: *Fleisch, Gemüse, Wild.* Nach anderthalb Stunden hatte er das Wort »Fleisch« passiert, er war an »Ge« vorbei und kam lange unter dem Buchstaben »m« nicht vom Fleck. In der Schlange materialisierte sich die gewaltige Vorstellung von einem Stück Brot, das Schild verkörperte die Höllenqualen des Anstehens.

Heute ist alles verblüffend einfach (wie ein Mensch verblüfft ist, der einen vollen Koffer hochheben will und plötzlich feststellt, dass er leer ist). Man könnte über den Ladentisch hinweg nach dem Brot greifen. Verhindert wird das nur von allgemeinen Moralvorstellungen, von einem abstrakten sozialen Tabu.

Im Winter konnte es geschehen, dass das Brot nicht reichte (später hat sich das wieder eingerenkt), da hatten die Schlangen einen Sinn. Doch es gab auch andere Schlangen – Auswüchse von Hungerwahn. Wenn Fett und »Konditoreiwaren« ausgegeben wurden, stand schon gegen fünf Uhr morgens eine Menschenmenge vor dem Geschäft. Die Leute ertrugen das Martyrium stundenlangen Schlangestehens, obwohl sie wussten, dass das Geschäft schon um zehn oder elf wieder leer sein würde. Es war psychisch unmöglich, zu schlafen oder sich mit irgendetwas zu beschäftigen oder auch nur zu existieren, ohne sich in den Prozess der Annäherung an Fett und »Konditoreiwaren« einzureihen – sobald sie in den Bereich des Möglichen gerückt waren.

Die Schlange ist eine Ansammlung von Menschen, die gemeinsam zu erzwungener Untätigkeit und innerer Vereinzelung verurteilt sind. Wenn Untätigkeit nicht durch Erholung oder Zerstreuung einen Sinn erhält, bedeutet sie Leiden oder Strafe (Gefängnis, Schlangestehen, Wartezimmer). Die Schlange ist eine Kombination von völliger Untätigkeit und beschwerlichem Aufwand an Körperkraft. Männer ertragen das Schlangestehen besonders schlecht, da sie es gewöhnt sind, dass ihre Zeit etwas wert ist. Dabei geht es nicht um den objektiven Stand der Dinge, sondern um ererbte Gepflogenheiten. Berufstätige Frauen haben von ihren Müttern und Großmüttern Zeit geerbt, die nicht ins Gewicht fällt. Der Alltag lässt nicht zu, dass dieser Atavismus verschwindet. Ein Mann glaubt, er brauche nach der Arbeit Erholung oder Zerstreuung; eine Frau, die von der Arbeit kommt, arbeitet zu Hause weiter. Das Schlangestehen während der Blockade fügte sich in den Kontext langjährigen Zuteilens und Ergatterns, in die übliche Gereiztheit und die übliche weibliche Geduld ein.

Folglich versucht fast jeder Mann, der ins Geschäft kommt, sich an der Schlange vorbei zum Ladentisch vorzudrängeln. Die Männer können nicht erklären, weshalb sie sich im Recht fühlen, obwohl die Unrechtmäßigkeit ihres Handelns offenkundig ist. Aber sie sind sich ganz sicher: Schlangestehen – das ist Weiberkram. Vielleicht haben sie die vage Vorstellung, dass ihre Ansprüche berechtigt sind, weil so wenige Männer Schlange stehen. Im übrigen geben sie keine Gründe an; sie werden entweder grob oder äußern den klassischen Satz: »Ich muss zur Arbeit«. – »Als ob wir nicht zur Arbeit müssten! (Es heißt unbedingt *wir*; der Mann versteht sich beim Schlangestehen als zufälliges Individuum, die Frau als Teil eines Kollektivs.) Alle müssen jetzt zur Arbeit«, ärgert sich die Frau mit der Aktentasche. Der Mann, der sein Brot bereits bekommen hat, steckt es verstohlen ein. Zu sagen hat er nichts; aber für sich weiß er: Selbst wenn sie wirklich genauso viel wie er arbeitet oder mehr, so haben beide doch ein unterschiedliches Empfinden von Zeit, von Wert, Verwendung und Einteilung ihrer Zeit. Und sein Empfinden gibt ihm das Recht, Brot ohne Anstehen zu bekommen. Die Verkäuferin als unbeteiligte Person versteht das – in der Regel stellt sie sich auf die Seite der Männer.

In der Schlange lesen extrem wenige Menschen Bücher oder auch nur Zeitung. Darüber kann sich nur wundern, wer noch nie viele Stunden täglich mit Schlangestehen zugebracht hat. Der Psychologie des Schlangestehens liegt ein nervöses, sehnsüchtiges Streben nach dem Ende zugrunde, nach einem inneren Anschub der brachliegenden Zeit; diese Sehnsucht verdrängt alles, was sie zerstreuen könnte. Die psychische Verfassung eines Menschen, der in einer langen Schlange steht, taugt gewöhnlich nicht für andere Betätigungen. Der naive Intellektuelle hat sich ein Buch mitgebracht, aber er verfolgt lieber den Lauf der Dinge. An der Seite des Ladentischs angelangt, beobachtet er, wie die Verkäuferin die vor ihm Stehenden bedient. Mit einem krampfhaften inneren Anschub reagiert er auf verlangsamte Bewegungen (wenn die Verkäuferin für einen Augenblick vom Ladentisch weggeht, ist das ebenso qualvoll wie das unvermittelte Halten eines Zuges), oder er nimmt zufrieden Anteil an ihrem flotten Arbeitsrhythmus, oder er triumphiert, wenn er unerwartet Zeit gewinnt (wenn zum Beispiel die Karten eines Kunden nicht akzeptiert werden, weil er für das Geschäft keine Zuweisung hat).

Der Mensch wird absolut hysterisch, sobald jemand versucht, sich vorzudrängeln; später, wenn er seine Ration bekommen hat, kann derselbe Mensch an Ort und Stelle eine halbe Stunde mit einem Bekannten verplaudern, aber er plaudert dann bereits als freier Mensch, der hier steht, weil ihm danach zumute ist. Solange er Schlange stehen muss, giert er, wie die gesamte Schlange, nach körperlicher Bewegung, auch wenn sie illusorisch ist. Die Hintenstehenden schreien die Vorderen an: »Rückt doch endlich auf, was kommt ihr nicht vom Fleck!« Und mit absoluter Sicherheit erwidert irgendein Klugschwätzer, der nicht begreift, wie die menschliche Seele funktioniert: »Wozu denn aufrücken? Davon geht's auch nicht schneller.«

Im Winter waren die Schlangen der Dystrophiekranken entsetzlich schweigsam gewesen. Allmählich, mit der Erhöhung der Brotration, mit der Frühlingswärme und dem ersten Grünzeug in den Läden (die Menschen kauften Rübenkraut und kochten es) veränderte sich das Verhalten beim Schlangestehen. Die Schlange wurde gesprächig. Der Mensch kann kein Vakuum ertragen. Das unverzügliche Füllen eines Vakuums ist eine der wesentlichen Funktionen des Wortes. Sinnlose Gespräche haben für unser Leben keine geringere Bedeutung als sinnvolle.

Der Verlauf dieser Gespräche ist in gewisser Weise vorherbestimmt, doch ihre treibende Kraft bleibt den Gesprächsteilnehmern verborgen. Sie vollziehen subjektiv eine Handlung, die von den Widerständen der objektiven Welt, die jede *Tat* erschweren, fast unabhängig ist. Das Gespräch ist freier Ersatz für das bestimmten Gesetzmäßigkeiten unterworfene Tun. Es ist ein vager Prototyp der Kunst und stellt wie sie eine besondere Realität dar, deren Gegenstände der Mensch selbst erschafft und selbst zerstört.

Das Gespräch ist die Imitation von Leidenschaften und Emotionen; Liebe und Ehrgeiz, Hoffnung und Bosheit verwirklichen sich hier auf illusorische Weise. Das Gespräch ist Wunscherfüllung. Im Gespräch, bei einer Tasse Tee oder einem Glas Wein, werden ansonsten unüberwindliche Hürden genommen, werden Ziele erreicht, die in der Welt der Tat viel Zeit und viele Misserfolge und Anstrengungen kosten.

Das Gespräch ist Entspannung, aber es ist auch die Objektivation von Begierden, Werten, Idealen, Fähigkeiten und Möglichkeiten, kognitiven, ästhetischen und willensabhängigen. Vor allem Gespräche mit nahestehenden Menschen sind das beste Mittel zur Selbstbestätigung, sind eine Deklaration des Selbstwertgefühls. Die Äußerung wird real, gewinnt soziales Dasein – das ist ein grundlegendes Verhaltensprinzip.

Im Dialog mit Angehörigen und Freunden bestätigt sich der Mensch mittelbar oder unmittelbar, direkt oder auf Umwegen selbst – von offener Prahlerei über naives Sprechen von sich und den eigenen Angelegenheiten bis hin zur heimlichen Freude an den eigenen Ansichten zu Wissenschaft, Kunst und Politik, am eigenen Witz und Redegeschick, an der eigenen Macht über die Aufmerksamkeit des Zuhörers. Die Selbstbestätigung versteckt sich hinter objektiv Interessantem, sie tarnt sich mit Informationen oder ästhetisch Bedeutsamem. Manchmal ist die Information nur ein Vorwand, manchmal die Selbstbestätigung nur eine Begleiterscheinung der Information. Doch wie auch immer – Selbstbestätigung ist die unvergängliche Seele eines jeden Gesprächs.

Es gibt Situationen – die Existentialisten bezeichnen sie als Grenzsituationen –, wo sich dem Anschein nach alles verändert. In Wahrheit setzen die ewigen Triebkräfte ihr großes Werk fort (Tolstoi hat das entdeckt). Nur wird das Verborgene offensichtlich und das Ungefähre wörtlich; alles verdichtet sich und tritt offen zutage. So war es auch in den Gesprächen der Blockademenschen – in Warteschlangen, Luftschutzkellern, Kantinen und Redaktionen.

Die Schlange ist der unfreiwillige Zusammenschluss von Menschen, die einander auf die Nerven fallen und deren Aufmerksamkeit zur gleichen Zeit auf einen gemeinsamen, identischen Kreis von Interessen und Zielen gerichtet ist. Hieraus rührt die Mischung aus Rivalität, Feindschaft und Gemeinschaftsgefühl, also der Bereitschaft, in jedem Augenblick die Reihen gegen den gemeinsamen Feind zu schließen – den Vordrängler. Die Gespräche sind hier angeregt durch die erzwungene Untätigkeit und gleichzeitig verbunden durch einen bestimmten Inhalt, sie beziehen sich auf die Beschäftigung, der die Schlange nachgeht.

Die Beschäftigung, Nahrungsmittel zu ergattern, erfordert natürlich Äußerungen kommunikativer Art (Wer ist der Letzte? Auf welche Marken bekommt man das? Für wie viele? Gibt es heute auch »Süden«-Konfekt? Ist das »Iran«-Konfekt wirklich in Papier gewickelt? – Aber das wird ja mitgewogen!) sowie Äußerungen, die dem Kampf gegen die Vordrängler gewidmet sind. Der Form nach sind letztere ebenfalls kommunikativ (auf ein praktisches Ergebnis ausgerichtet). Tatsächlich ist ihr praktischer Faktor verschwindend gering, wie der Zeitverlust, der einer Hausfrau dadurch entsteht, dass sich wieder einer vorgedrängelt hat. Für ihren Seelenhaushalt irrelevant ist auch das Rechtsempfinden, an das sie appelliert. Die praktische Ausrichtung solcher Repliken bemäntelt bloß, dass sich Gereiztheit, Ungeduld, eben alle angestauten Affekte darin entladen. Ihr emotionaler Kern zeigt sich in unmotiviert groben und gehässigen Antworten auf harmlose Fragen wie »Wissen Sie, wie viele Marken von einer Arbeiterkarte man dafür braucht?« oder: »Und wie kochen Sie das?« – »Ja was denn, stehen Sie zum ersten Mal an?«, »Ja, kochen Sie denn nie?« (Hier spielt noch der Verdacht mit, man könnte es mit einem Fräulein zu tun haben, das sich zu fein dafür ist.) Im Winter durfte man niemanden mehr etwas fragen, jede beliebige Frage lieferte den ersehnten Vorwand für eine barsche Antwort, in der sich Wut und Qual Luft machten. In besseren Zeiten bekam man neben solchen groben auch geschwätzige und weitschweifige Antworten zu hören – der Antwortende gefiel sich in der Rolle des Lehrmeisters und Ratgebers.

Doch das Wesen des Schlangestehens offenbart sich in anderen Gesprächen, die das Vakuum der Untätigkeit ausfüllen und in höchstem Grade determiniert, also nur scheinbar frei sind. Das sind Gespräche über das Essen (über Leben und Tod), die sich nur notdürftig mit den professionellen Interessen von Hausfrauen tarnen.

Für die Intellektuellen, für die junge Generation, ja, für Männer überhaupt ist das ein neuartiges Gespräch, dessen Verbot gerade erst aufgehoben wurde; sie erfinden dafür neue Redewendungen, unpassende wie ausdrucksstarke. Sie schaffen es nicht, sich aus dem Gespräch herauszuhalten, aber sie schämen sich, weil es für sie ein Zeichen von Degeneration ist. Für Hausfrauen ist es nur die Fortsetzung ihrer altgewohnten Gespräche. Für Hausfrauen der Vorkriegszeit sind weder Schlangen noch Lebensmittelkarten, noch die Frage »Was gibt es hier?« etwas Neues. Sie müssen also ihre alte Phraseologie nicht wesentlich erneuern.

Trotzdem hat sich etwas verändert. Erstens hat dieses Gespräch alle anderen professionellen Gespräche (über Schule, Einkäufe, Dienstboten) verdrängt. Zweitens hat dieses Gespräch, für das

Männer und berufstätige Frauen (besonders die jungen) bislang nur Verachtung übrig hatten und mit dem man Gebildeten gar nicht erst kommen durfte – dieses Gespräch hat triumphiert. Es hat allgemeine soziale Wichtigkeit und Bedeutsamkeit erlangt, die mit der schrecklichen Erfahrung des Winters bezahlt worden war. Ein Gespräch darüber, dass man Hirse beim Kochen nicht salzen darf, weil sie dann besser *quillt*, war zu einem Gespräch über Leben und Tod geworden (schließlich wurde so mehr aus der Hirse). Durch die Blockadeküche in seiner Thematik beschränkt, wurde das Gespräch um die Peripetien überwundener Schwierigkeiten und gelöster Probleme erweitert. Und weil es für die gegebenen Lebensumstände fundamental war, nahm es alle nur möglichen Interessen und Leidenschaften in sich auf.

Wenn die Schlange ein Gespräch über das Essen führt, ist darin alles enthalten: die Entladung von Emotionen in Form von Vorwürfen und Wehklagen, die kognitive Verallgemeinerung in Erörterungen über das beste Vorgehen beim Beschaffen, Kochen und Verteilen von Nahrung, das Erzählen »interessanter Geschichten«, jede Art von Selbstbestätigung. Beim Reden über das Beschaffen, Kochen und Verteilen von Nahrung kommt auch die Überlegenheit über andere zum Ausdruck, und denselben Stoff nutzen schlichte Erzählungen von sich selbst, von der eigenen Persönlichkeit, mit allem, was sich auf sie bezieht und sie betrifft – psychologische Beobachtungen, sachliche Details, selbst banalste Feststellungen:

»Also bei uns in der Kantine bekommt man jetzt Kohlsuppe ohne Abschnitt, bloß sehr dünn ist sie …«

»Macht doch nichts, dass es Sardinen sind. Ich dreh sie mit einem Butterflöckchen durch den Wolf. Dann kommt mein Mann und futtert. Da freut man sich doch.«

Eine offene Bestätigung der eigenen Leistung. Und *Butterflöckchen, er futtert* – das sind Koseformen für das Lebensnotwendigste.

»Und wie kochen Sie das?«
»Ich mach Suppe. Wie aus jedem Gemüse. Man könnte meinen, dass Sie nicht mal wissen …«
Das ist eine prophylaktische Grobheit, für alle Fälle. Am Ende ist die Fragende so ein feines Dämchen, das glaubt, über allem zu stehen … Vielleicht sogar über derjenigen, die auf die Frage antwortet.
»Ich für meine Person bin richtig aufgeblüht, sobald es wieder Grünzeug gab.«
»Wir haben auch sofort Melde und Brennnesseln gekocht.«
»Also ich nehme ausschließlich rohe Brennnesseln. Fürs Wohlbefinden ist das viel besser.«
Für Intellektuelle typische, veraltete Wendungen (»ich für meine Person«, »ausschließlich«, »Wohlbefinden«) transportieren Inhalte, die allen Schlangestehenden vertraut sind. Ein offenes Gespräch über sich selbst oder ein Gespräch über Essen ist Intellektuellen nicht mehr verboten. Trotzdem wird das Thema durch Selbstbeobachtungen von allgemeinem Interesse oder durch die Belehrung des Gesprächspartners leicht getarnt.
»Wir haben uns wieder dorthin zuweisen lassen. Wissen Sie, die haben wirklich anständige Rationen. Meine Schwester hat gestern zwei Portionen Suppe heimgebracht, da war ungelogen eine halbe Büchse Reis drin.«
Fakten von allgemeiner Bedeutung, doch als persönliches, unterschwelliges Thema: die Demonstration eigener Leistung.
»Oje, da hab ich doch mit meinem Brot angefangen. Jetzt hab ich Angst, dass ich's nicht mehr nach Hause bringe.«
»Man darf nie damit anfangen.«
Eine dritte Frau (sie steht bei den Süßwaren an):
»Am besten isst man es dann gleich ganz. Solange noch was da ist, zieht es einen an wie ein Magnet. Wie ein Magnet.«
»Solange man's nicht aufisst, hat man keine Ruhe. Man kriegt es nicht aus dem Kopf.«
»Wie ein Magnet zieht es einen an.«

»Wissen Sie, und ich hab mir für eine Hundertgramm-Marke Konfekt gekauft.«
»So ein Pfund Brot mit Butter – das ist weg wie nichts. Schrecklich, damit nach Hause zu kommen.«
Die Befriedigung, die einem das Sprechen über sich selbst verschafft, verdoppelt sich durch die Befriedigung, die durch den intellektuellen Prozess entsteht. Aus Selbstbeobachtung ergibt sich die Verallgemeinerung von Erfahrungen. »Man darf nie damit anfangen« – das ist bereits eine Sentenz, »wie ein Magnet zieht es einen an« – ein literarisches Bild.
»So, jetzt haben mein Kind und ich was zu essen.«
»Für einen Tag?«
»Wieso Tag? Für einen Moment. Früher haben wir jeden Tag zweihundert Gramm Butter gekauft.«
»Genau, das hat für drei gerade gereicht.«
»Und was meinen früher so einfiel – du lieber Gott! Auf einmal möchten sie keine Buchweizenkascha mehr. Hafer wollen sie. Hafersuppe und Kascha aus Hafer. Ich sag: also eins von beiden, entweder Hafersuppe oder Kascha … Aber nein, sie wollen beides. Schön, koch ich eben beides …«
»Und mein Junge – sieben ist er, aber vom Essen verstehen sie heute schon alles. Wenn im Radio die Kinderration durchgegeben wird, hört er ganz genau zu. Für Kinder unter zwölf gibt's Zucker … Da sagt er: Mama, das ist mein Zucker, den geb ich dir nicht. Und ich sag zu ihm: Dann geb ich dir kein Konfekt.«
Eine Erzählung über sich selbst, über die Familie – sie ist deshalb von allgemeinem, objektivem Interesse, weil es um die Essgewohnheiten der Familie geht. Was auch die Zwischenfrage der Gesprächspartnerin betont (»Für einen Tag?«). In der Erzählung über frühere Essgewohnheiten geht es unterschwellig um Selbstbestätigung: So sehr konnten und können meine Familie und ich über den Dingen stehen, die im Moment solche Macht über uns haben. Die Reaktion darauf signalisiert Verständnis; sie besagt, dass auch die Gesprächspartnerin über den Dingen steht, dass

sie demselben Kreis angehört, nämlich dem Kreis von Menschen, die für drei Personen jeden Tag zweihundert Gramm Butter gekauft haben.

Der Familie ging es so gut, dass die Kinder aus einer Laune heraus nicht gutes, sondern schlechteres Essen haben wollten (ein Spleen wie bei den feinen Herrschaften, die früher Roggenbrot aßen) – dies das untergründige Thema der Erzählung von der Buchweizen- und der Haferkascha.

Dann folgt mit neuem, schrecklichem Material das ewig gleiche Frauengespräch über Kinder. Die Erzählung über den Jungen, der »vom Essen« schon alles versteht, ist teilweise von inhaltlichem, literarischem Interesse; doch in erster Linie geht es hier um einen frühreifen Jungen, der bestimmt nicht umkommt und sich schon wie ein Erwachsener benimmt, wenn auch mit einer süßen kindlichen Naivität. Doch dieses lebenstüchtige Kind wird auf der Stelle übertrumpft. Denn die Gesprächspartnerin erzählt plötzlich von einem anderen Jungen, der sich auch wie ein Erwachsener benahm:

»Also mein Junge – er ist schon tot –, der hat alles über den Tag verteilt. Kaum zu glauben. Sein Vater und ich konnten nicht warten. Und er steckt das Konfekt in die Tasche. Klopft auf die Tasche und sagt: Jetzt gibt's nichts mehr. Und dabei war er nicht gierig. Hat was abgegeben. Sagt zu mir: Mama, du hast doch Hunger, nimm dir von meinem Brot.«

Wenn die Menschen im Winter an den Ladentisch traten, wurden sie von einer überwältigenden Leidenschaft beherrscht. Sie sprachen kaum; mit manischer Ungeduld starrten sie ihrem Vordermann über die Schulter auf das Brot. Jetzt ist das anders, doch auch jetzt verstummen alle nebensächlichen Gespräche, sobald man unmittelbar vor der Waage steht. Der Hals reckt sich. Die Gesichtsmuskeln spannen sich an. Der Käufer tritt mit dem Verkäufer in Kontakt. Wortlos, konzentriert kämpfen die beiden um jedes Gramm zu viel oder zu wenig. Der Mensch vorm Ladentisch beobachtet, wie die Verkäuferin zwanglos einen Laib aus dem Regal zieht, wie sie die Kruste zerschneidet und das herrliche schokoladenfarbene Innere des Brotes freilegt. Kompakte viereckige Scheiben schneidet sie ab oder legt sie dazu, sie liegen gleich hier auf dem Tisch, aber man darf sie nicht nehmen und aufessen. Das Tabu. Das ganze gewaltige Sozialsystem schützt diese Scheiben vor der menschlichen Hand, die danach greifen will. Sonst liegt nichts mehr dazwischen – weder Schloss noch Miliz, noch Warteschlange. Nur die mächtige Abstraktion eines sozialen Verbots.

Wie gebannt beobachtet der Mensch die automatische Waage, die Bewegungen ihres Zeigers. Einerseits, weil man ihn übervorteilen könnte, hauptsächlich aber, weil er sich der Illusion hingibt, am lebenswichtigen Vorgang des Abwiegens teilzunehmen. Es ist so ähnlich wie beim Pferderennen, wenn jeder mit dem Pferd läuft, auf das er gewettet hat – obwohl er sich nicht rührt und keinen Einfluss auf den Ausgang des Wettstreits hat. Der Zeiger schlägt einen ersten, weit ausholenden Bogen, pendelt lange mit immer kleineren Schwüngen vor der weißen Scheibe und sucht sich seinen Platz zwischen den Zahlen. Nun ist er über die richtige Zahl hinausgeraten – das ist immer unangenehm: Also wird die Verkäuferin von dem Stück auf der Waage unerbittlich ein kleines Rechteck abschneiden. Gut ist es, wenn der Zeiger zu früh stehenbleibt: Also war das noch nicht alles. Also kriegt man noch ein Stück, vielleicht ein ziemlich großes … Nein, ein ganz kleines; seltsam, dass so ein kleines Stück den Zeiger korrigieren kann. Die psychische Anteilnahme am Vorgang des Brotabwiegens wird von einer absurden, unsinnigen Hoffnung begleitet – dass das Stück heute aus irgendwelchen Gründen größer ist als sonst. Wenn die Verkäuferin das Gewicht auf Anhieb trifft, ist es aussichtslos. Wenn das dazugelegte Stück groß ist, ist das auch nicht gut, weil man es nicht anrühren darf, bevor man zu Hause ist – das verlangt die Blockadeethik. Am besten sind kleine Zuwaagen, die quasi nicht der Rede wert sind und nach

Gewohnheitsrecht sofort demjenigen zufallen, der das Brot holt (selbst wenn zu Hause die Familie wartet). Wer zwei ganz kleine Zuwaagen bekommt, ist ein Glückspilz. Zuwaagen darf man essen, aber von seiner Tagesration ein Stückchen abzubrechen ist äußerst gefährlich; dann isst man alles Stückchen für Stückchen auf, statt es bis nach Hause, bis zum Frühstück aufzubewahren. Und anstelle des Frühstücks gibt es zu Hause nur hungrige Leere. Besser ist es, mit dem Messer ein Scheibchen abzuschneiden. So behält die Ration die Makellosigkeit ihrer ursprünglichen Form, und die glatte Schnittoberfläche wirkt wie eine schützende Hülle.

Im Winter hörten die Straßenbahnen erst allmählich auf zu fahren. In der Stadt sagte man: »Heute gab's keinen Strom mehr; ich habe mich zu Fuß von der Petrograder Seite hergeschleppt.« Am nächsten Tag fuhren einige Straßenbahnen wieder. Niemand glaubte, dass ihr Verkehr eingestellt wäre. Danach fuhren sie ein paar Tage nicht, aber dann wurde N. plötzlich unterwegs von einer Straßenbahn eingeholt und fuhr mit ihr weiter. Und dann war der Verkehr wirklich eingestellt, und mit der Zeit wurde es so schlimm, dass der Fahrdamm unter einer Eiskruste verschwand, unter der man sich die Straßenbahnschienen nicht einmal mehr vorstellen konnte, und dass die O-Busse auf dem Fahrdamm festfroren. Mit dem Strombügel auf Halbmast lagen sie am Ufer der Gehsteige fest.

Das Rennen im Kreis war zu einem höchst konkreten Laufen geworden – von der Wohnung zur Behörde, von der Behörde zur Kantine, von der ersten Kantine zur zweiten, von der zweiten zur Behörde …

Im April grub die Stadt die Straßenbahnschienen wieder aus. Auch N. grub mit seinen Kollegen Schienen aus. An die Straßenbahnen konnte N. sich lange nicht gewöhnen. Sie schienen ihm irgendwelche Propaganda-Schaustücke zu sein, die man nicht praktisch gebrauchen konnte. Verwundert betrachtete er die Menschen, die sich ernsthaft und sachlich, als wäre mit den Straßenbahnen gar nichts gewesen, um die Türen scharten und riefen: »Was drängeln Sie so!« Er ging weiterhin zu Fuß, berief sich auf Gedränge und Wartezeiten und erklärte, es sei einfacher, zu Fuß zu gehen. In Wahrheit hatte das erstarrte Dasein ein weiteres Element abgestoßen. Die Zeit ohne Straßenbahnverkehr hatte ausgereicht, das Dasein aus einer Abfolge wiederholter reflexartiger Gesten neu zusammenzufügen.

Schließlich versuchte er es doch: Wie sich herausstellte, konnte man die Bahn tatsächlich praktisch gebrauchen. Sogleich wurde er zum fanatischen Straßenbahnfahrer. In seinen Überlegungen zur Rationalisierung des Alltags hieß das Schonung von Körperkräften. Tatsächlich gab etwas Anderes den Ausschlag – ihm war es zuwider, sich den Raum vorzustellen, der ihn von seinem Ziel trennte und den er Schritt für Schritt, von Hast gepeinigt, mit seinem Körper bezwingen müsste. Warten war leichter. Auch wenn man lange warten musste.

Von der Haltestelle ging er vor bis zur Straßenecke, wo man die Kurve einsehen konnte. Mit seinen kurzsichtigen Augen hielt er angestrengt Ausschau, und es kam vor, dass er das Tor eines Quergebäudes, das Laubwerk eines Baumes oder die Fensterreihe einer Hauswand für die Straßenbahn hielt. Nahebei kreuzte eine andere Linie die Straße. Das war trügerisch; aber es war gut, dass andere Straßenbahnen klingelnd vorbeifuhren – also fuhren sie überhaupt. Schwer zu entscheiden, welche Straßenbahn – mittlerweile ist das dunkelrote Massiv der Straßenbahn unverkennbar – da aufgetaucht ist, vielleicht wieder die aus der Querstraße. Aber schon wendet sie eindeutig ihre Schnauze nach vorne und zieht den Rumpf den Halbkreis der Kurve entlang.

Die Fahrt in der Straßenbahn gehört zu den schönsten und erhebendsten Augenblicken des Tages. So überlistet der Mensch das feindliche Chaos. Inmitten all der widerborstigen Dinge, über die wir keine Gewalt mehr haben, inmitten all der Dinge, die man mit eigener Muskelkraft, mit eigenem Willen bewegen oder

heben muss – da gibt es auf einmal ein fügsames Ding, eine dienstbare mechanische Kraft.
Jeden Tag erneuert N. genießerisch den Mechanismus der vergessen geglaubten Bewegung, mit der sich der Mensch, die Haltestange gepackt und leicht zurückgelehnt, auf die Plattform schwingt. Auf der Plattform bleibt er stehen. Er will jetzt gar nicht rationalerweise seine Körperkräfte schonen (dann müsste er sich hinsetzen). Er will diese zauberhafte mechanische Fortbewegung erleben, die sich durch ihn, wegen ihm, für ihn vollzieht. Die feindliche Welt ist für einen Moment überlistet; man hat ihr einen Fetzen entrissen.
Neben ihm auf der Plattform stehen zwei blutjunge, gutaussehende Matrosen der Roten Flotte mit ihren runden Mützen. Und plötzlich wird die ruckelnde Plattform für N. zu einem Schiffsdeck; da steht einer mit gespreizten Beinen, die Hände in den Taschen, eine Papirossa zwischen den Zähnen. Salziger Wind bläst ihm ins Gesicht. Die Straßenbahn fährt, ruckelnd, an den Haltestellen klingelnd. Aus eigener Kraft, ohne Zutun der Fahrgäste schiebt sie die Straße immer weiter weg. Der niedrige Fensterrahmen schneidet Häuser aus, zerbombte und nicht zerbombte, bedeutungslos gewordene Schilder, Milizposten. Für einen Augenblick kommen Fußgänger ins Bild, bleiben auf dem Weg zurück.
Fortbewegung – klingelnd, ruckelnd, die Hast besänftigend.
Und plötzlich Alarm. Artilleriebeschuss. Alles aussteigen. N. tritt in einen Hauseingang. Früher war er ziemlich oft in diesem Haus, hat Bekannte besucht. Sie waren auch evakuiert. Hier führen ein paar Stufen zu einem Treppenabsatz mit großen Fenstern. Das ist nicht so gut, aber dafür gibt es eine Fensterbank, auf der man sitzen kann.
Im Hauseingang stehen schon einige Menschen.
»Es geht los«, sagt jemand.
Die Luftschutzhelferin vom Haus ist aufgetaucht:
»Gehen Sie bitte von den Fenstern weg. Kommen Sie hierher.«

»Was ist da denn besser? Da sind ja auch Fenster.«
Ein naher Einschlag ist zu hören.
»Gehen Sie nach unten, Genossen.«
»Wo stehen Sie denn, Fräulein? Direkt am Fenster. Sie müssen doch keine Zielscheibe abgeben.«
Immer mehr Leute kommen von der Straße herein. Es ist schon ziemlich voll auf der Treppe.
Man flucht auf die Fritzen. Eine Frau auf der Fensterbank erzählt einer anderen sehr laut und voller Begeisterung, wie sie isst. Sie isst nicht in der Kantine, weil man dort übers Ohr gehauen wird, und zu Hause kann man viel besser kochen. Eine ausführliche Erzählung darüber, dass sie sogar jetzt ausgezeichnet kocht und alle begeistert sind.
Zwei Männer, noch relativ jung, diskutieren über die Auftreffwucht eines Granatsplitters und erörtern, ob er eine oder zwei Hauptmauern durchschlagen kann. Die männliche Tendenz zur Verallgemeinerung, insbesondere zur Verallgemeinerung technischer Art. Der eine von beiden, der dümmere, erzählt verworren von einem Haus, das vor einem halben Jahr von zwei Granaten zerstört wurde. Es drängt ihn, darüber zu sprechen, weil er in dem Moment fast in den Bäckerladen in diesem Haus gegangen wäre und nur durch einen glücklichen Zufall in einen anderen ging. Bis heute drängt es ihn, darüber zu sprechen. Doch er bemäntelt den Bericht jetzt durch objektiv bedeutsame Überlegungen über die Durchschlagswucht einer Granate.
Ein junges Mädchen sagt zu einem anderen:
»Wenn die mich lassen würden, würde ich einfach gehen. Das hier ist doch Quälerei.«
»Die lassen einen.«
»Ach was, weit kommen wir ja doch nicht.«
»Hier in der Gegend ist überall Miliz. Gehen Sie lieber nicht. Was hier gestern los war …«
»Nein, wir wären besser zu dir gegangen, dann könnten wir im Keller sitzen.«

»In welchem Keller?«
»In deinem.«
»Das ist nicht meiner. Und es gibt keinen Schlüssel.«
»Hat deine Tante keinen?«
»Ich hab keinen.«
»Was bin ich müde. Letzte Nacht hab ich überhaupt nicht geschlafen. Und um sechs wieder gearbeitet. Uff, ich kann nicht mehr stehen. Komm, wir setzen uns auf die Treppe. Hast du eine Zeitung?«
»Wieso eine Zeitung?«
»Zum Unterlegen.«
»Wozu was unterlegen, setz dich.«
»Also nein, wie kann man sich einfach so hinsetzen?«
»Haben sie bei euch schon die Versammlung abgehalten?«
»Noch nicht. Ach, weißt du, manchmal denke ich: Was die jetzt machen müssen, ist die Straßenbahn in Gang kriegen. Die Schäden reparieren. Alles andere …«
»Alleine kriegst du keine Straßenbahn in Gang und auch sonst nichts. Wenn die Leute nicht mobilisiert sind, keinen Einsatz zeigen. Wenn man nicht mit den Menschen redet.«
»Ja, das stimmt …«
»Und, wie geht's dir jetzt dort?«
»Die Idioten. Mir reicht's mit denen. Ich hab Ignatjew um eine Umzugserlaubnis gebeten, aber der sagt nur so richtig hämisch zu mir: Ihnen gefällt's hier nicht? Wenn Sie wollen, kann ich Ihnen eine separate Küche besorgen.«
»Vielleicht wäre das ja besser.«
»Was soll daran besser sein? Feuchtigkeit, Dunkelheit, Ratten. Küche bleibt Küche.«
Gespräche erschöpfter Menschen, die am Ende ihrer Kraft sind. Sie sagen das auch, aber sie arbeiten weiter. Vor allem wissen sie, dass man arbeiten muss. Und diese beiden Mädchen wissen, dass man den Einsatzwillen der Menschen stärken muss. Das sagt ihnen ihre innere Übereinstimmung mit dem, was vor sich geht.

In der Wohnung links, in der N. früher manchmal zu Besuch war, wohnt eine Schneiderin in einem kleinen Zimmer. Sie hat sich nicht evakuieren lassen. Sie kommt gerade heraus auf die Treppe, um sich von einer Kundin zu verabschieden. Die Kundin hat ganz sicher Sonderkarten, so wie sie aussieht (eine Schauspielerin vielleicht?). Die kann für sich arbeiten lassen.
Die Kundin: »Was ist draußen los? Gibt's was im Radio?«
Die Schneiderin: »Nicht der Rede wert. Da werden sie gleich wieder Lieder singen ...«
Die Kundin: »Jetzt schießen unsere. Nur keine Sorge. Mal schießen sie, mal singen sie Lieder. Eine Komödie.«
»So leben wir. Und wie wir leben, so sterben wir auch. Also ich sag ja: Der Tod kommt langsam, aber sicher zu uns. Natürlich, jetzt steht's an den anderen Fronten gut. Bei Charkow zum Beispiel. Aber wir kriegen mehr ab als alle anderen, und es ist kein Ende in Sicht ...«
»Schrecklich! Und das Schrecklichste ist, dass die Menschen so anders geworden sind. Abgestumpft, verhärtet. Ein Sumpf.«
»Na, Sie sind doch noch am Leben ...«
»Ich und am Leben! Bin ich denn noch am Leben? Kann ich etwa noch auf irgend etwas reagieren? Vor zwei Jahren, am zehnten September – an den Tag kann ich mich ganz genau erinnern –, da fielen die ersten Bomben auf unsere Straße. Drei Häuser von uns entfernt. Ich dachte, ich werde verrückt. Als ich morgens nach draußen kam und die Mauern sah, die Granatsplitter, das zerstörte Haus, da hab ich so geweint, so vor Kummer geschluchzt – ja, damals war ich noch am Leben. Ich bin weggegangen und drei Tage nicht mehr nach Hause gekommen. Die Nächte hab ich bei mir auf der Arbeit auf einem Tisch verbracht. Ich dachte, wenn ich zurückkomme und das Haus sehe, werde ich verrückt. Ja, und dann ... Dann bin ich auf der Straße über Leichen gestiegen. Einfach so. Und mir war zum Lachen, weil sie so dick eingemummt waren. Und weil ihre Köpfe wackelten. Halb Mensch, halb Puppe. Meine größte Angst war immer,

einen von meinen Angehörigen zu überleben, ich dachte immer, wie das wohl sein würde. Und mit welcher Gleichgültigkeit hab ich dann meine Großmutter beerdigt. Ich habe sie doch Mama genannt. Gut, weinen musste ich natürlich, das ja.«

»Ihre Großmutter war doch so ein liebes altes Persönchen. Immer nett, immer adrett. Ich bin ihr oft auf der Straße begegnet.«

»Großmutter war eine wundervolle Frau. Und komisch. Sie konnte sich damals gar nicht vorstellen, wie eine Frau heiraten kann, wenn sie keinen Fuchspelz hat.«

»Wie denn auch, damals hat man sich die Aussteuer genäht.«

»Sie hatte sogar eine Rotonde. Das weiß ich noch.«

Ein in der Nähe stehendes junges Mädchen:

»Wie sieht denn so eine Rotonde aus?«

»Die ist ärmellos. Man warf sie sich über, wie einen Umhang. Wozu brauchte eine Dame Ärmel? Wozu brauchte sie Arme? Musste die vielleicht Körbe schleppen? Die ging doch nur auf die Straße, um sich bewundern zu lassen. Hüllt sich in so eine Samtrotonde, ganz leicht ist die, mit Fuchspelz gefüttert. Und fliegt vorbei. Ich hatte Großmutter sehr lieb. Aber als sie dann starb – nichts hat's mir ausgemacht. Nein, ich bin abgestumpft, ich bin völlig abgestumpft. Kein Mensch mehr, eine dreckige Brühe. Ein Sumpf. Bei allem so eine Gleichgültigkeit. So eine Gleichgültigkeit.«

Das Mädchen: »Wir sind so gleichgültig, weil wir nämlich wissen, dass wir jeden Augenblick sterben können. Darum sind wir so gleichgültig.«

Die Schneiderin: »Wissen Sie, die Menschen können nicht zwei Jahre lang auf alles reagieren. An der Front kann ein Mensch auch nicht normal auf den Tod reagieren, auf den Verlust eines Kameraden.«

Die Kundin: »Glauben Sie das ja nicht. Die reagieren da sogar sehr heftig, viel heftiger als wir. Ich war doch an der vordersten Linie. Wir haben da in einem Zelt gesessen, als die anfingen, uns von oben einzudecken – es hat ordentlich gekracht, und da war ein Verpflegungsoffizier, noch ein ganz junger, der kriegte Angst, rannte weg und versteckte sich im Heu.«

»Und Sie?«

»Ich bin dageblieben. Die ganze Nacht hab ich dort gesessen. Ich hab denen gesagt: Ich bin Dystrophikerin. Was kann mir schon passieren? Ein ganzes Zelt voller Konserven, Brot, Zucker hatte ich da für mich. Und der Bursche – Kolja – blieb mit mir da. Alle paar Minuten hat er mich gefragt: ›Darf ich Ihnen einschenken, Fräulein? Möchten Sie noch etwas haben?‹ Ein Hauptmann war auch noch da. Ein älterer. Ein prima Kerl – der hatte vor nichts Angst. Er geht raus, gibt einen Befehl. Dann kommt er zurück, legt sich hin, trinkt Wodka. Am Morgen haben wir den Verpflegungsoffizier schön ausgelacht. Nein, glauben Sie das nicht, die reagieren dort sogar sehr heftig. Na, ich geh dann mal.«

»Haben Sie denn keine Angst?«

»Wovor soll ich Angst haben? Ich setz mich in die Straßenbahn und fahre los.«

»Haben Sie keine Angst, dass die Straßenbahn nicht kommt?«

»Ach was, ich hab vor nichts Angst. Ich wünschte, mich könnte noch irgendwas erschrecken.«

Die Schneiderin lamentiert, ihre Kundin gibt sich Mühe, ein bestimmtes Bild von sich zu zeichnen, und beide erinnern sich sehnsüchtig an Damen in Rotonden, die keine Arme brauchen. Trotzdem stehen sie nicht in Opposition zu dem, was vor sich geht. Sie mögen sich beklagen oder sich drücken, doch ihre Kriterien und Maßstäbe sind historisch richtig. Sie wissen, dass es so sein muss, weil es anders nicht geht. Ihre Kriterien lauten: Hitler ist ein Schuft, der Deutsche ist der Feind, und man muss ihn vernichten. Der Hauptmann ist ein prima Kerl, denn er hat keine Angst. Ich bin selber prima (ungeachtet aller Dystrophie-Motive), denn ich habe mich nicht gefürchtet und bin im Zelt geblieben – angeblich, um die Konserven zu essen, aber das ist nicht der Punkt. Und der Verpflegungsoffizier, der sich versteckt hat, ist der letzte Dreck.

So spiegelt sich in diesen verwirrten Frauen, die sich nach dem leichten Leben sehnen, wie in einem Zerrspiegel der Wille der Allgemeinheit wider. Auch die Frau, die sich in der Rolle des hysterischen Dystrophieopfers gefällt, erfüllt unbewusst ihre Aufgabe, indem sie herkommt, um ein Kleid zu bestellen, und zwar ein möglichst schönes, und indem sie jetzt zur unter Beschuss liegenden Straßenbahnhaltestelle geht.
Alle hier versammelten Menschen – auch die Jammerlappen, Angsthasen und Drückeberger – erfüllen dadurch, dass sie sich der sozialen Verhaltensnorm unterwerfen, ihre historische Aufgabe als *Leningrader.*
Keuchend kommt eine ältere Frau mit ihrer jungen Tochter und der kleinen Enkelin hereingelaufen.
»Also so eine Gemeinheit! Alle Hauseingänge haben sie zugeschlossen. Von der Brücke sind wir den ganzen Weg hierher gerannt, und alle Eingänge waren versperrt. Gibt's denn so was? So eine Gemeinheit!«
Eine andere Frau:
»Warum regen Sie sich so auf? Sie sind doch Leningraderin. Leningrader müssen die Ruhe bewahren.«
»Aha, die Ruhe bewahren. Sie sind wahrscheinlich gesund, aber ich bin krank – das ist der Unterschied. Sind Sie Invalide?«
»Fast …«
»Sind Sie Invalide zweiter Kategorie? Registriert? Nein. Da haben Sie den Unterschied. Sie sind vielleicht nicht ausgebombt, aber ich bin ausgebombt. Das ist auch ein Unterschied … Dieser verfluchte Deutsche! Das Untier! Der schießt und schießt. Wann schlagen sie ihn endlich, den Verfluchten? Was der alles macht!«
Eine dritte Frau:
»Die sind eben wütend. Und zwar, weil es nicht gut läuft. Sie sind wütend auf Leningrad, weil sie nichts erreichen. Darum randalieren sie hier.«
»Die verfluchten Schurken! Auf ihren Fotos sehen sie, dass un-

sere Gesichter wieder dicker sind – das macht sie wütend. Die werden hier nichts ausrichten.«

»Na, sicher nicht. Aber die haben sich hier ordentlich eingegraben.«

»Ja, sie haben sich verkrochen. Bloß schade, dass sie jetzt den Nutzen von unserer Arbeit haben. Von den Gräben, die wir gebuddelt haben. Wo wollen Sie denn hin?«

»Ich geh. Ich probier's. Warum nicht?«

»Na, weil Sie Strafe zahlen müssen. Erst vor ein paar Tagen sollten wir fünfzig Rubel bezahlen. Ich sag zu ihm: Wenn Sie bloß von einer Geld nehmen würden, aber nein – von mir und von meiner Tochter! Gibt's denn so was? Und er sagt: Sei froh, dass ich der da (zeigt auf ihre Enkelin) nichts abknöpfe. Ja, gibt's denn so was? Woher soll ich das Geld nehmen? Siebenundvierzig Rubel hab ich zusammengekratzt. Und er will noch wissen, wo meine Tochter arbeitet, und sagt, er käme bei ihr auf der Arbeit vorbei.«

»Ach, Unsinn, der kommt nicht.«

»Nein, sehen Sie, sie arbeitet als Kassiererin. Er glaubt wohl, dass bei ihr was zu holen ist.«

Die Tochter: »Kascha wollte er. Das Ernährungsproblem ist eben immer noch am wichtigsten.« (Das kleine Mädchen jammert und zieht die Großmutter am Ärmel: »Komm, wir gehen, komm!«)

»Nein, noch nicht, warte. Wenn wir erst den Deutschen totgeschlagen haben, dann gehen wir, wohin wir wollen. Wenn wir den Deutschen totgeschlagen haben. Dein Opa verjagt ihn von Tula aus. Ihr Großvater ist dort. Als ich das von Orjol gehört habe, ging's mir gleich viel besser. Also haben die Unsrigen noch Kräfte …«

Da haben wir's – diese echte Babuschka redet genauso wie die Babuschki aus den Reportagen und Erzählungen. So etwas hat es noch nie gegeben. Nur in der Sprache des Krieges wird der Volksmund für einen Augenblick der Zeitungssprache ähnlich.

Die Essensmanie, die manischen Gespräche über das Essen – während der Atempause verstärkte sich das extrem. In der Zeit des großen Hungers schwiegen die Menschen meistens. Ihre Möglichkeiten waren komplett beschnitten, so dass es keinen Raum gab, um Fakten psychologisch anzureichern, um sie fürs ewige menschliche Streben nach der Bestätigung von Werten zu nutzen.

Die Quantität des Leidens verwandelt sich in eine neue Qualität der Empfindungen. So spüren Schwerverwundete im ersten Augenblick keinen Schmerz, und Erfrierende fühlen sich kurz vor ihrem Ende wohl. Echter Hunger ähnelt bekanntlich nicht dem Verlangen zu essen. Er hat verschiedene Masken. Er konnte als Trauer, Apathie, irrsinnige Hast oder Grausamkeit auftreten. Am ehesten ähnelte er einer chronischen Krankheit. Und wie bei jeder Krankheit spielte die Psyche eine entscheidende Rolle. Zum Tode verurteilt waren nicht die, deren Gesichter besonders fahl, ausgezehrt oder aufgedunsen waren, sondern diejenigen, die einen fremden Gesichtsausdruck, einen zwanghaft konzentrierten Blick hatten, die vor einem Teller Suppe zu zittern begannen.

A. kam mit geschwollenen, dunkelroten Lippen in die Kantine; doch das war nicht das Schlimmste. Einmal war in der Kantine das Salz von den Tischen verschwunden, und es wurde eine kaum gesalzene Kascha ausgegeben. Das brachte A. zur Verzweiflung. Er hastete von einem Tisch zum nächsten und murmelte: »Das geht doch nicht, ungesalzene Kascha … Das geht doch nicht …. Ach Gott, und ich hab auch keins eingesteckt …«

Das war tatsächlich ein schlechtes Zeichen.

B. betrat die Kantine einmal mit einem Mantel, aus dem in Bauchhöhe ein großer Stofffetzen herausgerissen war. Er lieferte dafür keinerlei Erklärungen. Er saß in dem Mantel am Tisch und unterhielt sich mit seinen Nachbarn. Plötzlich schöpfte seine Nachbarin einen Löffel (einen Teelöffel) Pflanzenöl aus ihrer

Kascha und tat es in einen schmutzigen leeren Teller. »Sie sind aber enorm verschwenderisch«, sagte B. im Plauderton, holte das Pflanzenöl mit seinem Löffel heraus und aß es. Etwa zwei Wochen später starb er im Krankenhaus.

Während des Bürgerkriegs hatte man anders gehungert, spontan und chaotisch (vor allem in der Provinz). Phantastische Sachen hatte man gegessen: Zwiebelschalen, Ratten usw., vieles kombiniert oder ersetzt; und plötzlich trieb man wieder einen Sack Kartoffeln auf. Der Blockadehunger war gut organisierter Hunger. Die Menschen wussten, dass sie von irgendeinem Unsichtbaren jenes Minimum bekommen würden, das die einen am Leben ließ und die anderen zum Tode verurteilte – was mit wem geschah, entschied der Organismus.

Stumpfsinnig schleppten sich die Menschen in den Bäckerladen, in die Kantine und warteten auf die Entscheidung. Man gab ihnen unabänderlich einhundertfünfundzwanzig Gramm, den Teller Suppe, die Portion Kascha, die auf einer Untertasse Platz fand. Was darüber hinausging, konnte man nicht kaufen, nicht organisieren, nicht stehlen, nicht erbetteln. Freunde und Brüder saßen beisammen, und jeder umklammerte seine einhundertfünfundzwanzig Gramm. Welche Qualen man auch litt, man durfte seinen besten Freund nicht darum bitten, und wenn der Freund sie von sich aus anbot – man durfte sie (wenn man bei Verstand war) nicht annehmen.

Knut Hamsun hat einen völlig anderen Hunger beschrieben, den Hunger, der aus der Armut resultiert, der von Versuchungen und Hoffnungen begleitet wird.[5] Plötzlich findet der Mensch Arbeit, oder man borgt ihm etwas, plötzlich stiehlt er, oder er erbittet sich etwas, oder er isst unter einem harmlosen Vorwand bei Bekannten zu Mittag … Die hungrigen Begierden des Armen sind verdüstert von Fehlschlägen, Neid und Erniedrigung, doch sie sind noch nicht zermalmt von der Unabänderlichkeit.

Im Frühling wurde der Handel zugelassen, und allmählich kamen Spekulanten zum Vorschein. Es stellte sich heraus, dass man Rübenkraut oder sogar ein Glas Hirse oder Erbsen kaufen konnte – zu unglaublichen Preisen, unter großen Schwierigkeiten, aber es ging. Dass Geld wieder zu einem Faktor wurde, bedeutete einen geistigen Wendepunkt. Es tauchten Möglichkeiten auf, und im Umkreis dieser Möglichkeiten regten sich Leidenschaften und Interessen. Zu dem Zeitpunkt wurde das Essen zum Fokus der mentalen Kräfte (im Winter wurde – wenn überhaupt – nicht darüber gesprochen, wie jemand aß, sondern wie jemand starb). Es rückte in die Sphäre der Realisierbarkeit und trieb unverzüglich unterschiedliche diverse Details hervor.

Im Verlauf der allgemeinen, die ganze Stadt erfassenden Evolution ging jeder seinen eigenen Weg – von Unverständnis und Leichtsinn bis zum Hungertrauma. Das Individuelle war dabei eingegliedert ins Kollektive, in typische Reaktionen unterschiedlicher Bevölkerungsschichten auf die Hungertragödie.
Unter anderem gab es eine Reaktion, die typisch für die Intellektuellen der dreißiger Jahre war, für Männer und Frauen, mehr oder weniger junge, die die Ansicht vertraten, man sollte so wenig Zeit und Energie wie möglich auf Haushaltsdinge verschwenden. In diesem Kreis durfte man nicht für das Essen Interesse zeigen, sondern nur für seine psychologischen Attribute: Gemütlichkeit, Entspannung, ein Gespräch unter Freunden (bei einem Glas Wodka), ein raffiniertes Abendessen mit einem Mädchen. Bloßes Interesse an Essen hätte bereits die Abhängigkeit von niederen Instinkten offenbart.
Die Struktur der Blockade trat allmählich hervor, doch die Intellektuellen dieses Schlags waren immer noch stolz auf ihre Unabhängigkeit von niederen Instinkten, was – in der ersten Zeit – ein naives Nichtverstehen des Hungers zur Folge hatte. Das heißt, sie begriffen, dass es Hunger auf dem Lande gibt oder, wie Kamel und Fata Morgana, in der Wüste, wo ein Mensch viele Tage absolut nichts zu essen bekommt und deshalb qualvoll verhun-

gert. Aber von Dystrophie hatten sie keine Ahnung, und sie konnten nicht glauben, dass den Bewohnern einer Großstadt der Hungertod drohte.

N. bekam den Beginn der furchtbaren Hungerepopöe der Stadt nicht mit – wie viele andere auch, die anfangs die wachsenden Einschränkungen vergleichsweise leicht ertrugen. Er staunte (er staunte überhaupt gern), als jemand sagte: »Da ist er – der Hunger …«, als seine Nachbarin mit ihrem zweijährigen Kind auf einmal nicht mehr in den Luftschutzkeller ging, weil »wir sowieso umkommen, ob durch Bomben oder Hunger« (sie starb tatsächlich im Februar). Sein Staunen und Nichtverstehen gefielen ihm, weil er sie für Kennzeichen einer besonders wachen Psyche hielt.

Dann kam die Zeit, als es nicht mehr möglich war, nicht zu verstehen. Um ihn herum starben die Menschen, aber nicht so, wie man in der Wüste stirbt. Über die ersten Todesfälle im Bekanntenkreis dachten die Menschen noch nach (mein Bekannter? am helllichten Tag? in Leningrad? ein promovierter Wissenschaftler? verhungert?), sie redeten noch darüber, erzählten einander entsetzt, dass seine Frau kurz vor seinem Tod ein Kilo Reis für fünfhundert Rubel gekauft hatte, um ihn irgendwie zu retten.

Gespräche waren nach und nach auf das Feststellen von Fakten zusammengeschrumpft. Im Frühling verzweigten sie sich wieder, doch im Winter wäre das eine allzu naive Angelegenheit gewesen. Brotration und Mittagessen saßen im Schraubstock der Norm fest. Schlimmer noch – das Mittagessen, das dem Menschen nach den Gesetzen der neuen Wirklichkeit zugeteilt wurde, gehörte ihm nicht. Nach den Gesetzen der neuen Wirklichkeit stand Personen mit einer Lebensmittelkarte für Angehörige kein Mittagessen zu, die Angehörigenkarte berechtigte nicht zum täglichen Mittagessen. Und der Blockademensch, der die Zuweisung für eine Behördenkantine besaß – teilte. Mal aß er nur Suppe, mal nur Kascha oder eine halbe Portion Kascha. Den Rest trug er im Blechnapf oder in einer Plastikschachtel nach

Hause. Seltsam, dass die halbe Kascha in fröhlichen blauen und gelben Schachteln nach Hause getragen wurde. Das Teilen deprimierte, und die Teilenden beneideten diejenigen, die ihr ganzes Mittagessen aßen. Das gab es übrigens nur selten, vor allem in der Anfangszeit, als die Angehörigen noch nicht gestorben oder evakuiert waren. Die Teilenden beneideten die Nichtteilenden weniger um ihre Sattheit als um das ungetrübte Erleben des Mittagessens.

Einmal saßen am Tisch einer Behördenkantine noch zwei Menschen. Der eine hielt ein blaues Schächtelchen in der Hand und ließ traurig Kascha vom Löffel hineinrinnen – die halbe Portion, die er nicht aufgegessen und auf seinem Teller gelassen hatte. Der andere war schon fertig mit Essen; er verfolgte aufmerksam, wie der glitschige Schleim vom Löffel tropfte. Und plötzlich sagte er:

»Sie können wirklich noch teilen? Ja? Ich kann es nicht mehr … Wissen Sie, ich kann nicht mehr teilen …«

Und da durchflutete den Teilenden für einen Augenblick eine Woge von Stolz und Kraft.

N. hatte schließlich verstanden. Doch am schlimmsten wurde es für ihn zu einer Zeit, als es scheinbar schon wieder leichter geworden war: Er bekam damals schon vierhundert Gramm auf seine Arbeiterkarte. Die vierhundert Gramm konnten den Prozess der Auszehrung nicht aufhalten. Die Auszehrung näherte sich still und leise ihrem Wendepunkt. Und kaum hatte sie diesen Punkt erreicht – da begann die Unmäßigkeit. N. aß nun alles, was er bekam, unverzüglich auf. Zunächst ohne einen Entschluss zu fassen, jedesmal mit dem Empfinden von Sündhaftigkeit, dann machte er schon ein Prinzip daraus.

Mit dem Brot ging das so: Frühmorgens bekam er seine vierhundert Gramm, die Zuwaage aß er an Ort und Stelle, das große Stück nahm er in die Behörde mit, wo er arbeitete und auf einem wachstuchbezogenen Sofa übernachtete, weil bei ihm zu Hause die Temperatur weit unter null lag. Er setzte sich in irgendeinem noch leeren Dienstzimmer an den Schreibtisch und schnitt mit dem Federmesser das erste Scheibchen von seinem Brotstück ab – dabei markierte er, nach Augenmaß, wie viel er ungefähr davon am Morgen essen dürfte. Je näher er der Grenzlinie kam, desto größer wurde seine Sehnsucht nach dem Brot. Er schnitt noch eine Scheibe ab (eine dünnere), und die Grenzlinie war überschritten. Dann noch eine. Das war von dem Empfinden eines Sündenfalls begleitet. Dann, als die Grenzlinie bereits unwiderruflich verletzt war, kam ihm der wilde und schrecklich einfache Gedanke: Und wenn er sich nun erlaubte, alles restlos aufzuessen? Er stockte am Punkt der Unschlüssigkeit, stockte und stürzte ab. Verbot, Wankelmut, Lähmung lösten sich auf, und er fiel unaufhaltsam in die Tiefe, mit geschlossenen Augen. Im Moment der Aufhebung des Verbots gab er sich sogar der Illusion hin, dass er gerade jetzt eigentlich gar nicht alles restlos aufessen wollte, dass noch viel Brot da wäre; selbstverständlich verschwand diese Illusion zusammen mit den folgenden zwei oder drei Scheiben.

Ein Kollege verschaffte N. Zutritt zu einer Kantine, wo man gnädig Marken im voraus annahm und manchmal auch etwas für zusätzliche Marken ausgab, meistens für die Marken Verstorbener. Als N. zum ersten Mal beschloss, zwei Hauptgerichte nacheinander zu essen, konnte er sich kaum vorstellen, dass es tatsächlich so kommen würde. Es war ein Umsturz, die Veränderung eines Lebensprinzips. Eine Erhöhung der Brotration oder der Norm für die Graupeneinlage der Suppe – das war großartig, aber es veränderte das Prinzip nicht: das Prinzip, das das Mittagessen zu einem in sich geschlossenen festen Ganzen machte. Es konnte doch nicht auf einmal aufgebrochen und durch einen zusätzlichen Teller Suppe erweitert werden.

Eine Situation gab es allerdings im Blockadealltag, in der der Kreis für kurze Zeit aufgebrochen wurde. Dann nämlich, wenn ein Angehöriger gestorben war und man bis zum Monatsende seine Karte mitbenutzen konnte.

In irgendeinem Winkel irgendeiner Behörde stand eine in mehrere Tücher eingemummelte Frau. Mit düsterer, unbeweglicher Miene aß sie aus einem Einmachglas Löffel für Löffel ihre Kascha. Nach damaligen Begriffen war es ziemlich viel Kascha.
»Meine Mutter ist gestorben«, sprach sie einen flüchtigen Bekannten an, der vorbeikam. »Die Kascha hier hab ich auf ihre Marken … Das ist so traurig, so unglaublich traurig. Und es geht einfach nicht weg. Ich hab gedacht – was für ein Glück, drei Kaschas, vier Kaschas auf einmal zu essen … Aber es geht nicht, ich will nicht … Ich schlucke und schlucke, denn die Traurigkeit, die ist ja so tief da unten: Ich hab gemeint, mir müsste leichter werden. Die Kascha, der Brei, der müsste doch dahin rutschen, nach unten, die Traurigkeit unterdrücken oder einhüllen oder so. Ich esse, esse, aber die Traurigkeit geht nicht weg.«

Mit Anbruch des Frühlings ging es den Menschen sehr schlecht, vielen sogar schlechter als in der Zeit der einhundertfünfundzwanzig Gramm (damals waren ihre Kräfte noch nicht aufgezehrt), doch ihr Zustand ähnelte schon nicht mehr etwas anderem, sondern sich selbst, dem Hunger … Die Menschen ergriff ein leidenschaftliches Verlangen nach Essen.
Wenn N. an den Winter zurückdachte, dachte er im Grunde weniger an das Essen oder den Hunger als vielmehr an eine chronische Krankheit mit ihren unterschiedlichen Symptomen und generell an die Masken des Hungers, an seine psychische Werwolfshaftigkeit. Doch all das war weniger entwürdigend und animalisch gewesen als das, was zur Zeit der allmählichen Erleichterung mit ihm vor sich ging. Er wollte andauernd essen. Mit wahnwitzigem Leichtsinn, der nun schon System hatte, gab er seine Marken her. Er kratzte drei Portionen Kascha auf seinen Teller, damit es nach mehr aussah. Und geriet in Verzweiflung, weil es trotzdem so wenig war. Nachdem er lange an gar nichts gedacht hatte, dachte er jetzt nicht nur ans Essen, es wurde zu einer manischen Besessenheit, zu einer fixen Idee bei ihm. Auf

der Straße rief er sich im Gehen der Reihe nach alles ins Gedächtnis, was er am Morgen oder am Vortag gegessen hatte, er überlegte, was er heute noch essen würde, oder stellte Berechnungen an, für die er Zuteilungen und Lebensmittelmarken kombinierte. Und er war dabei so gedankenverloren und angespannt, wie er früher nur gewesen war, wenn er etwas äußerst Wichtiges in Gedanken oder auf dem Papier zu Ende bringen musste. Dieses seltsame, verzerrte Spiegelbild intellektueller Tätigkeit – es war erniedrigender als alles andere. Und durch den Nebel der Dystrophie dämmerte ihm, dass diese pervertierte intellektuelle Tätigkeit überhaupt das Schmachvollste ist, bei weitem schmachvoller als alle körperlichen Verrichtungen. Unglücklicherweise verstehen wir das nicht ... Oder ist das unser Glück?

An Ausgabe- oder Einkaufstagen bildeten sich zu Hause manchmal Vorräte. Das vermittelte geradezu existenzielle Zuversicht. Während er in der Behörde arbeitete, konnte sich der Mensch jederzeit plastisch und konkret vorstellen: Auf dem zweiten Regalbrett steht ein Einmachglas, zu einem Drittel gefüllt mit goldglänzender Hirse, im Glas daneben liegen, fein säuberlich gebettet, silberne Sprotten. Sprotten wie Hirsekörner sind schön.

Viele genierten sich noch gar nicht. Der Schriftsteller W. sagte: »Wissen Sie, wie ich mich jetzt im Bett, vorm Einschlafen zerstreue: Ich denke mir den Speiseplan eines Glückstags aus. Zum Beispiel: Frühstück – grüne (aus Rübenkraut bereitete) Kascha mit in Ölfirnis geröstetem Brot, danach Tee mit gedörrtem Brot; Mittagessen – zwei Teller Hafersuppe und Hirsekascha. Zu Hause dann – zwei Tassen Sojamilch und ein Konfekt (das kann man aus der Kantine mitbringen); Abendessen – Fladen aus Grünzeug und das Weiche vom Brot (dafür esse ich zum Mittagessen kein Brot). Oder: Frühstück – geriebene Speiserübe vom Markt mit Pflanzenöl; Abendessen – Auflauf aus Sojawurst ...«

Manchmal gab es lichte Momente. Dann wollte man sich sattessen bis zur Übelkeit, bis zum Ekel vor dem Essen, bis zum

Erbrechen – um bloß der Schmach ein Ende zu bereiten, um bloß den Kopf wieder freizubekommen. Aber das dystrophiekranke Hirn war von Furcht beherrscht – was gibt es noch, wenn es das nicht mehr gibt? Wenn sich der Komplex von Wunsch und Erfüllung plötzlich verflüchtigt?

Aber womit hat das denn so eine widerwärtige Ähnlichkeit? Mit welcher Erfahrung aus dem früheren Leben? Ach, ja – mit einer gescheiterten Liebesbeziehung, wenn sich die feste Bindung allmählich löst und der Mensch nicht mehr fürchtet, mit der Liebe die Hoffnung oder sein Gefühl zu verlieren, sondern die Empfindung, dass das Vakuum auf die gewohnte verlässliche Weise ausgefüllt ist.

Als N. einmal in der Redaktion an seinem Schreibtisch saß, hielt er es nicht mehr aus und murmelte vor sich hin:

»Das Wichtigste ist jetzt, nicht ans Essen zu denken.«

Im Zimmer saßen außer ihm noch zwei Kollegen, ein Mann und eine Frau. Die Frau sagte eilig:

»Ich denke auch nicht daran.«

»Du lügst«, dachte N.

Der Mann sagte mit einem unangenehmen Lächeln:

»Das ist die Strafe dafür, dass wir nicht an der Front sind. Dafür müssen wir doch irgendwie bezahlen, oder? Dafür, dass wir uns um unser liebes Leben kümmern dürfen.«

»An der Front denken sie nicht ans Essen«, dachte N.

Mit dem Ende des Winters lockerten sich die Gesetze des genormten Daseins. Vereinzelt gab es Extrazuteilungen, Einkaufsmöglichkeiten, Sojamilch, später den Markt mit Kraut und Brennnesseln. Den Winter hatten die Menschen am besten überstanden, denen ihr Selbsterhaltungstrieb geholfen hatte, das destruktive Thema Essen aus ihrem Bewusstsein zu verdrängen. Mit dem Auftauchen neuer Möglichkeiten fielen die schützenden Verbote, und das Essen offenbarte sich dem Bewusstsein als Sphäre der Verlockung.

Essen – in all seinen vielgestaltigen sozialen Ausprägungen – ist seit jeher ein Objekt der Sublimation. Denken wir nur an seine rituelle Verknüpfung mit Feierlichkeiten und wichtigen Ereignissen, an den Brauch von Empfängen und Festessen, an den Stellenwert des gemeinsamen Mittagessens in Gutsbesitzer- oder Bürgerfamilien, an die unvergängliche Bedeutung eines Abendessens zu zweit.

Blockademenschen bewirteten einander nicht. Das Essen hatte aufgehört, ein Mittel der Kommunikation zu sein.

»Entschuldigen Sie, dass ich zur Unzeit komme«, sagte X. zu Y., als er gerade in dem Augenblick in dienstlicher Angelegenheit bei ihm vorbeischaute, als Y. auf der Wremjanka Fladen buk. »Ich habe Sie gestört. Essen ist jetzt etwas Intimes.«

Dabei hatte X. einen seltsamen, unmenschlichen Gesichtsausdruck. Ja, Essen war zu einer intimen und grausamen Angelegenheit geworden.

Doch es gibt keine menschlichen Belange ohne Psychologie. Nachdem das Essen seine früheren psychologischen Attribute eingebüßt hatte, nahm es sehr bald andere an. Einst in den Tagesablauf integriert, wurde es nun selbst zum Tagesablauf; einst Begleiterscheinung von Ereignissen, war es nun selbst Ereignis, war gleichzeitig der Raum sozialer Verwirklichung und entblößter Geschmacksempfindungen.

Menschen, die an Beefsteaks und Häppchen gewöhnt waren, entdeckten nun den Geschmack von Kascha, Pflanzenöl, Haferfladen, ganz zu schweigen vom Brotgeschmack. Die Phantasie schweifte – abhängig von der mentalen Orientierung – in verschiedene Richtungen. Die einen hatten das surrealistische Traumgebilde einer gebratenen Gans vor Augen oder von Blätterteigpiroggen und Sardinen. Die anderen träumten davon, viel, sehr viel von dem zu essen, was sie jetzt aßen. Sie wollten genau diese Geschmacksempfindung ins Unendliche ausdehnen.

Haselhühner im Restaurant waren eine Abstraktion, was man aß, war real. Der Wunschtraum wollte dieses Reale ins Riesenhafte ausdehnen. Der Traum von der Fülle bedeutete nicht nur eine Übersteigerung des Sättigungsgefühls, sondern auch ein Ankämpfen gegen die Beklemmung und Angst, die von der ephemeren, unerbittlich flüchtigen Existenz einer Portion hervorgerufen wurden – selbst einer doppelten oder dreifachen.

Die Menschen entdeckten zahlreiche neue Geschmacksempfindungen, doch die meisten dieser Entdeckungen hatten mit Brot zu tun. Das war besonders unbekanntes Terrain, denn vor dem Krieg wussten viele Intellektuelle nicht einmal, wie viel ein Kilo Schwarzbrot kostete.

Manche wurden von einer reinen Brotmanie beherrscht. Brot allein, unser täglich Brot ... Andere entwickelten den Brottraum weiter. Sie wollten zum Beispiel vor einem dunklen Brotlaib sitzen, eine dicke Scheibe nach der anderen davon abschneiden und sie in Pflanzenöl tunken. A. F. sagte, er habe nur einen Wunsch – ewig süßen Tee zu trinken und dazu gebutterte Semmeln zu essen. Wieder andere variierten das Brot- und Getreidethema. Sie dachten an Mehlkascha, die süß den Mund verschmierte, an Haferkascha mit ihrem zärtlichen Schleim, an schwere Bandnudeln.

Im Frühling röstete oder dörrte man bereits sein Brot. Besonders gut schmeckten zum Tee dick abgeschnittene Brotrinden, die, hatte man sie langsam von außen her getrocknet, innen noch frisch waren. Wenn man das Brot nicht mit den Fingern aus der Pfanne fischte, sondern mit Messer und Gabel aß – dann wurde daraus eine *Mahlzeit.*

S. erzählte mir, dass er während der Blockade einmal aus dienstlichen Gründen bei Privilegierten zu Hause gewesen sei. Die Hausherrin schenkte ihm Tee ein und sagte:

»Hören Sie – Sie brauchen sich mit dem Brot nicht zu genieren. Wir haben mehr als genug davon.«

S. sah in den Brotkorb und erblickte das Unmögliche: ganz normales Brot, wie früher, vor der Blockade. Nicht aufgeteilt, nicht aufgespart. Unregelmäßige Brot- und Semmelstücke lagen zwischen kleineren Resten und Krumen kunterbunt durcheinander. Die Semmel war sogar schon hart geworden.

S. aß, ohne sich zu genieren, aber auch ohne Gier nach diesem Brot zu verspüren; er war enttäuscht. Dieses Übermaß an Brot hätte in einen Traum gepasst, in der Wirklichkeit erforderte es offensichtlich eine andere, nicht durch die Blockade geprägte Apperzeption.

Im Frühling hatte sich der dystrophische Mensch so weit erholt, dass er wieder Stolz und Selbstbestätigung empfinden wollte. Die einen bewiesen Geschick beim Beschaffen, Verteilen und Kochen von Nahrung – und sie waren stolz darauf, denn es erschien ihnen als Zeichen von Stärke. Die anderen stellten sich ungeschickt an und waren darauf stolz, denn es erschien ihnen als Zeichen geistiger Überlegenheit. Als es den Markt wieder gab, waren die einen stolz, wenn sie Kraut oder Brennnesseln besonders günstig einkauften, die anderen, wenn sie viel Geld dafür ausgaben.

Eine Sonderration für Akademiemitglieder, ein Mittagessen ohne Abschnitt, ein Päckchen vom Festland hatten nun den Stellenwert einer Beförderung, eines Ordens oder einer lobenden Erwähnung in der Zeitung. Dabei traten hierarchische Strukturen furchtbar deutlich, ja drastisch zutage. Der Schriftstellerverband erhielt jetzt manchmal Pakete aus Moskau. Phantastische Pakete – Schokolade, Butter, Zwieback, Konserven, Konzentrate. Die Verbandsleitung setzte die Normen für die Zuteilung fest. Nach einer Liste – sie lag dem Lageristen vor, der die Butter abwog – erhielten die einen Mitglieder des Schriftstelleraktivs ein Kilo achthundert Gramm Butter, die anderen ein Kilo (wer nicht Mitglied des Aktivs war, bekam gar nichts). Diejenigen, die ein Kilo achthundert Gramm bekamen, schämten sich, stolz darauf zu sein, aber sie konnten sich nicht beherrschen und empfanden Stolz. Wer nur ein Kilo bekommen hatte, dem war der Genuss an der Butter verdorben. Viele hätten sich mehr über, sagen wir, fünfhundert Gramm gefreut, wenn man sie ihnen explizit für literarische oder gesellschaftliche Verdienste zuerkannt hätte.

Der Blockademensch kehrte mit seiner Beute nach Hause zurück. Er trug sie in der Aktentasche, im Essgeschirr, im Einkaufsnetz – Brot, das er auf seine Karte der ersten Kategorie erhalten hatte, Suppe ohne Abschnitt, zwei oder drei Rüben, die er gekauft hatte, weil er den Preis bezahlen konnte, den die Spekulanten festsetzten. Der Wissenschaftler trug den halben Laib Brot, den man ihm für eine Vorlesung in der Brotfabrik gegeben hatte; der Schauspieler trug behutsam sein Köfferchen, in das man ihm nach dem Auftritt einige Brocken Zucker gesteckt hatte, die freudetrunken machten wie eine ausverkaufte Vorstellung. Der Mensch trug seinen sozialen Status nach Hause.

In dieser Hinsicht gab es einen wesentlichen Unterschied zwischen Menschen, die allein lebten – ihre Zahl nahm ständig zu, da in jeder Familie Menschen starben oder aufs Festland evakuiert wurden –, und jenen, die Angehörige hatten, denen mit ihrer Angehörigenkarte keine tägliche Suppe zustand.

Ein Blockademensch, der Lebensmittel beschaffte, hatte eine zwiespältige Beziehung zu seinen Familienangehörigen. Es war eine verhängnisvolle, häufig tödliche Beziehung, denn der Beschaffer teilte, und beim Teilen erlebte er ein ewiges Wechselbad von Grobheit und Reue, Grausamkeit und Mitleid. Doch gleichzeitig waren sie – die Familie – das letzte ethische Faktum, Symbol sozialer Bindung in nächster Nähe. Der eine Mensch trug also seine Beute nach Hause, um sie in ihrer verlassenen Behausung schweigend zu verschlingen. Und der andere kam nach Hause, legte seine Beute auf den Tisch, und es gab jemanden, der darüber begeistert war.

Eine der von mir gesammelten Blockadegeschichten ist die Geschichte von O., der zu den Menschen gehörte, die hin und wieder ein Kilo achthundert Gramm Butter sowie Zwieback und Konzentrate erhielten. Seine Schwester (sie war viel älter als er)

hatte es nicht mehr geschafft, aus Leningrad wegzukommen. Alle ihre Angehörigen waren auf die eine oder andere Weise gestorben, und er sah sich gezwungen, sie aufzunehmen – da war sie schon unheilbar dystrophisch.
O. war ein Mensch, der rationell und systematisch lebte. In seinem Blockadealltag aber, den er vernunftorientiert zu bewältigen versuchte, stellte seine Schwester eine Quelle hartnäckiger, widersetzlicher Unordnung dar. Er ärgerte sich über ihre stetig wachsende Nutzlosigkeit und über die Opfer, die er ihretwegen gebracht hatte und weiterhin brachte. Und mit einer Grobheit, die ihn selbst verblüffte, sagte er ihr das. Doch gleich daneben existierte eine andere Bewusstseinsschicht mit der Erkenntnis, dass ohne seine Schwester das Schweigen endgültig, ungeheuerlich wäre. Und die düstere Erholung und Kurzweil, die er sich noch erlaubte, gäbe es dann nicht. Zubereitung und Aufnahme der Nahrung waren jetzt nicht mehr die geheimen Manipulationen eines Wahnsinnigen; sie erhielten durch die Anwesenheit einer zweiten Person einen Anflug von Menschlichkeit. Er betrachtete die Frau, die um die Wremjanka herumstolperte, ihre kleinen Hände, die, klauenartig und schwarz, ganz anders aussahen als früher – und er sagte grob, bloß deshalb, weil ihm die Grobheit bereits zur Gewohnheit geworden war: »Wir essen jetzt. Stell die Teller hin. Wisch den Tisch ab, damit man sich wie ein Mensch hinsetzen kann. Räum die Schweinerei weg …«
Die dystrophische Schwester war objektivierendes Umfeld, war Auditorium, das seine Verdienste zu schätzen wusste – Konzentrate und Zwieback, die er wegen seiner ziemlich hohen Stellung innerhalb der Hierarchie bekam.
Das ist also die Blockadegeschichte von O., eine Erzählung von Mitleid und Grausamkeit.

Es gab zwei grundsätzliche Systeme: Die einen verteilten ihr Essen über den ganzen Tag, die anderen aßen sofort alles auf, was sie hatten. Erstere ergriffen Maßnahmen gegen sich selbst. Sie wussten, dass Essen mit geschlossener Oberfläche am besten geschützt war – Konserven, ein noch nicht gesäuberter Hering oder Sojawurst, solange die Pelle unversehrt war. Letztere behaupteten, es sei besser, sich ab und zu satt zu essen, als den Hunger immer nur halb zu stillen. Die einen waren stolz auf ihre Standhaftigkeit und verachteten die anderen für ihre Unbeherrschtheit. Die anderen waren stolz auf ihre Kühnheit und Risikobereitschaft, und sie gebärdeten sich gegenüber den ersteren wie Freiheitskämpfer gegenüber Spießbürgern.

In der Zeit des großen Hungers war die Frage einfach: Isst der Mensch seine einhundertfünfundzwanzig Gramm auf einmal oder in zwei oder drei Anläufen? In der Periode der Erleichterung vervielfältigten sich die Fragen. Es bildeten sich Spielarten des Essens, zu denen man unterschiedliche emotionale Einstellungen hatte.

Es gab das rationierte Essen, das fast kostenlos war, für das man jedoch mit seinen kostbaren Lebensmittelmarken bezahlen musste. Sein psychologisches Attribut war eine schroffe, unabänderliche Begrenztheit. Deshalb machte dieses Essen traurig. Es gab die Extrazuteilungen: Sojabohnen, Sojamilch, der berühmte Schrot (aus Sojaabfällen), der alle in Erstaunen setzte, die es vom Festland oder von der Front nach Leningrad verschlug, Knochen ohne Fleisch (das Fleisch hatten bereits andere gegessen), aus denen man Sülze kochte. Dieses Essen stimmte optimistisch, es war ein Geschenk, ein reiner Gewinn, und man durfte es auf der Stelle vertilgen und sich dabei im Recht fühlen.

Schließlich gab es Essen, für das man irrsinnige Preise zahlte (auch hier existierten Spielarten – der Markt und der Schwarzhandel). Zu diesem Essen hatte man eine krankhafte, gehemmte Einstellung. Logisch betrachtet war es natürlich gleichgültig, ob man für das Essen Marken hergab, die sowieso nicht bis zum Monatsende reichen würden, oder ob man Graupen aß, die man für sechshundert Rubel pro Kilo gekauft hatte. Doch Gefühl und Vorstellungskraft konnten sich nicht von den sechshundert

Rubeln befreien. Und jemand, der seine Zuteilungen und Lebensmittelmarken sorglos verpulverte, hatte schreckliche Angst davor, zu viel zu nehmen, wenn er von den gekauften Graupen eine Portion abmaß.

Auf dem Schwarzmarkt bezahlte man für Graupen sechs-, siebenhundert Rubel, in der Kantine kostete die Kascha fünfzehn Kopeken. Doch am seltsamsten fühlte sich der Mensch, wenn er aus dem Geschäft kam und plötzlich begriff, dass er gerade Brot für achthundert und Butter für tausend Rubel nach Hause trug. Dass er bloß auf diese Butter zu verzichten bräuchte, und ansonsten unerreichbare Dinge könnten mit absurder Leichtigkeit in seinen Besitz übergehen.

Der Wert des Geldes war jetzt variabel – nicht abstrakt wie bei der Inflation, sondern greifbar wie beim Kartenspiel (besonders, wenn man nachts und um Jetons spielt). Solange das Spiel andauert, hat das Geld keine Bedeutung, seinen absoluten Wert gewinnt es auf unangenehme Weise erst am Morgen wieder zurück.

Rationiertes Essen, Essen ohne Abschnitt, gekauftes Essen – um all das zu koordinieren, musste man die Arbeit eines Rationalisators leisten. Das Frühstück bestand beispielsweise hauptsächlich aus Brot, weil morgens am meisten Brot da war. An Tagen, an denen man noch genug Marken hatte, konnte man beim Mittagessen auf das Brot verzichten, allerdings musste man es schaffen, noch in die zweite Kantine zu gehen, wo es auf Marken zwei Extraportionen Kascha gab. Gingen die Marken zur Neige, war es besser, das auf die Tagesnorm geschrumpfte Mittagessen nach Hause mitzunehmen und die Kascha mit Grünzeug zu strecken – also musste man sich vorher auf dem Markt mit Kraut eindecken. Bis zum Abend reichte das Brot nie; deshalb waren Graupen oder Mehl, beim Spekulanten gekauft, meist für das Abendessen bestimmt.

Misserfolge ließen sich schwer verkraften. Das Essen wie früher als Zubehör des Augenblicks anzusehen, das mit dem Augenblick verschwinden würde, war unmöglich. Jetzt gab es für all das eine Verbindung – den menschlichen Organismus, das Leben dieses Organismus. Eine verlorene Lebensmittelmarke, eine verpasste Zuteilung ohne Abschnitt – das ließ sich nicht durch neue Chancen am nächsten Tag wettmachen. Jetzt war das ein unersetzlicher Verlust (das verlorengegangene Teilchen hätte dem Organismus einverleibt werden sollen, doch es war ihm nicht einverleibt worden), und man konnte ihn nur aufgrund des menschlichen Leichtsinns vergessen, der beliebige Verluste vergessen macht.

Für die Rationalisierung konnten sich besonders Intellektuelle erwärmen, die ihren brachliegenden Verstandesapparat so mit neuem Material fütterten. T., ein Vollblutwissenschaftler, prinzipiell unfähig, sich ein Glas Tee einzugießen, saß nun stundenlang da, vertieft ins Durchrechnen und Aufteilen seiner Marken. Er verwandte die ganze Kraft seines logischen Denkens auf dieses Problem. Überhaupt stellte sich in der Zeit des großen Hungers heraus, dass nicht die Hausfrauen den Prozess der Sättigung am besten organisierten (sie übernahmen den Haushalt erst im Frühling wieder), sondern gerade die Menschen, die sich zuvor mit dem Haushalt am wenigsten abgegeben hatten, besonders Männer, die Gewohnheiten, die den Blockadealltag erschwerten, gar nicht erst mitbrachten. Besonders Intelligenzler, die sich ihr Leben lang gescheut hatten, einen Besen oder einen Kochtopf anzurühren, weil sie fürchteten, das könnte ihre männlichen Qualitäten in Frage stellen. Tatsächlich ist es so: Je männlicher ein Mann ist, desto natürlicher und unbefangener verrichtet er unmännliche Arbeiten (auch ein Soldat muss Kascha kochen oder einen Knopf annähen können), ohne irgendwelche Komplexe zu bekommen.

Die Kochmanie der Blockadezeit befiel Menschen, zu denen sie gar nicht zu passen schien. Ich konnte einmal beobachten, wie ein etwa sechzehnjähriger Junge (in dem Alter verachtet man den Weiberkram am meisten) mit finsterem Blick und sich auf die Lippen beißend Haferfladen buk. Um ihn herum schwirrte seine Mutter und sagte immer wieder: »Lass mich … Du kannst das doch nicht …« Doch er stieß sie wortlos und grob von der Wremjanka weg.

Je karger das Material war, desto mehr ähnelte die Sache einer Manie. Die manischen Verrichtungen hatten ihren Ursprung in derselben Prämisse: Bloßes Essen wäre zu einfach, hinterließe zu wenig Spuren. Blockadekochkunst machte – wie jede Kunst – die Dinge fühlbar. Vor allem musste jedes Lebensmittel seine Identität aufgeben. Die Menschen machten aus Brot Kascha und aus Kascha Brot; aus Grünzeug machten sie Fladen, aus Heringen Frikadellen. Die elementarsten Stoffe verwandelten sich in eine Mahlzeit. Man begründete seine kulinarischen Projekte damit, dass das Essen auf diese Weise sättigender oder schmackhafter sei. Aber es ging nicht darum, sondern um den Genuss am Hantieren, um die Anreicherung, Verzögerung und Ausdehnung des Prozesses.

Manchmal wurde Tabak ausgegeben (durch Rauchen ließ sich der Hunger gut betäuben). Alle rauchten Selbstgedrehte. Hier galt das gleiche Prinzip der angenehm ablenkenden Verzögerung. Das Verteilen des Tabaks auf dem Papier, das Drehen, das Anfeuchten, das In-die-Zigarettenspitze-Stecken – das war sowohl Vorgeschmack als auch inniges Hantieren mit dem kostbaren Stoff. Als es dann Papirossy gab, war das Rauchen irgendwie enttäuschend und banal – zu einfach, zu abrupt.

Die hungrige Ungeduld, die den Menschen nach Hause trieb, die ihn nötigte, eilig den Ofen anzuheizen, noch bevor er Mantel und Überschuhe ausgezogen hatte – sie ließ nach, wenn das Hantieren mit dem Nahrungsmaterial begonnen hatte. In diesen Minuten dachte der Mensch weniger denn je an seinen Hunger; er war abgelenkt von dem leidenschaftlichen Interesse an dem, was er tat.

Die Frau von Professor P. sagte zaghaft: »Schau, deine Piroggen zerfallen. Wozu machst du überhaupt Piroggen daraus?« Sie sprach von Hirsekascha. »Lass sie uns doch so essen ... Die schmeckt sogar kalt gut ...«

Aber er brüllte verzweifelt: »Was verstehst du schon davon? Was verstehst du schon? Leg jetzt sofort Späne nach!«

Die Kocherei der Literaten und Dozenten ging immer mit einer gewaltigen Unordnung einher, die von ihrer Hast und ihrem Dilettantismus kam. Um ein Holzscheit nachzulegen, beugt sich der Dilettant über das offene Türchen der Wremjanka und versengt sich das Gesicht. Mit der anderen Hand rührt er im Topf. Aber den Topf müsste man schon wegrücken und den Teekessel an seinen Platz stellen, weil nur das richtig heiß wird, was in der Mitte steht, vor allem dort, wo die Ofenplatte schon ein Loch hat. Gleichzeitig muss man auf das zum Dörren ausgelegte Brot aufpassen, damit es nicht statt einer goldbraunen Kruste schwarze Ascheflecken bekommt. Die Hände sind rußig und voller Fett – das gefällt dem Dilettanten sogar.

Um ihn herum wächst das Chaos. Aus irgendeinem Grund benutzt er drei Löffel, von denen ihm mal der eine, mal der andere wie von selbst in die Hand gerät. In einer leeren Pfanne auf dem Boden findet sich der Topfdeckel wieder. Über dem Wremjanka-Rohr, der Stuhllehne, dem Korb mit Holzspänen hängen formlose Lumpen. Der Mensch glaubt, dass er immer das richtige Ding in die Hand nimmt und zweckmäßig damit umgeht. Doch die Dinge versinken im Chaos. Allerdings ist das kein feindliches Chaos, denn es riecht nach Essen und Wärme.

Die intellektuellen Kochkünstler verdarben bei allem Erfindungsreichtum das Material gerade dadurch, dass sie das Essen während der Zubereitung einfach nicht in Ruhe lassen konnten. Alle paar Augenblicke lüfteten sie den Deckel, rührten um, wendeten etwas. So betrachtet gab es langweilige und interessante Gerichte. Suppe war zum Beispiel furchtbar langweilig. Sie kochte lange und öde vor sich hin, weiter passierte eigentlich nichts mit ihr. Spannend waren augenfällige Veränderungen. Kascha quoll auf, sie wuchs (wundervoll, dass sie immer mehr wurde), bis sie unter wirbelndem Dampf leise zu schnarchen und zu atmen begann. Klößchen fielen vom Löffel ins kochende Wasser und wurden darin lebendig, vollführten Pirouetten – das wirkte fast wie ein Zaubertrick. Fladen konnten in klumpige Stücke zerfallen, oder sie konnten im Nu eine schnittige Form annehmen.

Es war eine Wonne, den bronzefarbenen dünnen Roggenmehlteig, angerührt für Klößchen oder Pfannkuchen, mit dem Löffel zu verstreichen, und man hätte ihn gerne vernascht wie Schokoladencreme.

Plötzlich erstarrt der intellektuelle Kochkünstler inmitten seiner Manipulationen. Ein Gedanke war aufgeblitzt und im Chaos wieder versunken: Das alles hat eine ekelhafte Ähnlichkeit mit einer bestimmten Sache. Ach ja, mit der Liebe ... Schon La Rochefoucauld vertrat die Ansicht, dass Liebe das Verlangen sei, sein Ziel auf Umwegen zu erreichen.[6]

N. – einer dieser intellektuellen Blockadekochkünstler – hat sich schließlich auf das Frühstück vorbereitet. Auf dem Tisch, der nahe an die Wremjanka gerückt ist, schneidet er konzentriert eine Scheibe Brot in kleine Quadrate. Sie müssen in kochendes Wasser gelegt und mit dem Löffel zerdrückt werden. Als kleiner Junge hatte er manchmal auf der Datscha den Mädchen beim Spielen zugeschaut. Sie spielten »Mittagessen kochen«, machten Fladen aus Gras und Kuchen aus Sand. Er sah diesem Weiberspiel verächtlich zu, aber ihm war langweilig, und allmählich rückte er näher und spielte dann mit gleichgültiger Miene mit. Ihm als Mann trug man die schweren Arbeiten auf – mit dem Federmesser aus Zweigen Brennholz machen oder im Eimerchen Wasser aus dem Bach holen. Das Spiel dauerte lange, und schließlich verwandelte er ebenso andächtig wie die Mädchen Sand in Teig und Gras in Füllung. Was er jetzt machte, war ungefähr dasselbe.

Der Tag ordnete sich nun um drei Brennpunkte an: Frühstück, Mittagessen, Abendessen. Auf den ersten war ab fünf, sechs Uhr morgens alles fokussiert, alles, was zu Hause und im Geschäft passierte. Und im Moment der Kulmination ging jedesmal etwas schief. Nachdem N. seit dem Moment des Erwachens alles für dieses Frühstück getan hatte, nachdem er sich mit einer gewissen Feierlichkeit an den (zuvor mit einem Lappen abgewischten) Tisch gesetzt hatte, aß er alles zerstreut und hastig auf, obwohl ihm klar war, dass das Essen jetzt etwas Bewusstes und Spürbares sein sollte. Er wollte dem Augenblick sagen: *»Verweile doch! Du bist so schön!«*[7], aber er konnte es nicht.

Es war genau wie im früheren Leben, wenn die Augenblicke, ohne zu verweilen, alle emotionalen und kognitiven Erfahrungen mit sich nahmen, Leid und Glück, Mühen und Opfer. Während er frühstückte, fiel N. die Blockadetheorie über genussvolles Essen ein. Nein, heute lohnt es nicht mehr, weil ich schon fast alles gegessen habe … Beim nächsten Mal versuch ich es aber …

Doch auch beim nächsten Mal gelang es nicht, den Augenblick zum Verweilen zu bringen.

Im Winter war das Verlangen nach Essen wie eine Krankheit gewesen; Sättigung bedeutete die Aufhebung des Krankheitszustands. Deshalb war das wiederkehrende Verlangen nach Essen – einige Stunden später oder am nächsten Morgen – von einer Art Erstaunen und Unwillen begleitet: wie erneutes Fieber oder die Rückkehr von Schluckbeschwerden, wenn man dachte, die Angina wäre schon vorbei.

Jetzt verspürten die Menschen seltener Hunger, bemühten sich aber ständig, ihm vorzubeugen. Eben weil sie ihn seltener verspürten. Sogar seltener als in Vorblockadezeiten, als er etwas Natürliches und sogar Angenehmes war – in Erwartung des Mittagessens.

Übrigens kam es jetzt manchmal wieder vor, dass die Blockademenschen (besonders vor den Mahlzeiten) sagten: »Ich bin hungrig wie ein Wolf, ich habe einen Mordshunger«. Das sind Sätze aus Friedenszeiten. Im Winter hat man so etwas nicht gesagt. Das hätte als inakzeptable, schamlose Zurschaustellung des Verlangens gegolten. Die Rückkehr dieser Sätze war ein Zeichen der Genesung. Aber man hatte sich noch nicht daran gewöhnt. Sprecher wie Zuhörer wunderten sich noch jedesmal. Wie konnte man nur – einfach so wie früher – diese furchtbaren Worte aussprechen. Die für Leid und Verzweiflung standen und keinesfalls für den Appetit vor dem Mittagessen.

Ein satter Mensch kann einen Hungernden nicht verstehen, auch sich selbst nicht. Als er wieder zu Kräften kam, verlor der Mensch nach und nach das Verständnis für sich selbst – dafür, wie er in den Monaten des großen Hungers gewesen war. Die Blockademenschen vergaßen ihre Empfindungen immer gründlicher, aber sie erinnerten sich an die Fakten. Aus dem getrübten Gedächtnis arbeiteten sich diese Fakten langsam in die Welt von Verhaltensregeln hinauf, die schon wieder normative Kraft gewannen.

... Sie hatte solche Lust auf Konfekt. Warum hab ich bloß dieses Konfekt gegessen? Ich hätte es nicht essen müssen. Dann wäre alles wenigstens ein bisschen leichter ...

Das denkt der Blockademensch, wenn er sich an seine Frau, seine Mutter erinnert, durch deren Tod das aufgegessene Konfekt zu etwas Unumkehrbaren geworden ist. Der Nebelschleier der Dystrophie zerreißt, und der sich selbst entfremdete Mensch sieht sich von Angesicht zu Angesicht den Objekten seiner Scham und Reue gegenüber.

Für die Überlebenden der Blockade war Reue ebenso unausweichlich wie die durch die Dystrophie hervorgerufenen Veränderungen ihres Organismus. Zudem war es eine niederdrückende Spielart der Reue – *verständnislose* Reue. Der Mensch erinnert sich an eine Tatsache, kann aber den dazugehörigen Affekt nicht mehr nachempfinden, den Affekt, ausgelöst durch ein Stück Brot, ein Konfekt, der ihn dazu gebracht hatte, grausam, ehrlos, erniedrigend zu handeln.

... Und der Aufschrei wegen dieser Hirsefrikadellen ... die ver-

brannt waren … Der Aufschrei, die Verzweiflung, und dann die Tränen …
Vielleicht wird er einmal im Restaurant sitzen, nach einem Essen, und düster vor sich hinstarren, weil das allzu reichliche Mahl ihn schwermütig gemacht und seine Lust zu arbeiten vertrieben hat. Vielleicht wird sein Blick, während er auf den Kellner mit der Rechnung wartet, zufällig auf den Brotkorb und die dunklen und hellen Scheiben darin fallen. Und dieses fast unberührte Brot wird in seinem stumpfen Bewusstsein plötzlich einen Krampf der Erinnerung auslösen.
Mitleid ist die zerstörerischste aller Leidenschaften, und im Unterschied zu Liebe oder Hass vergeht sie nicht.
Tolstoi schrieb (in den Erinnerungen an die Kindheit) über seine Tante Jergolskaja, wie gut sie war und dass er nicht ohne quälende Gewissensbisse daran denken konnte, wie er ihr manchmal (wenn er in Verlegenheit war) das Geld für die Süßigkeiten verweigert hatte, die sie gern in ihrem Zimmer verwahrte, um ihn damit zu bewirten. Sie hatte dann nur traurig geseufzt. »Und ihr, ausgerechnet ihr habe ich diese kleine Freude versagt …«
Überlebende Dystrophiker würden viel für diese Gewissensbisse eines Gutsbesitzers geben.

Der Kreis – das Blockadesymbol des in sich geschlossenen Bewusstseins. Wie lässt er sich durchbrechen? Die Menschen rennen im Kreis und erreichen die Realität nicht. Ihnen kommt es so vor, als würden sie kämpfen, doch das ist nicht wahr – es kämpfen die, die an der Front sind. Ihnen kommt es so vor, als würden sie nicht kämpfen, sondern sich nur ernähren, doch auch das ist nicht wahr, denn sie tun das, was getan werden muss in dieser kämpfenden Stadt, damit die Stadt nicht stirbt.
So geht es Menschen, deren Handeln nicht Aktion, sondern nur Reaktion ist. Wie lässt sich der Kreis durch eine Tat aufbrechen? Eine Tat bedeutet immer, die allgemeinen Zusammenhänge (ohne die man nur lallen könnte) zu akzeptieren, an die der Mensch

gebunden bleibt, selbst wenn sie sich gegen ihn richten, mögen die Egozentriker auch jetzt und künftig auf der ganzen Welt ihre Sprüche von Selbstbetrug und Distanz und dem Absurden hersagen.

Wer schreibt, beginnt, ob er will oder nicht, ein Gespräch mit dem Außerpersönlichen. Denn die Schreibenden sterben, und das Geschriebene bleibt, ohne sie zu fragen. Möglicherweise wäre es für das in sich geschlossene Bewusstsein einfacher, auf seine posthume soziale Existenz mit all ihren erzwungenen Wohltaten zu verzichten. Möglicherweise würde es insgeheim vorziehen, vollkommen zerstört zu werden, mit allen seinen Inhalten. Doch die Schreibenden sterben, und das Geschriebene bleibt.

Über den Kreis zu schreiben bedeutet, den Kreis aufzubrechen. Immerhin irgendeine Tat. Gefundene Zeit im Meer der verlorenen.

*1942 – 1962 – 1983*

*Aus einem Heft mit theoretischen Aufzeichnungen zum Komplex »Den' Ottera«, Otros Tag.*

# Aus dem Umkreis der »Aufzeichnungen eines Blockademenschen«

## *Notizen aus Blockadetagen*

Man sollte nicht glauben, dass alles von Grund auf verändert war. Das Material veränderte sich tatsächlich, doch viele Mechanismen funktionierten weiter wie bisher. Dabei wünschten alle sich Veränderungen, warteten auf psychische Veränderungen.
Wenn wir darüber nachdachten, »wie es sein würde« (und darüber dachten alle nach), kalkulierten wir ständig falsch, weil wir dem Faktor der Todesgefahr eine zu große Bedeutung zumaßen. Es zeigte sich, dass es einfacher war, an die Front zu gehen, als Alltagsmechanismen zum Stillstand zu bringen. Das ist die ungleiche Wahl zwischen einer direkt bevorstehenden, eindeutigen, bekannten Gefahr (der Unzufriedenheit eines Vorgesetzten) und einem weit entfernt liegenden, noch unklaren und vor allem unbegreiflichen Ausgang.
Hier verschwamm die Grenze zwischen Lüge und Wahrheit, der Wahrheit derer, die vielleicht nichts dagegen gehabt hätten, sich zu drücken, sich aber nun, da sie in die Kriegssituation hineingeraten waren, strikt an ihre Regeln hielten, der Wahrheit der Jungen, die einfach glaubten, sie müssten so schnell wie möglich an die Front; solche Jungen gab es scharenweise. Hier ist der Brief (vom Juni 1941) eines solchen Achtzehnjährigen, den die Frau, an die er gerichtet ist, aufbewahrt hat:

Liebe Irina!
Ich werde zum Zeugen eines außergewöhnlichen und sehr bedeutsamen Geschehens – ich fahre an die Front! Weißt Du, was das bedeutet? O nein, das weißt Du nicht.
Es ist eine Prüfung meiner selbst, meiner Ansichten, Neigungen, Eigenschaften. Und vielleicht werde ich – so paradox es klingt –

Beethovens Musik und Lermontows und Puschkins Genie besser verstehen, wenn ich im Krieg war.
Tja, zum Schreiben fehlt mir die Zeit. Jetzt fühle ich mich Dir überlegen. Ich bekomme die Möglichkeit, in den Strudel des Lebens einzutauchen, und Du Ärmste bist dazu verdonnert, Scholastik zu pauken.
Hab ich jetzt mit der Scholastik ins Fettnäpfchen getreten? Egal. Vielleicht treffen wir uns mal, ja?
Ich drücke Dir ganz, ganz fest die Hände.

Oleg

Sie trafen sich nicht mehr.
Oleg fiel bald darauf.
Von Bulat Okudschawas Erzählung »Mach's gut«[1] hieß es, er habe darin einen Feigling, einen Schwächling, einen psychischen Deserteur dargestellt, doch ein interessanter Aspekt fiel keinem auf: Dieser Junge, der unglücklich ist, Angst hat, sich bedauert und möchte, dass auch seine Mutter ihn bedauert, dieser Junge zweifelt nie, nicht einen Augenblick daran, dass es notwendig war, an die Front zu gehen und bei dem schrecklichen Werk mitzutun.
Die Angst vor dem Gewohnten und Begreiflichen (etwa die Scheu, gegen geltende Verhaltensregeln zu verstoßen) ist stärker als die Angst vor dem Unbegreiflichen, oder sie ist schneller: Der Reflex erfolgt früher. Darin besteht die Voraussetzung für die Aufrechterhaltung üblicher psychischer Reaktionen – bis zu dem Moment, wenn die Todesgefahr von den Emotionen Besitz ergreift und zur überwältigenden Empfindung des Grauens oder der Begeisterung wird.
Wie fern sind diese Gemütszustände einem normalen Menschen? Auf welcher Ebene des Seelenlebens haben sie ihren Platz? Tolstoi meint, auf einer weit entfernten; davon ausgehend entwarf er seine Psychologie des Krieges.
Für das menschliche Bewusstsein verbietet sich der Gedanke an

das Verschwinden des Bewusstseins, und es erzeugt bekanntlich die kompliziertesten Mechanismen, um diesen Gedanken zu unterdrücken, zu verdrängen und unschädlich zu machen. Die Terminologie hat sich verändert, doch die Entdeckung des Verdrängungssystems zieht sich durch die Jahrhunderte; das beweisen Denker von La Rochefoucauld bis hin zu Freud und den Existentialisten. Der Krieg hat dieses System zum Teil außer Kraft gesetzt, zum Teil schuf er gerade die Voraussetzungen dafür: soziale Unterdrückung persönlicher Wünsche und Ziele, mächtige ideologische und emotionale Reize, Gewohnheit, dystrophiebedingte Teilnahmslosigkeit oder nervöser Enthusiasmus.
In Leningrad zeigten die Menschen insgesamt so wenig physische Feigheit, dass diese noch nicht einmal ihre sonstigen Schwächen und Untugenden lähmen konnte. Da findet zum Beispiel die klassische intrigante Personalversammlung statt – unter Artilleriebeschuss (das Gebäude wurde schon einmal getroffen). Der Leiter einer Redaktionsabteilung ist abgesetzt und zu einer Frontzeitung versetzt worden. Sein Nachfolger – ein netter Mensch – spult das ganze Ritual ab: Verurteilung der früheren Leitung (an der Wandzeitung hängt ein entsprechender Artikel, unterzeichnet mit »Pegasus«), Selbstverteidigung in Form von Selbstkritik, ein Hinweis auf die Kollegen, die sein Vorgänger noch eingestellt hatte. Und pünktlich übernimmt der persönlich gekränkte Schriftsteller (in Armeeuniform) seinen Part mit dem Stichwort »Ich kann dazu nicht schweigen«, im vorliegenden Fall zu schlecht qualifizierten Redakteuren, die »noch immer nicht gelernt haben …«. Gibt es hier überhaupt etwas, was mit dem Pfeifen der Granaten und den regelmäßigen Detonationen in Zusammenhang steht? Ja – die zusätzliche Phrase: »Heute mehr denn je …«
Das reibungslose Funktionieren der Mechanismen frappierte besonders in den Behörden, wo verlorengegangene Lebensmittelkarten ersetzt oder vielmehr nicht ersetzt wurden. Der Verlust der Karten war ein massenhaft auftretendes Phänomen – offen-

bar eine Folge von Unterernährung und Nervenanspannung. In diesen Behörden kam es zu einer schauerlichen Kombination von alter (bürokratischer) Form und neuem Inhalt (dem Hungertod eines Menschen). Die traditionellen Sekretärinnentypen blieben dieselben.

Zum Beispiel der unter Verwaltungsangestellten ziemlich verbreitete sadistische Typ. Das ist die boshafte Sekretärin. Wenn die jetzt zum Markenabschneiden in der Kantine sitzt, teilt sie Ihnen voller Genugtuung mit, dass man sich keine zweite Kascha holen darf oder dass Ihre Karte für die nächsten fünf Tage – merkwürdig, dass Sie das nicht wissen – keine einzige Graupenmarke mehr enthält. Wenn sie da sitzt, wohin Leute kommen, die ihre Karte verloren haben, spricht sie laut und im Tonfall routinierter Ablehnung mit ihnen, wobei sie den administrativen Triumph nur flüchtig unterdrückt.

Dann gibt es die verträumte Sekretärin – man sieht ihrer Kleidung die Blockade noch nicht an – mit ihren schönen, immer noch üppig geschminkten Augen. Sie hängt ihren privaten Gedanken nach. Sie schaut den Menschen ohne Bosheit an, hat nur den Wunsch, die Belästigung schleunigst loszuwerden, und ihre Ablehnung kommt träge und sogar ein wenig klagend (sie beklagt sich über die Störung). Schließlich gibt es noch die tüchtige Frau. Für manche Frauen ist der Umstand, dass sie eine gesellschaftlich wichtige Tätigkeit ausüben, noch nicht selbstverständlich (ein interessanter Atavismus). Sie gehen ganz in ihrer Tüchtigkeit auf und reizen damit ihre Umgebung bis zur Weißglut. Ärztinnen dieser Kategorie erläutern im Gespräch mit gebildeten Patienten gern ihre Anweisungen, wobei sie die Terminologie, begleitet von dem Kommentar: »Bei uns heißt das …« gleich vom Lateinischen ins Russische übersetzen

Findet die boshafte Sekretärin im Dienst eine Quelle zur Befriedigung ihrer Machtgelüste, bedeutet für die verträumte Sekretärin der Dienst ein unvermeidliches Zugeständnis an die Wirklichkeit, so schätzt die tüchtige Frau den Dienstablauf als solchen. Ihre Ablehnung ist majestätisch, aber ausführlich, gespickt mit Belehrungen und Argumenten. Und obwohl sie sich nur für das interessiert, was sie selber sagt, ist dem Menschen, der ohne Lebensmittelkarten wahrscheinlich in ein paar Tagen tot ist, wegen ihrer Argumente für einen Augenblick leichter ums Herz. Intriganten und Sekretärinnen, wütende Bürokraten und gekränkte Schriftsteller – all das hat auf seltsame Weise Form und Funktion bewahrt. Nach Tolstois Auffassung war diese Stabilität egoistischer Interessen und tiefverwurzelter Gewohnheiten objektiv notwendig. Sie zeigte, dass ein Ganzes existierte, dass die zahllosen Bestrebungen nach wie vor zu einem Knoten verknüpft waren. Wäre die Sache des Landes, die Sache des Krieges ohne Intriganten und Bürokraten nicht anders und besser vorangekommen? Selbstverständlich. Doch das Ganze konnte sie nicht mittendrin ausstoßen, nicht mitten im Krieg. Es hatte anderes zu tun.

Unter Artilleriebeschuss funktionierten die Mechanismen des gesellschaftlichen Bösen wie bisher, aber auch die Tapferkeit, auch die Geduld. So siegte das gequälte Land. Und bereitete sich – ohne es zu wissen – auf neue Exzesse des sozialen Bösen vor.

Das utopische Denken wollte nicht verstehen, dass das soziale Böse nicht auszulöschen ist (wenn es sich auch ersetzen lässt), dass die Menschheit stets für ein Substitut des Bösen sorgt. Manchmal war das ein höchst passendes, quasi progressives Substitut. Und dennoch … Bevor man über ein soziales Übel murrt, sollte man sich vergewissern, ob es nicht den Platz eines noch tödlicheren Übels besetzt. Anders als der soziale Hedonismus bannt die Religion das Böse nicht und verspricht nicht, es zu beseitigen (es sei denn im Himmelreich), sondern bezieht es in ihr System zweier Welten – Diesseits und Jenseits – ein. Was das Jenseits betrifft – dieser Glaube ist nicht jedem gegeben. Für jemanden, dem er nicht gegeben ist, besteht die vordringlichste Aufgabe darin, ohne Religion dem Egoismus zu entgehen. Wie müssen das staatsbürgerliche Bewusstsein, die Liebe, die erhabene Arbeit beschaffen sein, damit man mit ihrer Hilfe dem infernalischen Horror des Egoismus entgeht?

Der egoistische Mensch ähnelt einem Wilden. Sein ursprüngliches Bewusstsein ist vom Grauen vor der feindseligen Welt erfüllt. Bezwungen wird es von der Kultur, einer hierarchischen Struktur von Werten, sowie von der Kunst, die das Eigene zum Fremden, und der Liebe, die das Fremde zum Eigenen macht.

Mit dem Zerfall des Wertesystems fällt der Kulturmensch abermals einer Verwilderung anheim. Mit dem Zusammenbruch des Alltags nimmt er Gewohnheiten des Höhlenmenschen an, zu Feuer, Nahrung, Kleidung verhält er sich wie ein Höhlenmensch. Der egoistische Mensch tappt blindlings zwischen mal aggressiv-, mal gleichgültig-feindseligen Phänomenen umher, wobei er versucht, Schlupflöcher des kleinsten Übels zu finden. Die konkreten Repräsentanten des größten Übels, die auch seine theoretische Fundierung geleistet haben – sie stehen vor den Toren der Stadt. Wir alle wollen sie töten; wir wollen so viele wie nur möglich töten, ohne uns auch nur im geringsten auf Einzelheiten ihrer menschlichen Existenz einzulassen. Wenn er in der Zeitung liest, wie die abgerissenen Arme und Beine von Faschisten durch die Luft fliegen, empfindet der Intellektuelle Genugtuung.

Die Spielarten des Bösen kreuzen sich auf merkwürdige Weise, schließen sich gegenseitig aus und ziehen gleichzeitig am selben Strang. Wenn die Menschen mit Mülleimern oder anderen Eimern, in denen sie das Wasser aus der spiegelglatten Waschküche holten, über den Hof gingen, betrachteten sie das große Schloss an der Tür der Hausverwaltung. Es sah beruhigend aus. Die Generation der sechziger Jahre wird das schon nicht mehr verstehen. Heute betreuen Hausverwaltungen, mehr oder minder erfolgreich, ihre Häuser und die darin Wohnenden. In den dreißiger Jahren existierten sie zu einem ganz anderen Zweck, der ihnen selbst vielleicht nicht völlig klar war. Nicht bloß, um die

Hausbewohner zu bespitzeln, sondern mehr noch, um sie stündlich daran zu erinnern, dass alles, worüber sie verfügten, sogar in ihrer Privatsphäre, beendet, weggenommen oder verboten werden konnte. Sie waren Vorposten Stalins … Und nun war dieses Übel eingesperrt, hinter dem großen Schloss; der dystrophiekranke Hausverwalter schaffte es nicht mehr in sein Büro. Das ist die Dialektik der Spielarten des Bösen.

Leiden und Tod zahlloser Menschen waren zu keiner Zeit das exklusive Merkmal des Krieges; Epidemien und Naturkatastrophen raffen ganze Städte dahin. Die Besonderheit des Krieges besteht darin, dass die Aussicht auf Leiden und Tod mit einer extremen Unfreiheit verbunden ist, die man offen propagiert, lauthals verkündet, sich nicht zu tarnen bemüht.
In bürgerlichen Demokratien bezweifelt man das Recht des Staates, per Gesetz von einem freien Menschen zu verlangen, sich nicht in angetrunkenem Zustand ans Steuer zu setzen, aber man bezweifelt nicht, dass der Staat unter bestimmten Umständen das Recht hat, vom Menschen sein Leben zu fordern und ihn im Verweigerungsfalle als Verräter abzuurteilen. Die Welt entsetzte sich über Maos Vorschlag, die Hälfte der Menschheit zu vernichten, damit die andere Hälfte auf den Ruinen des Kapitalismus eine Gesellschaft der Seligen begründen könnte. Das Neue und Abschreckende an diesem Projekt ist jedoch im Grunde nur seine quantitative Dimension. Vor kurzem hat Präsident Johnson in einer Fernsehansprache gesagt: »Wir trauern um die Gefallenen (in Vietnam) auf unserer wie auf der anderen Seite (die andere Seite hätte er besser nicht erwähnt), aber es gibt keine Macht, die die USA zwingen könnte, der Sache der Freiheit und Gerechtigkeit untreu zu werden.« Diese Logik unterscheidet sich nicht von derjenigen Maos, höchstens darin, dass im ersten Fall von der Hälfte der Menschheit, im zweiten vom Leben einer unbestimmten Zahl von Amerikanern die Rede ist. Vom individualistischen Standpunkt aus geht es keineswegs dar-

um, dass eine Million Menschen umkommt, sondern darum, dass ein Mensch millionenfach umkommt. Die Logik Maos ist die unausweichliche Logik des Staates (auch kapitalistischer, bürgerlich-demokratischer und anderer Staaten), lediglich in asiatischer Nacktheit und Größenordnung.

Die absolute Unfreiheit kann dem Menschen psychologisch als neue Qualität des gesellschaftlichen Daseins erscheinen oder im Gegenteil als Weiterentwicklung der gewohnten Belastungen und Nöte. Darin, dass diese Nöte bekannt sind, liegen Stärke wie Schwäche anti-individualistischer Strukturen.

Da gibt es den Menschen, der mit hedonistischen Illusionen und getarnten Formen von Zwang erzogen wurde. Die Tatsache, dass man ihm Dinge befiehlt und verbietet, lebensnotwendige Güter kürzt und rationiert – das ist etwas Exotisches, eine neue Qualität, erzeugt von einer Extremsituation, die die Anspannung aller geistigen und körperlichen Kräfte erfordert. Er hat sogar das Gefühl, man hätte ihn um sein Einverständnis gebeten, und deshalb betrachtet er sein Handeln als *Tat*. Und Taten haben eine eigene psychische Atmosphäre – bestimmt von Stolz und Ehrgeiz, Selbstverleugnung und Leidenschaft.

Und dann gibt es Menschen, für die das alles nichts prinzipiell Neues ist. Die einen reagieren mit Fluchtversuchen. Die anderen mit großer Standhaftigkeit. Manche zuerst mit Fluchtversuchen und dann mit Standhaftigkeit. Doch wie auch immer – es ist für sie nur eine der vielen Phasen in den uralten Beziehungen zum Leviathan. Den Namen des im Buche Hiob besungenen mächtigen Ungeheuers gab Hobbes dem allgewaltigen Staat. Der Leviathan hat viele Untergebene: Gleichgesinnte, Andersdenkende und solche, die überhaupt nicht denken. Es bilden sich unterschiedliche Wechselbeziehungen mit unterschiedlichen sozialen und psychischen Formen. Möglich ist die bewusste oder spontane Übereinstimmung der Bestrebungen; möglich ist Widerstand, ebenfalls bewusst oder spontan. Eine besondere, theoretisch wichtige Spielart der gesellschaftlichen Psyche entsteht durch die Kombination von absoluter Macht und absolutem Egoismus des ihr unterworfenen Menschen. Beide sind ineinander eingepasst und zugleich füreinander undurchdringlich.

Auch hier gibt es viele Abstufungen – von der Position eines Snobs mit seinen Illusionen von innerer Unabhängigkeit bis zur Befindlichkeit eines Sklaven, der egoistischsten aller Befindlichkeiten. Wer ist egoistischer als der an die Galeerenbank geschmiedete ewige Ruderer? Jeder objektive Lebensinhalt ist ihm genommen, nur seinen leidenden Körper hat man ihm gelassen. Der Egoismus der Sklaven wird verdeckt vom Ausmaß ihrer Leiden und der Geringfügigkeit ihrer Ziele und Wünsche, doch genau genommen ist er grenzenlos.

Der immanenten, absoluten und allgemeingültigen Werten entfremdete Mensch existierte als Massenphänomen, als sozialer Typus in unterschiedlicher Gestalt und auf unterschiedlichen Entwicklungsstufen der Gesellschaft. Hier werde ich nur vom Typus des Intellektuellen sprechen. Ich meine das Bewusstsein, das sich nach 1880 in Russland entwickelte und die Tradition der Narodniki ablöste. Es lieferte nicht nur den eingeschworenen Positivisten die Grundlage, sondern auch den Vertretern der Dekadenz (das Experiment einer Kultur des reinen Egoismus), letztlich auch den Symbolisten mit ihrem romantischen Versuch, das Objektive mit Hilfe des Subjektiven zu fassen, und noch vielem mehr, wobei der objektive Verstand teils berücksichtigt wurde und teils nicht.

Schon Alexander Blok hat scharfsinnig und sachkundig scheinbar so verschiedene Dinge wie Positivismus und Dekadenz in einen Zusammenhang gestellt. Er hat begriffen, dass beide durch Subjektivität und Agnostizismus aneinandergekoppelt sind. Das Bewusstsein offenbarte hier ein Paradoxon: Als intellektuelles Bewusstsein war es prädestiniert, Werte und Ideale hervorzubringen, als positivistisches und subjektives verschloss es sich die Quellen, aus denen man Werte und Ideale schöpft.

Nach dem Ersten Weltkrieg wurden die westlichen Intellektuellen von einer Ästhetik des Zerfalls, der Lebensverneinung und ähnlichem beherrscht (die verlorene Generation). Bei uns wurden viele Angehörige dieser Schicht zunächst zu sogenannten Mitläufern, zum einen, um sich die Möglichkeit der Teilnahme am allgemeinen Leben offenzuhalten, aber auch infolge eines originären Hasses der russischen Intelligenz (von Herzen bis Blok) gegen die alte Welt. Die Mitläufer sagten naiv und hochmütig: »Das hier ist gut bei euch, aber das da ist schlecht; wir akzeptieren die Sache von hierher bis dorthin ...« Man reagierte zurückhaltend auf sie. In der Folge brüllten die ehemaligen Mitläufer: »Genial!«, krochen auf dem Bauch – und wurden systematisch vernichtet.

1914 begann das Zeitalter der großen Experimente und Prüfungen. Die Lebensentwürfe des immanenten Bewusstseins verlangten wenigstens ein Minimum an materiellen Gütern. Nur unter dieser Voraussetzung war eine Philosophie möglich, die mit dem Satz begann: Hat das Leben einen Sinn? Für einen notleidenden Egoisten findet sich sogleich wenn nicht ein Sinn des Lebens, so wenigstens das Interesse, Ziel oder Anliegen, am Leben zu bleiben. Aber dann verliert er seine neuen Kleider und steht splitternackt da.

Mitten im Krieg (der extremen Unfreiheit) stieß der egoistische Mensch auf eine seltsame, schwankende Freiheit – im Bereich der verschwommenen Grenze zwischen offenen und versteckten Formen des Zwanges. War es nicht gleichgültig, wenn jemand bestimmte Rechte und Güter nicht nutzte, da das Ergebnis ohnehin dasselbe blieb, ja sogar um so schlimmer war, je mehr Rechte und Güter einer hatte? Wer ist hier Glückspilz und wer Pechvogel? Wo sind die Karrieristen und die Behörden, in denen sie Karriere gemacht haben? Da stehen ihre geplünderten Wohnungen, während die Eigentümer auf dem Weg des Krieges voranstürmen.

Wo ist der Unterschied zwischen gedruckten und ungedruckten Büchern, wenn es keine Autoren und keine Leser mehr gibt? Und

was geht uns der katastrophale Ausgang des jahrhundertealten Dramas des Individualismus an, wenn niemand mehr Lust und Zeit hat, darüber nachzudenken? Wir haben andere Sorgen.
Während die erste Erfahrung eines Weltkriegs eine extrem individualistische Reaktion bei europäischen und amerikanischen Intellektuellen hervorrief, so konnte die zweite nur die Haltlosigkeit dieser Reaktion unter Beweis stellen. (Wehe den Egoisten und Hedonisten! Es gibt nichts Zerbrechlicheres und Schutzloseres auf der Welt.) Die zum zweiten und dritten Mal durch den Fleischwolf gedrehte Generation entdeckte die Unausrottbarkeit des sozialen Bösen und das Chimärische des einzelnen Bewusstseins. So zerfielen gleichzeitig zwei große Irrtümer, die, nur scheinbar entgegengesetzt, beide im Humanismus des 19. Jahrhunderts wurzeln.
Ein von Katastrophen gepeinigter, leidgeprüfter Mensch ist nicht imstande, an die Schönheit und den absoluten Wert der Einzelseele zu glauben. Es ist weitaus natürlicher, wenn er Ekel dieser nackten Seele gegenüber und eine bittere, nutzlose Gier nach Läuterung empfindet, nach Läuterung in einem Allgemeinen, einem unbekannten System von Zusammenhängen – in der Religion? In einem existentiellen Selbstentwurf? In einem neuen staatsbürgerlichen Bewusstsein?
Das Erleben von Allgemeinheit kann bewusst oder unbewusst, stark oder schwach sein, zum religiösen Dogma erhoben werden oder vor der eigenen Unlogik zurückschrecken. Diese Primäreigenschaft seiner sozialen Struktur erhält der Mensch zusammen mit den Zeichensystemen, die sein kulturelles Bewusstsein ausmachen, zusammen mit der Sprache (das heißt dem Denken) als Trägerin allgemeiner Bedeutungen. Der Mensch nimmt den riesigen Inhalt des Allgemeinen entgegen, um mit seinem zerbrechlichen Leben Veränderungen beizusteuern, große oder kleine – letztlich wohl kleine, verglichen mit dem gewaltigen Ganzen.
Deshalb ist das Erleben des Allgemeinen genauso real wie die

glühenden, ja tierischen Begierden des Egoismus, die sich mit ihm kreuzen, sich in demselben Menschen kreuzen (ob ein Nährboden für das eine oder für das andere geschaffen wird, hängt von der sozialhistorischen Situation ab). Auch wenn er egoistisch handelt, neigt der Mensch dazu, Handlungen – vor allem die der anderen, zum Teil aber auch die eigenen – nach den allgemeinen Normen zu bewerten. Allgemeine Normen beschwören übrigens längst nicht immer den Humanismus – nicht einmal in ihrer offiziellen, kaschierenden Terminologie. Die grausamsten und eigennützigsten Kollektivinteressen fordern auch dem Einzelnen Opfer ab, selbst das totale (der Faschismus hat das gezeigt).

Mal erscheint uns das Allgemeine illusorisch, trügerisch, alogisch, mal die Einzelpersönlichkeit. Wahrscheinlich ist jedes für sich genommen Illusion; was wir konkret erfahren, ist ihr Wechselspiel.

Charakteristisch für das westeuropäische Denken im zweiten Viertel dieses Jahrhunderts ist die Geschichte der Existentialisten. Die reine Persönlichkeit in ihrer *Existenz* befrachteten sie eilig mit der Bürde des Überpersönlichen. Die einen mit einer religiösen Legitimation des Lebens (wenn es einen Gott gibt, ist die Legitimation a priori gegeben). Die anderen mit der Ethik der französischen Résistance.

Camus schrieb den herausragenden Roman *Der Fremde*, herausragend durch die klassische Klarheit, mit der über das Leben gesprochen wird. (Im Gegensatz dazu ist *Die Pest* eine Allegorie. Wozu von der Pest reden, wenn man etwas zum Faschismus sagen will?) Zur gleichen Zeit schrieb er einen philosophischen Kommentar zum Roman, *Der Mythos von Sisyphos*, er ist nicht lang, aber weitschweifig (ebenso wie *Der Mensch in der Revolte*) und ergibt keinen Sinn.

Das Beste in diesem Traktat ist sein Epigraph, ein Zitat von Pindar: »O mon âme, n'aspire pas à la vie immortelle, mais épuise le champ du possible.«[2]

Im *Fremden* ist der Urgrund des Bewusstseins die Sinnlosigkeit, das sich regende Chaos, das Unfassbare, das dem darin verlorenen Menschen Grauen einflößt. Als nächstes kommt die sinnlich wahrnehmbare Hülle des uns zugänglichen Lebens. Die erste Stufe seiner Legitimation. Im Roman ließ Camus es dabei bewenden, im Traktat macht er von hier aus einen logisch misslungenen Schritt zur heroischen Sanktionierung des Daseins. Zu diesem Misslingen kommt es durch die Negation des Offensichtlichen – der Hierarchie, des zusammenhängenden Systems sozialer Werte, das über dem Chaos des Unfassbaren und der vagen sinnlichen Erfahrung steht. Das ist die zweite Stufe der Legitimation des Lebens. Es gibt noch eine dritte – das Absolute … Aber das betrifft uns nicht mehr.

Was kann man ohne diese Hierarchie jemandem entgegnen, der verlangt: »Nur zu, versuchen Sie zu beweisen, dass die an mich gestellten moralischen Anforderungen verbindlich sind.« Als Hauptargument gegen den Egoismus bleibt dann nur seine Zerbrechlichkeit, sein Unvermögen, den Menschen zu schützen.

Was die Philosophie des Egoismus und Hedonismus betrifft, so passt sie in keiner Weise zu unserer Zeit. Dafür wäre etwas ganz Anderes nötig – die Naivität der Sklavenhaltergesellschaft? Die Abstraktheit der Aufklärer? Die schöne Seele der Utopisten oder die Sattheit der Ästheten?

Camus ist mit seiner an die Intellektuellen gerichteten Warnung: »Ich sage euch – morgen werdet ihr einberufen!« ein Vertreter der französischen Résistance. Der Kollaborateur Giono prägte ein anderes Motto (es verursachte einen Skandal): »Besser ein lebendiger Feigling als ein toter Held.« Logisch? Ja. Doch die Logik erfordert hier unbedingt eine Weiterentfaltung. Eigentlich ist das eine Variation des biblischen Themas vom lebendigen Hund und dem toten Löwen. Aber dann muss man den Zustand des Hundes anstreben, einen tierischen Zustand, der isolierte Genüsse und nicht erinnerliche Leiden verheißt. Wer sagt: Ein lebendiger Hund ist besser als ein toter Löwe, muss letztlich sagen: Ein lebendiger Hund ist auch besser als ein lebendiger Löwe – das heißt, er ist glücklicher. Das ist ja auch der Gedanke des Ecclesiastes: »… und einem lebendigen Hund geht es besser denn einem toten Löwen.« Der Hund ist nicht besser, es geht ihm besser.[3]

Der Löwe ist kühn, die Todesbereitschaft passt zur Struktur des Löwen. Das nackte Prinzip der Verlängerung des Lebens (jeglichen Lebens) und der Mehrung singulärer Genüsse ist logisch nur möglich bei einer Verneinung von Kultur. Denn Kultur ist ein soziales Faktum, und sie ersetzt die Kategorie der Befriedigung durch die Kategorie des Wertes. Und der Begriff des Wertes impliziert denjenigen des Bezahlens. Der gesellschaftliche Mensch lebt in dem riskanten Akt der persönlichen Realisierung des Allgemeinen. Freiheit, Heimat, Wissenschaft, Kunst, Liebe, Familie, Ehre – das alles sind sehr gefährliche Dinge. Das Opfer ist hier schlicht die Bedingung für die Nutznießung. Darüber hat Hemingway *Wem die Stunde schlägt* geschrieben. Es bestreitet ja auch niemand die Voraussetzungen, die Piloten, Rennfahrer oder Bergsteiger mitbringen müssen.

Ich weiß nicht mehr, wer als Antwort auf diverse ärztliche Warnungen gesagt hat: »Es ist gefährlich zu leben – man kann daran sterben.«

Die Intellektuellen wollten sich verändern. In der Konfusion der ersten Tage wollten sie die Einsamkeit loswerden, den Egoismus, der die Angst verdoppelte. Es war eine instinktive Regung, die eine lange intellektuelle Vorgeschichte hatte: den ewigen Traum vom Überschreiten eigener Grenzen, von Verantwortlichkeit, vom Überpersönlichen. Das äußerte sich verworren in einem seltsamen Gefühl von Übereinstimmung. Der Intellektuelle musste jetzt selber das wollen, was die Allgemeinheit von ihm wollte. Die alte utopische Aufgabe (wie hatte sie Alexander Herzen fasziniert!) – ließ sie sich lösen durch eine Synthese aus Staatslogik und logischer Absurdität des Einzelnen, der seinen Wert in sich selbst trägt?

Wer nicht einberufen wurde, wollte auf der Stelle etwas tun – zum Arbeiten ins Lazarett gehen, sich als Übersetzer anbieten, einen Artikel für die Zeitung schreiben, und man meinte sogar, dass man dafür kein Honorar nehmen dürfte. Diese Absichten und Wünsche gerieten in eine Maschinerie, die für derartiges psychologisches Material völlig ungeeignet war. Mit der üblichen Brutalität und voller Misstrauen gegen den guten Willen der ihr Anvertrauten riss sie den Menschen aus dem einen Bereich heraus und drängte ihn zwangsweise in einen anderen hinein.

Nach einigen Tagen wurde im Schriftstellerverband bekanntgegeben, dass alle an einen unbekannten Ort fahren würden, um Panzergräben auszuheben oder Sperren zu bauen. Die einen gingen sofort los, um sich Krankmeldungen zu besorgen, die anderen, besonders kultivierten, sprachen verächtlich über Leute, die sich in einem solchen Augenblick für körperliche Arbeit zu schade waren.

»Wisst ihr überhaupt, was körperliche Arbeit ist?«, sagte Maximowitsch, der vor kurzem aus dem Lager zurückgekehrt war, bei dieser Gelegenheit. »Habt ihr's mal versucht? Mit dem Spaten zu graben, wenn ihr wisst, dass das, was ihr ausgrabt, nicht mal entfernt an die Norm heranreicht? Ach, dieses Intelligenzler-Gejammer … Es ist eine Qual, in der Erde zu buddeln, vor allem, weil es völlig zwecklos ist. Na, ihr werdet ja sehen …«

Wir haben es gesehen. Die Zahl der Krankmeldungen wuchs schnell. Übrigens hörte man oben bald damit auf, die Anordnung durchzusetzen. Der Mechanismus funktionierte der Form halber, er verfuhr mit dem Menschen abhängig davon, welcher Kategorie der betreffende Mensch, oder genauer: die betreffende Gesellschaftsschicht zu dem Zeitpunkt, zugeordnet wurde. In Leningrad gehörten Schriftsteller, Künstler und andere zunächst zur Kategorie derer, die freiwillig in die Landwehr eintraten. Nicht ausgebildet und fast unbewaffnet, warf man sie umgehend frischen deutschen Truppen entgegen. Alle fielen. Bald darauf wurden Schriftsteller, Künstler und Wissenschaftler zur Goldreserve, die man evakuieren und behüten musste. Schostakowitsch wurde zuerst aufs Dach geschickt, um Brandbomben zu löschen, und später in einer Sondermaschine aus Leningrad ausgeflogen. Auf das eine wie auf das andere war man sehr stolz. Von Schriftstellern und ähnlichen Leuten wurde bald dasselbe verlangt wie immer, nur in größerem Ausmaß.

Die Front lebte nach ihren eigenen Gesetzen. Dort gab es Befehle, die ausgeführt wurden oder nicht, oder es gab das Warten auf Befehle. Das tiefe Hinterland hatte ebenfalls seine Routine. Dort produzierte man Kanonen oder Brot; dort konnte man den Krieg auch unverhohlen aussitzen. Doch im frontnahen, unter Beschuss liegenden Hinterland, wo es (für Zivilisten) fast nichts zu tun gab, bildete sich eine seltsame Wirklichkeit heraus, die in manchen Zügen der Wirklichkeit des Jahres 1937 ähnelte.

Die einen wie die anderen hatten ihre festen Zeiten. Die einen flogen ihre Angriffe anfangs zu festgesetzter Stunde; die deutsche Pünktlichkeit war Bestandteil der psychologischen Kriegsführung (was wir wollen, machen wir auch). Die anderen waren weniger pünktlich; es hieß aber, sie kämen selten später als vier Uhr morgens. Von vier Uhr morgens bis zum Abend bildete der Mensch sich ein, er sei in Sicherheit. Diese eingebildete Atempause rettete vermutlich viele vor dem Wahnsinn.

In der Dunkelheit, in der Stummheit – Warten auf das Schrillen der Klingel, die mit dem Fleisch herausgerissen wird,[4] oder auf die Abfolge der miteinander verknüpften Geräusche, die den Beginn eines Bombenangriffs ankündigen. Die Ungewissheit am Morgen … Allmählich stellt sich heraus – ein Volltreffer auf das Eckhaus. Allmählich stellt sich heraus – in der Nacht hatte man aus dem Bekanntenkreis Soundso und Soundso verhaftet. Früher haben sie verstärkt das Zentrum bombardiert, zum Beispiel die Mochowaja, oder sie haben versucht, das Rundfunkkomitee zu treffen. Aber schauen Sie mal, jetzt haben sie es eindeutig auf die Wyborger Seite abgesehen. Schauen Sie nur, es sind jetzt schon anderthalb Wochen, dass die das Zentrum systematisch meiden. Bei uns im Zentrum kommt jetzt vielleicht gar nichts mehr. – Ach, natürlich ist das vorgeschoben. Aber warum ausgerechnet so? Das ist doch kein Zufall. A. hatte Kontakt zu gewissen Leuten ... B. war unvorsichtig, hat geplaudert. Und, wissen Sie, C. hat diese Verwandten. Wenn man keine solchen Verwandten hat und nicht plaudert – vielleicht passiert einem nichts. – Das Zentrum haben sie immerhin in Ruhe gelassen. Gut, Zufallstreffer gibt es natürlich ...

Ein hirnzersprengendes Gewirr.

Kann man leben, wenn sie nur fünfzehn Kilometer entfernt stehen? Oder wenn man abends nicht weiß, wo man am Morgen sein wird? Doch die Gesellschaft lebte und fand dadurch zu einem entsprechenden Alltagsverhalten.

Die Unfreiheit des Krieges leuchtet besonders dort ein, wo sie reglementiert ist. Ein Zivilist im frontnahen Hinterland arbeitet nicht oder nur der Form halber (die noch funktionstüchtigen Fabriken und medizinischen Einrichtungen waren mehr oder minder militarisiert), weil er nichts zu produzieren hat. Die Blockade gab dem nicht benötigten Menschen die Möglichkeit, sich mit der Erhaltung des eigenen Lebens zu befassen. Das war erlaubt, war legitim.

»Was tun Sie da eigentlich?«, fragte man im Blockadewinter Professor R., der in Leningrad festsaß. Er gab zur Antwort: »Ich esse zu Mittag.«

Ein seltsames, tiefes Abbild der früheren Wirklichkeit, ihrer Unfreiheit und ihres Egoismus. Doch der Mensch, der die Sinnlosigkeit egoistischer Qualen durchlebt, weiß bisher nichts vom Sinn seines Handelns, weiß nicht, dass alles, was er tut, noch eine zweite Bedeutung hat – er bewahrt und rettet das verlöschende Lebensfeuer in sich. Er weiß nicht, dass sein Wille zur Selbsterhaltung auf einer anderen, historischen Ebene dem gewaltigen, vielteiligen Ganzen des kämpfenden Landes dient.

## *Erstarrung*
## *(Bekenntnisse eines überlebenden Dystrophikers)*

Diese psychologische Episode habe ich auf der Grundlage von Erzählungen verschiedener Blockademenschen über ihre Blockadeerfahrungen (in der Ich-Form) rekonstruiert.

Ich saß, den Stuhl dicht herangerückt, an meinem ehemaligen Arbeitstisch, eingeklemmt zwischen Tischkante und Stuhl – erstarrt. Man hatte mich beauftragt, eine dringende Übersetzung anzufertigen. Der Impuls reichte aus, um die Feder übers Papier zu führen. Aber ich dachte schon mit Widerwillen daran, dass ich sie, die Feder, demnächst eintauchen oder das Blatt umdrehen müsste. Wenn ich mich zum Tischende hätte recken müssen, um die Rasierklinge zu nehmen und den Bleistift anzuspitzen, schrieb ich lieber mit dem stumpfen Bleistift weiter, oder ich benutzte einen Bleistift statt der Feder, um nicht die Hand nach der Feder auszustrecken. Das lag nicht an der Erschöpfung, auch nicht an der Auszehrung, mit der es langsam besser wurde. Viele Monate hatte das Rennen im Kreis gedauert. Der Frühling brachte eine Art Innehalten oder eher eine Verlangsamung. Und mit der Verlangsamung kam die Krankheit der körperlichen Trägheit – eine spezifische Lähmung des Willens.

Am leichtesten waren Handlungen, die von der übermächtigen Erfordernis des Moments oder dem Selbstlauf gewohnter Situationen hervorgerufen wurden. Es war psychisch einfacher, machbarer, zum Mittagessen ans andere Ende der Stadt zu laufen oder einen Eimer Wasser die Treppe hochzuschleppen, als die Hand nach dem Bleistiftspitzer auszustrecken. Beim Gang zum Mittagessen trieb uns der mächtige Anreiz, etwas zu erbeuten; Eimerschleppen, Brennholzmachen wurde von einer Gewohnheit in Gang gesetzt, die kein Eingreifen des Willens erforderte. Jeder Gegenstand, der nicht zur täglichen Routine gehörte, erforderte jedesmal eine neue Beziehung zwischen sich und

dem Willen, der auf ihn einwirkte. Und das war jedes Mal eine Qual. Der Wille verkrampfte sich und erstarrte aus Furcht vor Kontakt, vor der geringsten Bemühung, auf eine Welt einzuwirken, die zur Quelle ewiger Leiden geworden war.
Briefe vom Festland beantwortete ich nicht. Aus vielen psychischen Gründen. Vor allem aber, weil es notwendig gewesen wäre, einen Umschlag zu organisieren (in den Läden gab es keine), eine Briefmarke zu kaufen und zum Postkasten zu gehen. Das waren marginale Tätigkeiten, doch sie liefen nicht mechanisch ab, hatten sich nicht durch Gewohnheit eingeschliffen und erforderten deshalb eine Willensanstrengung.
Automatisch waren dagegen die hoffnungslosen Tätigkeiten, die auf die Befriedigung von unablässig und monoton wiederkehrenden Bedürfnissen abzielten. Es war manchmal schwer, mit diesen Tätigkeiten anzufangen, schwerer, als sie – bei aller physischen Beschwerlichkeit – dann durchzuführen. So musste man zum Beispiel, bevor man sich durch die Hindernisse der feindlichen Welt den Weg zum Mittagessen bahnen konnte, noch die Einmachgläser auswaschen (in ihnen nahm man etwas nach Hause mit), musste sie mit steifgefrorenen, vom Wasser angeschwollenen Fingern sauberreiben. Schon wieder? Wie ekelhaft! Ich kann nicht! Doch die Anstrengung des Anfangs ist geschafft. Der Ekel schwindet, und ich gebe mir schon Mühe, die Glasränder möglichst sorgfältig mit den Fingern abzureiben.
Die Trägheit war eine Erkrankung des Willens, ihre Symptome waren Abscheu und Angst vor jedem Kontakt mit der Welt.
*Und die Welt wendet uns*
*ihre Kehrseite zu …*[5]

Uns wandte sie ihre leidvolle Seite zu. Am Ende des Winters 1942 war längst nicht mehr alles, was wir erlebten, leidvoll, doch das Bewusstsein war angegriffen durch das Warten auf das Leiden und die unbewältigte Gewöhnung daran.
Der Krieg war hauptsächlicher Inhalt dieser Welt, war ihre totale

38

Как бы его ни трактовать – метафизически или позитивно и социально – оно невыводимо

из единичного человека;но личная реализация общезначимых ценностей для единичного человека условие утверждения его собственной ценности.

Ницше,прошедший основательную школу позитивизма, соответственным образом подходил к вопросу образования ценностей,по крайней мере прежних, переоцениваемых.В итоговом произведении "Воля к власти" он писал:"Мы вложили в него <в мир> наши цели и ценности;мы накопили благодаря этому в себе колоссальную скрытую массу силы,но при сравнении ценностей обнаруживается,что ценными считались самые противоположные вещи,что существовало много таблиц благ (следовательно ничего "ценного в себе").

При анализе отдельных таблиц благ выяснилось,что установка их есть закрепление условий существования ограниченных групп / ... в интересах своего сохранения".

Система ценностей,разумеется,не находит прямое и полное выражение в практике поведения человека

*Aus einem der vielen Textstücke, die nicht in den Komplex* Aus dem Umkreis der »Aufzeichnungen eines Blockademenschen« *eingegangen sind.*

Wirklichkeit. Die faktische und psychologische Totalität des Krieges ließ nicht mehr die Schleichwege offen, die es in früheren Kriegen gegeben hatte. Jeder, der nicht unmittelbar am Krieg teilnahm, wusste (ungeachtet aller möglichen Argumente), dass er von der allgemeinen Wirklichkeit ausgeschlossen war. Er konnte natürlich der Meinung sein, dass das eigene Leben wichtiger sei als die historische Wirklichkeit, doch er wusste, die Wahl war getroffen.

Die Dystrophie war Ausgeschlossensein in höchstem Maße und befreite sogar von der Wahl. Sie befreite von moralischer Unruhe, denn wir Dystrophiker wussten, dass wir Kriegsopfer waren, doch wir wussten damals noch nicht, dass auch wir das Allgemeine waren, wenn auch nur als trübes Abbild. Dass der Feind mich vernichten wollte und ich lebte, dass der Feind die Stadt vernichten wollte und die Stadt lebte und ich ein fast unbewusstes Element ihres Widerstand leistenden Lebens war.

Das wussten wir nicht. Die Dystrophie ließ dem Menschen eine schützende Teilnahmslosigkeit, unter deren Schleier er leichter sterben konnte. Sie stellte den Menschen Auge in Auge der unverhüllten ursprünglichen Dualität von Befriedigung und Leiden gegenüber.

Winter – das bedeutet glitzernde Schönheit, leichtes Atmen und lustiges Feuer, weicher Schnee, weicher Pelz ... Ein nicht bezwungener Winter – das bedeutet Finsternis, gefrorene und bleischwere Eimer, es bedeutet Kälte, unablässige Kälte, die ins Herz schneidet. Die Mittel, mit denen die Welt der Dinge bezwungen werden kann – Liebe, Wissen, Konstruktionen –, waren im Chaos und Zerfall der Gegenstände der Zivilisation verlorengegangen.

Doch ich hatte die Dystrophie ja überlebt, und die Möglichkeit zu denken kehrte zu mir zurück. In Gedanken teilte ich die Erscheinungen der Welt nach eigenem Gutdünken ein. Doch ich wollte keinesfalls eine körperliche Berührung mit ihr. Jede Be-

rührung der überreizten Haut oder Seele tat weh. Die schweren Leiden des Winters waren allmählich zu einer permanenten Überreizung der Nerven geworden.
Ich trug meine Fernbrille nicht ständig. Wenn ich sie aufsetzte, liebte ich das Festliche des Übergangs. Plötzlich rückte die Welt näher und flammte auf; diese Leuchtkraft, die die Konzentration störte, konnte man auch wieder dämpfen. Doch eines Tages im Frühling – die Straßenbahnen fuhren gerade wieder – wurde mir in der Bahn die Brille zerdrückt (ich hatte sie in die Manteltasche gesteckt). Ein Rezept hatte ich, aber es stellte sich heraus, dass man keine Gläser bestellen konnte. Es gab kein Glas. Und die Welt verschwamm, erlosch. Ich ging an den unvergesslichen Leningrader Ensembles vorüber und konnte ihnen nicht die leicht künstlich wirkende schillernde Klarheit wiedergeben, die ich in jenem Leben so geliebt hatte. Das machte mich gereizt. Die Gereiztheit nahm derart zu, dass ich mein volles Sehvermögen überhaupt nicht mehr wiedererlangen wollte.
Noch qualvoller war es mit den Schuhen. Den zerrissenen Überschuhen. Frühling zum Beispiel – das hieß vor allem nasse Füße, ständig nasse Füße. Hatte man endlich sein Ziel erreicht und sich hingesetzt, kam es einem vor, als trüge man weder Socken noch Schuhe, als wären die Füße mit schwerem, aufgequollenem Gummi überzogen. Die Schuhe (neue ließen sich nicht auftreiben) waren schiefgetreten, hart geworden, man lief wie auf Huckeln. Ich ging, den Kopf gesenkt, und dachte über meine Füße nach. Gerade die Füße stellten den direkten physischen Kontakt zur Welt her. Einen widerwärtigen Kontakt.
Ich begriff, was es heißt, auf beiden Füßen zu hinken – das tut man, wenn keiner der beiden Füße das Gewicht des Körpers tragen kann. Irgendwann, in jenem Leben, habe ich beim Gehen gerne nachgedacht. Ich mochte den doppelten, sich ergänzenden Rhythmus von äußerer und innerer Bewegung. Ich hörte gerne mein Atmen, während ich auf Straßen und Wegen durch die Welt ging. Auf unseren Wegen mit ihrer herrlichen Gleichförmigkeit,

die das blinde Verlangen weckt, immer weiter und weiter zu gehen … in der stets trügerischen Erwartung, hinter der nächsten Biegung zeige sich endlich etwas … Mit einer unerklärlichen und unlogischen Selbstverachtung dachte ich jetzt daran, wenn ich langsam daherhumpelte.

Das Leben war durchsetzt von Gereiztheit, Entwürdigung. In manchen Kantinen, in den Behörden gab es fürchterliche Toiletten, ohne Wasser. Vor der Toilette stand man Schlange. Die Menschen machten keinen Hehl daraus, dass sie nicht die Kraft hatten zu warten (ein Symptom der Dystrophie). In der Redaktion, wo ich arbeitete, gab es nur eine Toilette. Die Mädchen, ganz normale junge Mädchen ohne jede Absicht, anzüglich zu sein, riefen dem auf der Toilette sitzenden Mann zu, er solle endlich herauskommen. Und der (junge) Mann hinter der Tür antwortete ungerührt, auch er ohne beabsichtigte Anzüglichkeit: »Ja, wie denn, soll ich ohne Hose zu euch rauskommen?«

Auch das Essen war von zahlreichen enervierenden Bedingungen umstellt. Während des großen Hungers hatten die Impulse, die einen zum Essen trieben, alles Enervierende überlagert. Jetzt war das anders. Das fing mit dem Einkaufen an. Im Geschäft war es immer dunkel und feucht. Die Füße waren nass und schmerzten. Und ich war von einer katastrophalen Unfähigkeit, mit all den Dingen zurechtzukommen, die man gleichzeitig in der Hand halten musste. Verwundert und neidisch beobachtete ich, wie leicht und geschickt Frauen mit Täschchen und Taschen hantierten. Ich konnte das nicht. Man musste die Brieftasche hervorkramen, aus der Brieftasche, hatte man sie endlich gefunden, die notwendige Lebensmittelkarte ziehen (ohne dabei die anderen Karten, mit denen sie zusammenlag, fallen zu lassen). Dann das Geld. Von hinten wurde gedrängelt, und ich schaffte es nicht, das Wechselgeld einzustecken. Geld, Karte und Brieftasche in der Hand, ging ich zum Ladentisch. Die unter den Arm geklemmte Aktentasche rutschte unaufhaltsam nach unten. Ich war sicher, dass man mir die Handschuhe stehlen würde, sobald

ich sie in die Manteltasche steckte. Wenn ich sie aber nicht einsteckte, hatte ich absolut keine Hand mehr frei, um das Einkaufsnetz zu öffnen, in dem die 300 Gramm Heringe Platz finden sollten. Schließlich türmte sich alles in meinen Händen: Aktentasche, Brieftasche, Einkaufsnetz, Wechselgeld, Handschuhe, Lebensmittelkarte – die hielt ich mit aller Kraft fest – und die von der Verkäuferin unordentlich in Papier gewickelten Heringe. Voller Widerwillen drückte ich das alles zusammen, presste es an mich und humpelte in die Ecke zu einem unbenutzten Ladentisch, um es dort abzuladen und zu sortieren; dabei warf ich ab und zu einen Blick über die Schulter, um zu sehen, ob sich nicht irgendwer an mich heranpirschte.
Die feindliche Welt bedrückte den Körper, seine wunde, überanstrengte Oberfläche. Und der Körper – der Vorposten der Welt – bedrückte das Bewusstsein. Von allem anderen einmal abgesehen, wurde in dieser Welt geschossen. Und seltsamerweise wurde dieser Umstand jetzt weniger an sich, nämlich als Todesgefahr wahrgenommen, sondern eher als Gereiztheit, die die Gefahr mit sich brachte. Schon wieder muss man von der Straße weg … Die lassen einen nicht in Ruhe zu Mittag essen. Bloß nicht wieder mit nassen Füßen und vollem Einkaufsnetz in der Toreinfahrt stehen. Zum Teufel …!
Die Welt bedrückte das überanstrengte, wunde Bewusstsein. Am besten ging es ihm noch, wenn es in Erstarrung verharrte. War das Zimmer warm, so hatte die Erstarrung nichts Beklemmendes. Doch hinter dem Fenster lag, in seltsamer materieller Nähe und in unermesslicher geistiger Entfernung, die Welt mit einer Vielzahl von Dingen, die ich einmal geliebt hatte. In nächster Nähe, hinter den blinden Fenstern lag die Stadt, die gepeinigte Stadt, von der mir eine Trennung auch jetzt noch schwerfiele. Schwerer als von den Menschen, die die Stadt verlassen hatten. Ich liebte die Stadt mit all ihren berühmten Symbolen, ihrem Nebel und Schneematsch, ihrem Brandgeruch und Wind. Besonders diesen Wind … Ich wusste, wie sehr ich meine Stadt lieben

konnte – die leeren Straßen, die Schneewehen in den Grünanlagen, die versehrten Häuser ... Aber jetzt war ich eine wunde Oberfläche, und ich bat die Stadt, mich nicht zu berühren.
Ich hatte mich daran gewöhnt, auf die Außenwelt zu verzichten. Als mir ins Bewusstsein drang, dass der Himmel blau ist, dass da Knospen sind und Blätter sein werden, die im Wind rauschen, erschrak ich, ich fürchtete mich vor der neuen Jahreszeit, die für die Erstarrung eine Bedrohung darstellte. Wie irrsinnig fürchtete ich mich davor, dass alles zu Ende ginge. Dann würde ja die seltsam einfache, auf ein Minimum reduzierte Existenz zu Ende gehen, die ich führte, diese qualvolle und extrem erleichterte Existenz. Und das komplizierte, schwer wiederaufzubauende normale oder scheinbar normale Leben mit all seinen anstrengenden Wünschen würde wieder anfangen. Jetzt war Erstarrung. Eine Welt, erloschen wegen der zerbrochenen Brille, unbegehbar wegen der schiefgetretenen Schuhe. Eine Welt ohne Liebe. Ich saß da in stiller Erstarrung, und jegliche Liebe, vergangene oder künftige, schien mir eine maßlos mühselige Angelegenheit zu sein.
Ich litt an einer speziellen Blockadekrankheit, der Willensschwäche. Und der einzige ersehnte und zulässige Ausweg, der sich meiner Phantasie bot, war eine gewöhnliche, frühere menschliche Krankheit. Das Bett zu hüten war aus vielerlei praktischen Gründen unmöglich. Aber eine Krankheit, eine gewöhnliche Krankheit wäre der Idealzustand gewesen. Das schlaftrunkene, vom Fieber getrübte Bewusstsein hätte alle Reaktionen auf die Forderungen der feindlichen Welt aufgeschoben. Eine Krankheit hätte die Erstarrung absolut gerechtfertigt.
Die Krankheit brach schließlich aus, und da lösten sich die unüberwindlichen Hindernisse des Alltagslebens unversehens in Wohlgefallen auf. Da gab ich mich begierig der Krankheit hin; und es schien sogar, als würde ich dessen niemals überdrüssig. Am schlechtesten erträgt der Mensch das Fehlen von Zielen. Doch die Krankheit schuf eine sonderbare, einzigartige Kombi-

nation von Erstarrung und unablässiger Zielstrebigkeit, die gleichsam unablässig zum Ziel führte. Das Fieber erforderte entspannte Reglosigkeit, die Abtrennung von der fürchterlichen Welt. Das Erfordernis war unmittelbar, war physisch spürbar, und ihm nachzukommen war an sich schon zielstrebig. So fiel der Fieberzustand, der schwere Schlummer (Schlummer bedeutet besonders genießerisches Schlafen, weil er wahrnehmbarer, bewusster Schlaf ist), mit dem Empfinden zusammen, eine notwendige, wenngleich negative Handlung zu vollziehen.

Ich lag, und von mir fielen alle Entfernungen ab, die ich mit wunden Füßen zurückgelegt hatte, alle Räume, die mich von Wasser, Brennholz, Brot getrennt hatten. Ich lag, und mir gefiel es, die Erstarrung bis zum Äußersten zu treiben. Durch die Reglosigkeit erreichte ich das allmähliche Verschwinden meines Körpers. Der zuwider gewordene, feindselige, leidende Körper machte sich nicht länger bemerkbar. Etwas Ähnliches erlebt ein Schwimmer, wenn er mit geschlossenen Augen auf dem Wasser liegt, ohne das Wasser noch zu spüren, und ihm von allen Empfindungen nur die des eigenen tiefen Atmens bleibt.

Die Empfindung des Atmens war auch mir geblieben. Schlummernd verfolgte ich lange, wie der Atem, in der Tiefe gebildet, anschwoll und nach oben strömte, als würde etwas für sich Existentes, etwas singulär Existentes sich den Weg durch den unempfindlichen Körper bahnen.

Einer beglückenden vollständigen Entfremdung des Körpers stand das Herz im Wege. Auf der linken Seite kamen manchmal unangenehme, ziehende Empfindungen auf. Ich bemühte mich dann, die linke Schulter und den Arm besonders flach und reglos hinzulegen. Das Herz hinzulegen. Aber das Herz musste arbeiten. Es war unschön, daran zu denken, dass man das Herz nicht vorübergehend anhalten konnte, dass es seine sich selbst verzehrende Tätigkeit immer weiter betrieb. Wie lange konnte das noch dauern? … Doch das Herz machte sich ja nicht ständig bemerkbar.

So schaukelte ich auf den Wellen der Krankheit hin und her. Und ich wusste, ohne darüber nachzudenken, dass Dystrophiker so in einen leichten Tod hinübergleiten. In einen Tod ohne Widerstand. Einen Tod ohne das Erstaunen: Da lebte ein Mensch, und jetzt ist er nicht mehr da! Unglaublich! Doch, sogar sehr, sehr glaubhaft. Glaubhafter als alles andere. Ein Tod, der keine Spur vom Leben übriglässt. Es ist wie weggeblasen.

*Spurlos ist alles – nicht zu sein so leicht …*[6]

Ganz und gar nicht wie Iwan Iljitsch. Nicht wie Lew Nikolajewitsch.[7]
Aber das Leben kam langsam wieder zum Vorschein, mit seinen davongekommenen Wünschen. Mit dem Willen zu leben und der Bereitschaft zu tödlichem Risiko, die durch die Erstarrung hindurchschimmerten.

## *Ausschnitte eines Blockadetages*

### I. HAST

N. verstand nicht sofort, warum jeden Tag ab ein Uhr an seinem Arbeitsplatz ein seltsamer krankhafter Zustand von ihm Besitz ergriff. Dann kam er dahinter – es war die Hast, einer der Werwölfe des Hungers bzw. des Hungertraumas. Als Maske des Hungers besteht die Hast im unablässigen Streben von einer Essensetappe zur nächsten, begleitet von der Angst, etwas zu verpassen. Die Hast ist vor allem mit dem Mittagessen verbunden. Das Mittagessen wird von einer bürokratischen, teilnahmslosen Instanz zugeteilt. Das heißt, sie hat für alles objektive Gründe (sie hat sie tatsächlich, und sie sind tatsächlich objektiv). Aber wenn es nun nicht reicht? Im Winter hatte einige Male die Kascha nicht für alle gereicht.
Jetzt bekommt man in der Kantine alles, was einem zusteht. Jetzt

ist die Hast eine Widerspiegelung der Psyche, das Rennen von einem ziellosen Ziel zum nächsten. Die Ziele sind auf einem Kreis angeordnet, der in seiner Wiederholbarkeit nirgendwohin führt.

Die Motivierung durch ein gewöhnliches Hungergefühl – das ist etwas Heilendes, Beruhigendes. Genau um diese Zeit verstärkt sich das Gefühl. Doch der traumatisierte Mensch kann das Verlangen zu essen schlecht aushalten; es erzeugt seinerseits Sehnsucht und Angst. N. ist jetzt fixiert auf den Wunsch zu gehen (er hat keine feste Arbeitszeit). Er redigiert ein maschinengeschriebenes Manuskript und hangelt sich mit Mühe von Zeile zu Zeile. Am unangenehmsten ist es, eine Korrektur vom ersten Exemplar ins zweite und dritte zu übertragen. Ein dreifaches Ausbremsen des Rennens. Mittlerweile ist es wieder notwendig, die äußeren Formen zu wahren, und das tut er, indem er sorgfältig seine Bewegungen verlangsamt. Leichthin sagt er:

»Geben Sie das weiter. Ich muss jetzt unbedingt los. Gegen vier Uhr bin ich wieder hier, falls nach mir gefragt wird …«

Jemand erkundigt sich:

»Gehen Sie zur Kantine?«

»Ja, das heißt, dahin auch. Vorher hab ich noch was zu erledigen.«

Nur nicht die Hast erkennen lassen.

Die Sekretärin sagt munter:

»Wissen Sie, es wäre wundervoll, wenn Sie mir noch schnell dieses Schreiben aufsetzen könnten.«

Aus der Perspektive der Sekretärin bedeutet das einen Aufschub von ein paar Minuten. Sie versteht nicht, das liebe Mädchen, dass sie mit dem inneren Rennen des traumatisierten Bewusstseins kollidiert und dass das schmerzt.

N. kann jetzt keine einzige verzögernde Bewegung mehr machen. Er kann nicht zu seinem Tisch zurückgehen. Er bittet die Sekretärin um ein Blatt Papier, obwohl er Papier in seiner Aktentasche hat, doch dafür müsste er die Schnalle der Aktentasche öffnen. Er greift nach der erstbesten, kaum noch schreibenden Feder, setzt sich kurz irgendwo hin, schreibt diese paar Zeilen in einer Schrift, die nicht seine eigene ist, und gewinnt damit eine Minute. Er schreibt und überlegt, dass er gleich noch das Verlassen der Behörde hinter sich bringen muss, die Straßenbahn, die Schlange vor der Kontrolle, die Schlange in der Kantine, die Schwerfälligkeit der Frau an der Essensausgabe ... Und angesichts dieser Abfolge beschwerlicher Handlungen erweist sich das, weswegen sie vollzogen werden – eine Portion Suppe und 200 Gramm Kascha –, als etwas unfassbar Kurzes und Flüchtiges.

Nach der Straßenbahn ist die noch zu Fuß zurückzulegende Entfernung besonders widerwärtig. Unterwegs begegnet man Menschen, die aus der Kantine kommen. Es ist schwer, auf die Frage: »Was gibt's heute?« zu verzichten, aber man will darauf verzichten, um sich nicht auf einen Schlag alle Erwartungsmöglichkeiten zu nehmen. Es lassen sich auch Schlussfolgerungen daraus ziehen, wie die Leute ihre Handtaschen, Blechkannen oder Aktentaschen halten. Hinter der Ecke ist schon die stets angelehnte Eingangstür zu sehen. Nichts (auch kein Artilleriebeschuss oder Fliegeralarm) kann einen jetzt noch daran hindern, das Gebäude zu erreichen und zu betreten. In der Tiefe des dunklen Flurs schimmert Licht; manchmal sieht man dort den kahlen Kopf des Kantinenwirts vorbeihuschen – das erfreuliche Zeichen für eine Extrazuteilung. Manchmal glänzt dort trostlos die glatte Fläche der Theke.

Im Winter (besonders vor der allgemeinen Evakuierung) standen hier, vor der Kontrolle, die Menschen stundenlang Schlange. Sie standen fügsam da. Es schien nur natürlich, dass man für das Mittagessen, das vor dem Hungertod bewahrte, alle Kräfte mobilisierte. Außerdem standen die Menschen nicht im Frost, sondern nur im kalten Flur. Jetzt ist es vor der Kontrolle fast leer – und darum sind alle in so schrecklicher Hast. Jeder will, während er mit Lebensmittelkarten, Münzen, Passierschei-

nen hantiert, den Damm aus drei oder vier sich langsam vorwärtsbewegenden Rücken durchbrechen; jeder muss, um sich zu beruhigen, so schnell wie möglich seine Essensmarken in die Hand bekommen (dass die Frau an der Ausgabe sie bloß nicht verliert ...) Das alte Trauma ist am Werk.
Heute betritt man eine dem Anschein nach zweitklassige Kantine (eine Nachahmung normaler Lebensformen) mit vertrockneten Blumentöpfen auf den Tischen, angeschmutzten Tischdecken und fast sauberem Personal. Man merkt nicht sofort (im Winter hat man alles sofort gemerkt), dass die Menschen hier mit etwas Tragischem beschäftigt sind. Begreiflich wird das, wenn man beobachtet, wie schnell sie ihre Löffel ablecken (die Teller abzulecken ist nicht mehr üblich), wie sie ihren schräg gehaltenen Teller auskratzen, wie sie mit dem Finger die Kascha vom Rand des Einmachglases abstreifen, wie sie vor dem aufgetragenen Essen verstummen und es aufmerksam betrachten, wie ihre Blicke automatisch den Bewegungen der Frau an der Essensausgabe folgen.
Von allen Mahlzeiten hat das Mittagessen am wenigsten Ähnlichkeit mit seinem Namen. Die Suppe erfüllt noch nicht mit Hoffnungslosigkeit. Sie schmeckt nicht so gut, und die Portion ist größer; und vor allem ist sie der erste Gang. Das Traurigste am Mittagessen ist das Essen der Kascha; ein extrem kurzer Akt, so kurz, dass sich Anfang und Ende in ihm berühren. Zwei Schwünge mit dem Löffel genügen, um in dieser runden, auf dem Teller ausgebreiteten weichen Masse mit der kleinen Mulde in der Mitte, in der zehn Gramm dunkelgoldenes Fett schwimmen, eine nicht wiedergutzumachende Zerstörung anzurichten.

Die Traurigkeit über den geleerten, von der Kascha fettigen Teller kennzeichnet das Ende der Zielstrebigkeit vor dem Mittagessen. Hier beginnt die Flaute des Blockadetages. Das Phänomen der nachmittäglichen Flaute enthält nichts, was es nicht auch früher gegeben hätte. Ein richtiges warmes Essen (nicht das, was der Mensch in der Mittagspause verschlingt) war immer ein Wendepunkt. Das späte Essen gegen sieben Uhr abends war schon der direkte Übergang zur Abenderholung. Frühe Mittagessen zerschnitten den Tag. Tschechow versicherte, man könne nur bis zum Mittagessen arbeiten. Das Mittagessen erzeugt nicht nur Trägheit und Schläfrigkeit, sondern auch das Gefühl, der Tag werde hinfällig und alt, sei erschöpft, liege im Sterben. Die folgenden Stunden waren für viele herrenlos und zogen sich irgendwie hin, bis endlich der Abend mit seinen eigenen Gesetzmäßigkeiten und Zielen Gestalt annahm.

Jetzt, da die Menschen wieder wie in der Vorzeit von Tagesablauf, Temperatur, Licht abhängig sind, ist das Gefühl vom Sterben des Tages besonders konkret. In der Zeit der weißen Nächte hält sich das Wintertrauma, schrecklich zäh wie alle Traumata des letzten Winters. Das Übersättigungsgefühl wird heute in der Depression nach dem Mittagessen durch die Enttäuschung, die Kränkung ersetzt, die von dem schnell verflogenen Mittagessen ausgeht.

Der Blockadekreis besteht aus wiederkehrenden, sich erneuernden Ausschnitten. Mit der gleichen Regelmäßigkeit wie alles übrige – wie die Artillerieangriffe zum Beispiel – stellt sich auch die Schwermut nach dem Mittagessen ein. Das Bewusstsein ist kurzfristig frei und öffnet sich der Schwermut, und plötzlich wird klar, was zu anderen Zeiten im Nebel liegt. Mit beklemmendem Schmerz wird die Ziellosigkeit der Ziele klar, die Wiederholbarkeit der zum Rennen gehörenden Gesten. Ganz besonders aber das Abgetrenntsein. Das Abgetrenntsein von denen, die evakuiert wurden, die auf dem Festland sind. Sie sind unvorstellbar, ihre Existenz ist unwirklich. Das Abgetrenntsein von denen, die neben einem herrennen …

N. geht langsam zu Fuß von der Kantine zur Behörde zurück. Rechts, ganz hinten in einer Gasse, schimmert die Newa. In der Stunde der Schwermut muss man dem ausweichen, darf nicht daran rühren. In diesem Sommer sieht N. nur, wenn er über die Brücken fährt, von der Straßenbahn aus die feierliche Newa mit ihren Kriegsschiffen. Kein einziges Mal hat er den sonnenwarmen Granit angefasst, auf einer der halbrunden Bänke gesessen, von dort aus über die Stufen das Wasser erreicht, das sich unerwartet intim und stofflich – mit Sand auf dem Grund und dem Geruch nach Fisch – inmitten des dekorativen Flusspanoramas ausbreitete.

Die Biegung der Fontanka mit dem alten Haus. Hier war N. oft zu Besuch gewesen. Die Menschen, die er besucht hatte, waren evakuiert. Er war immer sehr spät hierhergekommen, war viel später aufgebrochen, als er jetzt schlafen ging. Dort hatte es immer Wodka und eine Kleinigkeit zu essen gegeben. Seltsam … Die Menschen saßen da, redeten und redeten. Sie lasen einander vor. Fragten achtlos: »Was ist? Trinken wir jetzt Tee oder lesen wir erst zu Ende?«

»Natürlich lesen wir erst fertig …«

Die Besuche, das Abendessen, das den Gesprächen zuliebe ständig aufgeschoben wurde. Oder dieser Wind und im Wind der ewige Lauf der an die Zweige gefesselten Blätter – das alles gehört in jenes Leben. Doch die Schwermut geht noch einen Schritt weiter. Sie will nicht mehr zurück. Sei es, weil jenes Leben ein völlig anderes, ein bis zur Irrealität unbegreifliches war, sei es, weil es umgekehrt dem jetzigen zu sehr ähnelte – wie ein Zerrbild.

Ohne sich umzusehen, in Gedanken versunken, geht N. von der Kantine zur Behörde. Plötzlich dringt der bekannte dumpfe, dröhnende Knall in sein Bewusstsein. Und sofort wird ihm klar,

dass das nicht der erste war, dass da schon einige gewesen waren. Ein Artillerieangriff, bislang offensichtlich auf einen anderen Stadtteil. Jetzt sieht N. sich um. Wäre nicht dieses Dröhnen, käme man nicht darauf, was gerade passiert. Die Passanten gehen mit Leningrader Gelassenheit ihren Angelegenheiten nach – einer Verhaltensnorm, die für die Menschen hier absolut verbindlich ist. Sie gehen die Straße entlang (solange man sie nicht in Torwege gejagt hat), tragen Aktentaschen, Essgeschirre und Einkaufsnetze, stehen Schlange, unterhalten sich und rauchen bei ihrem Nachbarn eine Papirossa an. Man hört Äußerungen.
»Anscheinend schießen unsere.«
»Na, Sie gefallen mir – unsere!«
Oder: »Das war 'n Mordsding!«
Das wiederholte Dröhnen weicht nicht mehr aus dem Bewusstsein. Und wie immer, wenn er es hört, hat N. das verrückte Gefühl, dass die Erscheinungen gewissermaßen umkippen, sich verkehren. Ein Durcheinander in den Kategorien Zeit und Raum. Das Pfeifen der Granaten über dem Kopf ist schrecklicher, doch leichter zu begreifen. Es zeugt von räumlicher Präsenz – sie sind jetzt wirklich hier, über dem Kopf – und zeitlicher Ausdehnung (Dauer des Pfeifens). Etwas ganz anderes ist das Geräusch einer entfernten Detonation. Das ist etwas unfasslich Gegenwärtiges, das, ins Bewusstsein gedrungen, bereits zu Vergangenem geworden ist. Eine verkehrte Reihenfolge: erst kommt das Geräusch, dann die Angst vor dem, was bereits nicht geschehen ist. Dann Stille, und in dieser kurzen Stille entscheidet sich erneut die Frage über Leben und Tod eines Menschen. Sie entscheidet sich dadurch, dass er zwei Schritte zu nahe an die Straßenbahnhaltestelle gekommen ist, sich nach seiner heruntergefallenen Aktentasche gebückt oder einen Schritt vom Gehweg auf die Fahrbahn gemacht hat. Dem Menschen scheint es, dass alles der Reihe nach abläuft – erst kommt das Pfeifen, dann die Detonation, die er von fern wahrnimmt, und dann wird ihm schon etwas zugestoßen sein. Er weiß, dass das eine Aberration ist.

Die Aberration beruht auf falschen Kausalzusammenhängen, es gibt aber auch eine Aberration der Sicherheit – wenn der Mensch während des Beschusses schneller geht, um nicht getroffen zu werden. Genauso handelt N., wenn er sich darüber ärgert, dass sie ihn auf der Straße aufhalten und daran hindern, zur Behörde zu gehen, wo es um diese Zeit heißes Wasser gibt und man zu dem Konfekt, das vom Mittagessen übrig ist, heißes Wasser trinken kann.

Das Angstgefühl wird durch ein noch direkteres Gefühl ersetzt – durch die Gereiztheit, die vom Hungertrauma stammt. Wenn diese Substitution der Gefühle nicht stattfindet, geht N. in einen Torweg und sagt sich und anderen, man solle sich vernünftig verhalten – ohne Panik und ohne törichte Fahrlässigkeit.

## III. DER ABEND

Die Arbeitszeit am Nachmittag ist zu Ende. Das Nachhausegehen steht bevor. Beim ersten Verlassen der Behörde am Mittag überwiegen nervöse Anspannung und Hast; beim zweiten Mal überwiegt die Erstarrung.

N. geht langsam die Straße entlang. Jetzt ist es Abend, der Abend vor einer weißen Nacht, mit seinem herrlichen, trotz der Schwüle kalten schrägen Licht, das den Asphalt des Newski Prospekt aufflammen lässt. Das übliche Staunen, wenn man nach einem langen Arbeitstag aus halbdunklen Räumen auf die Straße tritt und dort das Licht in seiner unvergänglichen Glut antrifft. Genau das ist die Unerschöpflichkeit des fortdauernden Lebens, die die echten Leningrader so lieben. Das Gefühl eines noch nicht angetasteten Lebensvorrats, der jeden Tag aufs neue ausgegeben wird.

Rührte der Traum, der N. in seiner Jugend beschäftigt hatte, nicht dorther? Der Traum von einem Leben, das aus langen Tagen besteht. Aus Tagen, die man in ihrer Gesamtdauer und in jedem

einzelnen Bestandteil durchleben und begreifen könnte. Doch jetzt hat der Gang des Lebens seine eigene Ordnung – trotz der weißen Nächte. Der Kreis muss sich schließen (um wieder von vorne zu beginnen, da er ja Kreis ist). Der Gang der Dinge bestimmt die Müdigkeit, die Verbrauchtheit der rituellen Gesten des Tages, die heranrückende Stunde des letzten Essens. Der Kreis strebt traurig seinem nicht existenten Ende zu.
Es hat etwas Beunruhigendes, wenn der Zustand des Tages nicht mit dem des Menschen übereinstimmt. Das nie verlöschende, die Nerven strapazierende Licht erinnert daran, dass man gerade jetzt zu einem langen Spaziergang am gewundenen Flussufer entlang aufbrechen könnte, dass man so vieles tun könnte … Die weißen Nächte offenbaren ihre Grausamkeit. Alexander Blok wusste das: »Grausamer Mai mit deinen weißen Nächten …«[8] Sie sind grausam gegen den Menschen, der möchte, dass das Dunkel ihn beschützt, der Schlaf ihn von allem abtrennt. Der Tag ist vollgestopft mit Dingen, die das Bewusstsein ablenken, verwirren, trüben. In einer Nacht, die frei von Trubel, aber nicht durch Finsternis gemildert ist, kommen die Hauptkonturen des Lebens dagegen unverhüllt zum Vorschein. Jetzt ist das schrecklicher als je zuvor.
Zu Hause erwartet ihn noch das Abendessen – die abschließende Mahlzeit, der Saldo des Abends. In jenem früheren Leben begann der Abend für N. spät, zog sich in die Länge und ging in nächtliches Aufbleiben bis zwei, drei Uhr oder noch länger über. Er war Teil des Tages gewesen, an dem nicht selten gearbeitet wurde, doch im Prinzip nichts getan werden musste; es war die einzige Tageszeit, zu der das Nichtstun legitim und leicht war. Alle ringsum füllten ihren Abend mit Vergnügungen, Liebe, zugewandten Gesprächen beim Wodka. Das alles ließ sich als eine Art Erholung im voraus genießen. Besonders wenn die Erholung nicht abbrach, sondern in die nächste Zeiteinheit überging. Wenn man zum Beispiel bis zum nächsten Tag zusammenbleiben konnte.

Jetzt wird das alles vom Abendessen ersetzt. Bewusst oder unbewusst wirkt sich ein nicht vollwertiges Abendessen (etwa aufgewärmtes Kraut ohne Brot) auf die Stimmung der ganzen zweiten Tageshälfte aus. Ein bevorstehendes vollwertiges Abendessen hat dagegen etwas Versöhnliches wie ein *happy end*.

Das Abendessen ist beendet. N. sitzt vor der Wremjanka. In ihr brennen noch Späne herunter, und das Öfchen qualmt ein wenig. Mit einem langen Span wendet N.in dem engen eisernen Raum die schwelenden Holzstücke und steckt sich eine Papirossa an. Im früheren Leben hat es eine Papirossa-Typologie gegeben. Es gab die Papirossa vor dem Schlafen, die Morgenpapirossa, die Trägheitspapirossa nach dem Mittagessen, die Papirossa bei geschäftlichen Besprechungen und die zur Plauderei mit Freunden. Und dann gab es noch die Papirossy, die er zu Ende rauchte, mit zerknautschtem Mundstück und Spuren von Lippenstift.

In den Blockademonaten bekam die Papirossa zahlreiche neue und wichtige Funktionen. Sie wurde zu einem Mittel, um den Hunger physisch zu betäuben und die Gedanken vom Hunger abzulenken. In einem Dasein, das absolut nicht für Vergnügungen prädestiniert war, war die Papirossa vielleicht der einzige Akt reinen Vergnügens, der nicht (wie Essen oder Schlafen) an einen Nutzen geknüpft war, eher noch an einen Schaden. Dank ihrer interesselosen hedonistischen Natur war die Papirossa eine Art Relikt normalen menschlichen Lebens. Die Papirossa war – besonders als Selbstgedrehte, mit ihrem umständlichen Anfertigungsritual – ein Behelf, um die Leere, um ein gewisses Fragment der Leere zu füllen. Was kann ich noch tun? ... Was kann ich noch tun? ... »Ich kann noch eine rauchen«, gab der Mensch sich zur Antwort und linderte so seine Schwermut.

Im Laufe des Tages gab es unterschiedliche Papirossy. Die Hungerpapirossa, die N. direkt vor der Suppe rauchte, wenn die Frau an der Ausgabe getrödelt hatte und seine Gereiztheit bis zum äußersten gewachsen war. Die Papirossa nach dem Mittagessen – seinerzeit trat sie in einem Nebel genießerischer Sattheit in

Aktion; jetzt betäubte sie die Traurigkeit über das unbefriedigende Mittagessen. Die Papirossa am Arbeitsplatz. Mit Vergnügen dachte er auf dem Rückweg zur Behörde daran. Sie gehörte dort zu einem Komplex, der aus dem Kontakt mit indifferenten Leuten, Plaudereien, bürokratischen Ritualen und Elektrogeräten bestand (dort zündete man sich, um Streichhölzer zu sparen, die Papirossa an der Kochplatte an). Dann gab es noch die letzte, die Abendpapirossa. Mit ihrem Rauch, so schien es, verflüchtigte sich das im Laufe des Tages aufgezehrte Bewusstsein. Ungeachtet der thematischen Zuordnung der Papirossy stellte das Rauchen in diesem Dasein vielleicht den Akt dar, der am freisten, am wenigsten situationsgebunden war.

N. stochert mit seinem langen Span im Öfchen, während er die abendliche Selbstgedrehte zu Ende raucht, die den Vorgang des Essens fortsetzt und verlängert. Der letzte in der Asche steckende Funke verglimmt am Rand der Zigarettenspitze. Und in diesem Augenblick (so war es schon mehrmals) wird das Gefühl des Kreises, des Rennens im Kreis plötzlich erschreckend deutlich. Und das Schrecklichste daran ist nicht einmal die Wiederholung, sondern die absolut präzise Vorhersehbarkeit. Er sieht schon die sich entrollende Abfolge seiner Bewegungen, morgen, übermorgen … Sieht, wie er die Aktentasche nimmt, wie er den Schlüssel in die Manteltasche steckt, wie er, ein wenig außer Atem, in der Behörde die Treppe hochsteigt, wie er der Stenotypistin über die Schulter schaut – ob sie mit dem Manuskript weitergekommen ist. In dieser kohärenten Abfolge kann man nichts weglassen, und es ist unmöglich, dort eine nicht vorherbestimmte, nicht rituelle Geste einzufügen.

Das war nun alles nicht ganz neu. Auch im früheren Leben hatte ihn manchmal die Vorhersehbarkeit zukünftiger Handlungen gequält. Ein Doppelgänger von automatischer Exaktheit spaltete sich von ihm ab und entschwand in die Zukunft. Er war aus irgendeinem Grunde besonders abstoßend, wenn N. für einen oder zwei Monate verreiste. Schaurig war es, sich im voraus vor-

zustellen, wie der entfremdete Doppelgänger einen Monat später eine Fahrkarte kaufte, im Abteil saß, die Wohnungstür aufschloss.
Damals waren das psychologische Trugbilder; im Blockadedasein erlangt alles eine seltsame Wörtlichkeit. Zusammen mit den Gesten sind die mit ihnen verknüpften Empfindungen vorherbestimmt. Unfehlbar musste ein Gefühl von Zuversicht aufkommen, sobald N. am Eingang der Behörde der Wache seinen Passierschein zeigte; ein Gefühl von Erleichterung, wenn die richtige Straßenbahn um die Ecke bog; ein Gefühl von trauriger Leere, wenn mit den ersten beiden Löffelhieben unwiederbringlich die Kascha verschwand; ein Gefühl von Fülle, von Unverbrauchtheit, wenn er am Morgen das noch unberührte Brot aus der Aktentasche zog.
Eine absolute Unfreiheit von Gemütsbewegungen, die an Dinge geschmiedet waren, die früher auf den niedrigsten Stufen der Wertehierarchie gestanden hatten.

Im hastigen Rennen von Essen zu Essen lag etwas Unbewusstes, das jenen langen Tagen, den durch und durch begriffenen, vom Denken verarbeiteten Tagen, von denen er einst geträumt hatte, diametral entgegengesetzt war.
Aus irgendeinem Grunde ist da heute eine lange nicht mehr empfundene Klarheit der Gedanken, ein Aufruhr der Gedanken, als würden sie versuchen, sich zu befreien. Weshalb hat er wieder an die langen Tage gedacht? Die Umnachtung der Dystrophie beginnt zu weichen, langsam festigt sich die Verbindung mit dem allgemeinen Leben, das sich behauptet, das dem Feind Widerstand leistet.

# Anmerkungen

Wenn nicht anders vermerkt, handelt es sich um die Anmerkungen zur Originalausgabe.

## *Eine Erzählung von Mitleid und Grausamkeit*

1 Duranda: Presskuchen, ausgedrückte Samenschalen nach der Ölgewinnung. Als Ersatzstoff für Mehl, Brot, Süßes usw. genutzt. Duranda-Konfekt war eine Blockade-Leckerei.

2 Letzte Strophe von Alexander Bloks Gedicht »Stimme aus dem Chor«, 1910-1914. Dt. Christiane Körner (unter Verwendung der letzten Zeile von Jürgen Rennert).

3 Futterkohl, dessen Blätter an Stengeln wachsen.

4 Die Tagesnorm von 125 Gramm Brot für (nicht erwerbstätige) Angehörige galt vom 20. November bis zum 25. Dezember 1941, die Norm von 200 Gramm vom 25. Dezember bis zum 11. Februar 1942. In der ersten Januarhälfte wurde allerdings nicht einmal diese Norm regelmäßig ausgegeben.

5 [Durchgestrichen:] Unter schrecklicher Anspannung seiner seelischen Kräfte

6 [Über diesem Wort mit Bleistift unleserl.:] ⟨Frau?⟩

7 [Radiert:] aus dem Leben gehen

8 [Textfragment fehlt.]

9 [Textfragment fehlt.]

10 [Durchgestrichen:] mit Fäusten

11 [Auf zwei in den Text eingelegten abgerissenen Zetteln steht eine Variante des Anfangs von diesem Absatz:]
1. Jeden Tag flehte er sie an, die Einmachgläser, Deckel etc., die fürs Mittagessen nötig waren, beim Geschirrspülen zusammenzutun und beiseitezulegen. Und jeden Tag musste er sie von neuem aus dem Chaos angeln. Das brachte ihn zur Raserei. Ein solcher Anfall war erstmals in dem praktischen Kampf mit dem hartnäckigen, trägen Chaos aufgetreten. Die Alltagsprozesse waren jetzt dermaßen existenziell geworden, dass manchmal augenblickliche Maßnahmen gegen die Trägheit erforderlich waren, denn Trägheit, die Argumenten nicht nachgab, bedeutete einen erloschenen Ofen, verdorbenes Essen, generell irreversibles Unglück.

12 Angestellte, die von Behördenkantinen versorgt wurden, bekamen einige Lebensmittel »ohne Abschnitt«, d. h., ohne dass die Marken einbehalten wurden.
13 [Ein Wort fehlt.]

## *Aufzeichnungen eines Blockademenschen*

1 So wurde der von den Deutschen nicht besetzte Teil der Sowjetunion genannt. (A. d. Ü.)
2 Pskow, 17. Jahrhundert, erbaut von der Kaufmannsfamilie Pogankin. (A. d. Ü.)
3 An Lidia Ginsburgs Haus am Kanal Gribojedow vorbei führte die Ringlinie Nr. 36 der Straßenbahn.
4 Alexander Herzen: *Byloe i dumy* (Erlebtes und Gedachtes), Teil 5, Kapitel »Traum«.
5 In seinem Roman *Hunger*, erschienen 1890.
6 François de La Rochefoucauld (1613-1680) in der Maxime 68 der *Maximen und Reflexionen* (1665): »Es ist schwer zu definieren, was Liebe ist. Nur dies weiß man von ihr: In der Seele ist sie eine Leidenschaft, die herrschen will; im Geist Sympathie; im Körper nur der heimliche Drang, nach allem Versteckspiel ans Ziel seiner Wünsche zu gelangen.« *Reflexionen oder Sentenzen und moralische Maximen*, dt. von Helga Bergmann und Friedrich Hörlek, Frankfurt 1976.
7 Im Original Deutsch.

## *Aus dem Umkreis der »Aufzeichnungen eines Blockademenschen«*

1 *Bud' zdorov, školjar!*, 1961 im Almanach *Tarusskie stranizy* publiziert, schildert autobiographische Fronterlebnisse und wurde von offizieller Seite als »pazifistisch« abgelehnt. Der Almanach wurde aus dem Verkehr gezogen. Dt. 1963 von Ludwig Zimmerer.
2 Im Original Französisch.
3 An dieser Stelle (Prediger/ Ecclesiastes 9, 4) divergieren die russische Bibel und die Lesart der deutschen Bibelübersetzungen der beiden großen Konfessionen: »Ein lebender Hund ist besser als ein Löwe, der tot ist« bzw. »Ein lebendiger Hund ist besser als ein toter Löwe.« Martin Buber dagegen übersetzt die entsprechende Stelle: »... besser dran ist ein lebender Hund als ein toter Löwe.« (A. d. Ü.)
4 Aus Ossip Mandelstams Gedicht »Leningrad« (1930). Nach Rainer

Kirschs Übersetzung: »Gegen die Schläfe springen/ Spür ich die mit dem Fleisch herausgerissene Klingel.« (O. M.: *Hufeisenfinder. Gedichte*, hg. von Fritz Mierau, Leipzig 1993, S. 97/99)

5 Aus der Ballade *Črevourodie* (Völlerei; 1932) von Nikolai Olejnikow (1898-1937).

6 Aus einem Gedicht von Fjodor Tjutschew: *Brat, stol'ko let soputstvovavšij mne …* (O Bruder, der so viele Jahre mich begleitet …) von 1870.

7 Titelfigur der Erzählung »Tod des Iwan Iljitsch« (die langsam und qualvoll stirbt) von Lew Tolstoi, Anspielung auf dessen Tod in einer Bahnstation, als er in hohem Alter sein Heim verlassen hatte. (A. d. Ü.)

8 Anfang eines Gedichts von Alexander Blok (1908).

*Lidia Ginsburg in den dreißiger Jahren.*

# Karl Schlögel
# Zweifache Belagerung. Schreiben im Ausnahmezustand

Am 8. September 1941 schloss die Heeresgruppe Nord der deutschen Wehrmacht den Belagerungsring um Leningrad, und es begann die fast 900 Tage dauernde Blockade, die erst am 27. Januar 1944 endgültig aufgehoben wurde. Schon am 20. August hatten die Deutschen Tschudowo im Süden genommen und die Eisenbahnverbindung nach Moskau unterbrochen. Am selben Tag eroberten die mit ihnen verbündeten finnischen Truppen das heutige Prioserk am Westufer des Ladogasees. Im Westen der Stadt hatte die Wehrmacht Oranienbaum und Peterhof erobert. Am 30. August war die wichtige Bahnstation Mga in die Hände der Angreifer gefallen. Damit war die letzte Eisenbahnverbindung, die Leningrad mit dem übrigen Land verband, gekappt. Als am 8. September Newa aufwärts auch noch Schlüsselburg von der Wehrmacht genommen wurde, war Leningrad von allen Seiten eingeschlossen und nur noch auf dem Luftweg und über den Ladogasee zu erreichen. Ende September verlief die Front im Norden entlang der alten finnisch-sowjetischen Grenze vom Finnischen Meerbusen zum Ladogasee, im Süden von den Pulkowo-Anhöhen, dann entlang der Newa bis Schlüsselburg am Ladogasee. Von der Front bis zu einer der größten Fabriken der Stadt, den Kirow-Werken, waren es gerade sechs Kilometer.

Wer heute auf dem Flughafen von Sankt-Petersburg in Pulkowo landet, gewinnt auf der Fahrt ins Stadtzentrum eine Vorstellung vom Verlauf der Front: Von den Höhen aus konnte man in die Stadt hineinsehen und hineinschießen, wobei die Kirchtürme, Kuppeln und Fabrikschornsteine als Orientierungspunkte für die Geschütze dienten; die Front verlief durch Vororte und Datschensiedlungen, Verteidigungsstellungen waren so nah, dass sie mit der Straßenbahn aus der Stadtmitte zu erreichen waren. Unmittelbar vor dem Krieg hatte Leningrad fast drei Millionen Einwohner, in den ersten Wochen wurde eine halbe Million eingezogen oder evakuiert; die übrigen 2,5 Millionen Zivilisten, unter ihnen 400 000 Kinder, waren nun in der Stadt gefangen. Die Lebensmittelvorräte waren auf ein bis zwei Monate begrenzt, die Beschießung von Lebensmitteldepots, Verkehrsanlagen, Brücken, Elektrizitätswerken, Kanalisation, Wasserleitungen und Krankenhäusern zielte auf die systematische Zerstörung der städtischen Infrastruktur, deren Folgen sich rasch bemerkbar machten. Im Oktober gab es in den Straßen die ersten Hungertoten, die Todesfälle vervierfachten sich im Dezember und erreichten im Januar und Februar mit fast 100 000 Toten pro Monat einen Höhepunkt. Zudem war der Winter 1941/42 mit Temperaturen von minus 30 Grad extrem kalt. Bis heute sind die genauen Opferzahlen unter Historikern umstritten, sie reichen von etwa 700 000 bis über eine Million. Das bedeutete, dass jeder dritte bis vierte Einwohner Leningrads in der Zeit der Blockade ums Leben gekommen ist. Diese unvorstellbar großen Zahlen, die von vielen als eher zu niedrig eingeschätzt werden, stehen für »die größte, die Zivilbevölkerung betreffende Katastrophe der bekannten Geschichte«, so der finnische Historiker Timo Vihavainen.

Die Wehrmacht setzte, wie aus zahlreichen Dokumenten hervorgeht, auf den Hunger als Bundesgenossen in der Niederwerfung der Sowjetunion. So etwa, wenn es heißt: »1. Die Stadt Leningrad ist durch einen möglichst nahe an die Stadt heranzuschiebenden und dadurch Kräfte sparenden Ring einzuschließen. Eine Kapitulation ist nicht zu fordern. 2. Um zu erreichen, dass die Stadt als Zentrum des letzten roten Widerstandes an der Ostsee möglichst bald ausgeschaltet wird, ohne dass größere Blutopfer gebracht werden, ist die Stadt infanteristisch nicht anzugreifen. Sie ist vielmehr nach Niederkämpfen der Luftabwehr und der feindlichen Jäger durch Zerstörung der Wasserwerke, Lagerhäuser, Licht- und Kraftquellen ihrer Lebens- und Verteidigungskräfte zu berauben. Die militärischen Anlagen und Verteidigungskräfte des Gegners sind durch Feuer und Beschuss niederzukämpfen. Jedes Ausweichen der Zivilbevölkerung gegen die Einschließungstruppen ist – wenn notwendig unter Waffeneinsatz – zu verhindern.« Sogar die Abriegelung der Stadt mit einem elektrischen Zaun wurde in Erwägung gezogen, wobei als Nachteil angesehen wurde, dass die Schwachen verhungern, aber die Starken und Kampfwilligen überleben würden; außerdem sei fraglich, »ob man unseren Soldaten zumuten kann, auf ausbrechende Frauen und Kinder zu schießen«.

Wenn die planmäßig herbeigeführte Hungersnot auch bei den Nürnberger Prozessen nicht verhandelt wurde – es gab für diese Form der Belagerung einer Millionenstadt noch keine völkerrechtlichen Bestimmungen –, so ist heute doch unbestritten, dass die über Leningrad verhängte Blockade zu den großen Kriegsverbrechen zu zählen ist und nicht nur ein Kollateraleffekt, sondern zentrales Element eines als Weltanschauungs- und Vernichtungskrieg angelegten Feldzuges war. »Die Hungersnot war keinesfalls ein unerwartetes und bedauerliches, wenngleich notwendiges Nebenprodukt dieser Strategie«, heißt es in einer jüngeren Darstellung von Anna Reid, »sondern ihr Hauptbestandteil, der in Planungsdokumenten immer wieder gebilligt und von der Militäraufklärung mit großem Interesse verfolgt wurde«. Aber am Widerstand Leningrads wurde auch die Illusion Nazideutschlands vom siegreichen Blitzkrieg zunichte.

Noch immer, so scheint es, wird die Leningrader Blockade jenseits des sowjetischen und russischen Wahrnehmungshorizonts – auch in Deutschland – als »Nebenschauplatz der Erinnerung« (Jörg Ganzenmüller) empfunden, auch wenn die Blockade sich ins Bildgedächtnis Europas und der Welt eingeprägt hat. Dazu gehören die Bilder von den Wasser holenden Frauen auf der zugefrorenen Newa, die mit Tarnfarbe gestrichenen, sonst vergoldeten Spitzen der Admiralität und Peter-Paul-Kathedrale, die Säle der Ermitage, in denen nur noch leere Bilderrahmen hängen, das Hotel »Europa«, das zum Lazarett umgerüstet ist, die über der Stadt aufgestiegenen Zeppeline, die gegen die Bombenangriffe schützen sollen, die verwüsteten Parks von Pawlowsk und die Ruinen von Peterhof. Auch Dmitri Schostakowitsch im Feuerwehrhelm auf dem Dach der Philharmonie gehört zu den Ikonen, vor allem aber: die schwarzen Gestalten, die auf Kinderschlitten Leichname, in Särgen oder in Laken gewickelt, hinter sich her durch die vereisten Straßen ziehen. Jeder aufmerksame Besucher kann die Spuren des Krieges auch in dem zu neuem Glanz gekommenen Sankt-Petersburg sehen: an den Tafeln, die die Passanten aufforderten, bei Artilleriebeschuss die Straßenseite zu wechseln oder den Bombenunterstand aufzusuchen. Aber wahrscheinlich wird dem fremden Besucher die Ungeheuerlichkeit der Blockade am ehesten dort sinnfällig, wo die Opfer zu Hunderttausenden begraben worden sind: auf den Friedhöfen der Stadt, in den Nekropolen, diesen unsichtbaren Metropolen der Toten inmitten der Stadt der Lebenden. Das gilt besonders für die Gräberfelder auf dem Piskarew-Friedhof im Nordosten der Stadt. Dort finden sich auch die Worte der Dichterin Olga Berggolz in Stein gemeißelt: »Hier liegen Leningrader/Die Männer, Frauen, Kinder der Stadt/Neben ihnen die Soldaten der Roten Armee/Mit ihrem ganzen Leben/Verteidigten sie dich, Leningrad/die Wiege der Revolution/Ihre ehrbaren Namen können wir nicht aufzählen/so viele sind ihrer hinter dem ewigen Schutz des Granits/aber wisse, wenn du diesen Steinen zuhörst/Keiner ist vergessen und nichts ist vergessen«.

## *Dystrophie und Schreiben – Botschaft an die Nachlebenden*

Wenn dieses Versprechen überhaupt eingehalten werden kann, dann nicht nur, weil die Erfahrungen jener 872 Tage in der Erinnerung von oft bis an ihr Lebensende Traumatisierten aufbewahrt worden sind, sondern weil ihnen Ausdruck verliehen wurde in Aufzeichnungen, Tagebüchern, Zeichnungen, Fotos, Memoiren. Unmittelbar nach dem Ende des Krieges war schon ein Blockademuseum eingerichtet worden, das 1949 im Zusammenhang der »Leningrader Affäre«, der Repressierung Leningrader Funktionäre durch die stalinistische Führungsgruppe, zerstört und aufgelöst wurde. In den Meistererzählungen vom Großen Vaterländischen Krieg hatte vieles, die düstere Seite der Leiden der Zivilbevölkerung und die Weiterführung des stalinistischen Terrors auch während der Blockade, nicht erforscht und nicht dargestellt werden dürfen. Es hat lange gedauert, bis neben den niedrig gehaltenen offiziellen Opferzahlen die wirklichen veröffentlicht werden konnten. Als die Schriftsteller Daniil Granin und Ales Adamowitsch in den 1970er Jahren ihre Interviews mit den Überlebenden der Blockade durchführten – ihr Motto lautete: »Die Menschen als Zeugen, die Menschen als Dokumente« –, strich die Zensur mehr als sechzig dieser Gespräche aus dem *Blockadebuch*, das vollständig erst nach dem Ende der Sowjetunion erscheinen konnte. Wichtige Darstellungen, die im Westen erschienen waren – Alexander Werths und Harrison Salisburys Bücher –, wurden als bürgerlich verzerrt und den Großen Vaterländischen Krieg herabsetzend diffamiert; eine Forschung, die den großen und tragischen Blockade-Komplex von falschen Heroisierungen befreite, war erst möglich mit dem Fall der Zensur, der Öffnung der Archive und überhaupt einer neuen Haltung im Umgang mit der Vergangenheit. Hier sind besonders hervorzuheben die Veröffentlichung und Analyse von Stimmungsberichten aus der belagerten Stadt, die Erhebungen zur Gesundheits- und demographischen Situation, die Entscheidungsprozesse innerhalb der sowjetischen Führung zur viel zu spät einsetzenden Evakuierung der Zivilbevölkerung. Einer der jüngeren Historiker, Andrej Dzeniskevic, fasste seinen Eindruck so zusammen: »Die Geschichtsschreibung zur Verteidigung von Leningrad war in den Kriegsjahren äußerst einseitig, was die Materialauswahl und Darstellung der Ereignisse betrifft. Hervorgehoben wurden der Heroismus, Patriotismus und die Parteitreue des Volkes. Es war richtig, die Heldentaten der Leningrader zu betonen, aber das Ausblenden der vielen Schwierigkeiten, Fehler der politischen Führung, der immensen Verluste und anderen negativen Aspekte ließ die Geschichtsschreibung farblos, einseitig und geschraubt werden. Sie war in den Kriegsjahren sehr tendenziös.« Die Entmythologisierung, die die neue kritische Geschichtsschreibung in Russland im Verein mit der ausländischen Forschung in den letzten zwanzig Jahren betrieben hat, wird gerade nicht, wie oft unterstellt, zu einer Minderung der Leistung der Leningrader führen, sondern umgekehrt zu einem genaueren Wissen und vielleicht auch Verstehen von Vorgängen, die sich dem Verständnis der Nachgeborenen nur sehr schwer erschließen.

Zu den Werken, die »de profundis« aufgetaucht sind und die uns sprachlos zurücklassen, gehören auch die *Aufzeichnungen eines Blockademenschen* von Lidia Ginsburg. Die Datierungen der *Aufzeichnungen*, »1942 – 1962 – 1983«, verweisen auf eine »komplizierte Textgeschichte« (Ulrich Schmid). Das gilt auch für die »Erzählung von Mitleid und Grausamkeit«, ca. 80 Seiten Bleistiftnotizen in Schulheften, die erst im Jahre 2006 im Nachlass gefunden worden sind, wohl aber den realen Kern der *Aufzeichnungen* darstellen: den Hungertod der Mutter Lidia Ginsburgs im Jahre 1942. Wenn man die Textfragmente, die »um die Aufzeichnungen« angeordnet sind, liest, hat man den Eindruck, dass sie sich zeitlich und biographisch nicht genau zuordnen lassen, da sie Bezüge enthalten – auf Diskurse der westlichen Intellektuellen oder den Vietnamkrieg –, die mit der Originalfassung kaum etwas, viel aber mit einer über Jahre sich hinziehenden Arbeit am Text zu tun haben. Dass Literaturwissenschaftler an Fragen der Entwicklung der literarischen Genres und Verfahren Lidia Ginsburgs, einer Autorin, die aus der Schule der sowjetischen Formalisten hervorgegangen ist, besonders interessiert sind und dass möglicherweise die Suche nach dem »großen Roman« den Blick auf die von ihr bevorzugten Formen – Notizen, »unabgeschlossene Erzählungen«, Hingabe an das Beiläufige und Nebensächliche – verstellt, kann nicht ablenken davon, dass sie mit den *Aufzeichnungen* eines der bemerkenswertesten Zeugnisse über die Situation der Menschen in der Leningrader Blockade geschrieben hat, ja vielleicht zur Situation von Menschen im Ausnahmezustand überhaupt. Die minutiöse Beschreibung des Sterbens eines Menschen und des Fast-Erlöschens des Lebens einer Millionenstadt und der damit verbundenen moralischen Dilemmata unternahm Lidia Ginsburg nicht nur mit den Fakten vor Augen, sondern auch als geschulte Literaturwissenschaftlerin, die in ihrer Jugend alle methodischen Experimente ihrer Zeit durchgemacht hatte: die Revolte gegen einen oft überschwenglichen und diffusen Symbolismus, das Bekenntnis zu einer »Literatur des Faktums«, die aber mit Abbildrealismus und Volkspädagogik nichts im Sinne hatte, das Vertrauen in das, was literarische Formen zu leisten vermögen. Sie war wie viele ihrer Altersgenossen auf der Suche nach etwas, das auf der Höhe der Zeit war, also jenseits des Gesellschaftsromans des 19. Jahrhunderts und jenseits einer naiven Memoiristik; sie reagierte aber auch allergisch auf allzu große an die Literatur gerichtete Erwartungen, Träger der Aufklärung und Propagandist einer leuchtenden Zukunft zu sein. Sie sah sich als traditionsbewusst und skeptisch zugleich, vertraut mit dem literarischen und künstlerischen Erbe, sicher im Handwerklichen, aber auch fasziniert von den experimentellen Möglichkeiten, sich auf neue, unerprobte Formen einzulassen.

Was Lidia Ginsburg, die die Blockadezeit über im Leningrader Radiokomitee beschäftigt war, in ihrer Umgebung vorfand, muss sie bis zum Äußersten gefordert haben – als Mensch, der ohnmächtig zusehen musste, wie er seine Nächsten und Liebsten verlor, und als Schriftstellerin, die einen Ausdruck für das finden musste, was mit der Stadt und mit ihr selbst vor sich ging. Das eingeschlossene Leningrad war kein Ort für das Spiel mit Experimenten, sondern der Ernstfall, in dem jedes überflüssige Wort auch so viel wie Verlust an Energie bedeutete, die man zum Überleben brauchte. In diesem Laboratorium hielt nur die härteste, die bis zum Äußersten reduzierte Form dem Druck stand. Der Erzähler, der die Geschichte vom Sterben und Überleben erzählen wollte, musste so stark sein, dass er von sich und seinen Gefühlen absah, sich von ihnen nicht überwältigen ließ. Er musste es über sich bringen, auf Distanz zu sich selber zu gehen und mit gleichsam fremdem Blick auf sich und jene zu schauen, die zu retten er sich vorgenommen hat. Die subjektive Erfahrung Lidia Ginsburgs mit dem Tod ihrer Mutter musste sie, wenn sie nicht nur individuelle Klage bleiben, sondern aufnehmen wollte, was in der Stadt als ganzer, »überindividuell«, sozial vor sich ging, zu einer Objektivierung zwingen. Die Figuren sind daher anonym und abstrakt. Der Name der Protagonistin – Otter, Otro – ist mehrdeutig: Es könnte der Autor sein, autre/der andere, vielleicht auch otstranenie/Entfremdung. Mit dieser Entscheidung für die Abstraktion ist gesagt, dass es nicht nur ein individueller Lebensbericht sein sollte, sondern eine methodisch strenge, ja systematische Studie zu Leben und Überleben in einer Grenzsituation. Ginsburgs Erzählung, die zugleich eine Studie über den Hungertod und die Bedingungen des Überlebens ist, findet ihre Entsprechung in den Statistiken und Krankengeschichten, in denen das massenhafte Sterben dokumentiert ist.

Die Statistiken verzeichneten im Winter 1941/42 den sprunghaften Anstieg der Tode infolge von Ernährungsdystrophie, einer durch allgemeine Unterernährung hervorgerufenen Krankheit. Die Krankenbetten reichten nicht aus, Menschen fielen auf der Straße und in Geschäften um oder blieben in ihren Wohnungen liegen – oft noch eine Zeit lang Seite an Seite mit den noch Lebenden. Neue Krankheitsbilder entstanden, früher seltene Krankheiten wie Skorbut oder Avitaminose breiteten sich aus. An »alimentärer Dystrophie« Erkrankte konnten langsam sterben, in Form eines allmählichen Erlöschens, aber auch ganz plötzlich infolge der allgemeinen Erschöpfung und Auszehrung. Drei Viertel aller Leningrader in diesem Winter starben den Hungertod, also infolge eines Mangels an Eiweiß, Fett und Kohlehydraten, der zur Störung des ganzen neuropsychischen und Herz-Kreislaufsystems, zu Schwellungen an Beinen und Armen, Gelenkschmerzen, Hautverfärbung, Schwindelzuständen, letztlich zu einer Zerstörung des Gesamtorganismus führte. Ginsburg stellte mit analytischem Blick den Prozess des Kräfteverfalls dar, beobachtete die Bewegung, die gefangen bleibt im »eisernen Dreieck« von Schlangestehen für die Überlebensration, Wasserholen und Brennstoff-Besorgen und im täglich sich wiederholenden Kreis notwendiger Erledigungen. »Alles war so schrecklich stofflich – Gramm, Kalorien, Blutstropfen. Alles wurde durch sehr konkrete, sehr partielle Dinge entschieden. Es war wie in der Wüste, wo man, wenn man einem Menschen einen Schluck Wasser gab, sein Leben retten konnte, aber auch jemanden töten konnte, wenn man ihm einen Schluck Wasser wegnahm.« Man blickt von außen auf den eigenen Körper, der zu einem fremden Objekt geworden ist. »Mit der Auszehrung vertiefte sich diese Entfremdung. Schließlich zerfiel alles auf seltsame Weise in zwei Hälften: in die ausgezehrte äußere Hülle aus der Kategorie der Dinge, die zur feindlichen Welt gehörten, und in die Seele, die sich, separiert platziert, irgendwo im Brustkorb befand.« Der auf sich selbst und seinen Körper Blickende bemerkt: »Mit dem entfremdeten Körper geschehen abscheuliche Dinge«, und es dämmert ihm »dieses Begreifen, dass die uns verliehenen Lebenskräfte unwiederbringlich zur Neige gingen«. Durch alle Stadien hindurch, begleitet von einer nicht abreißenden Reflexion der eigenen ohnmächtigen Bemühungen und eines hilflosen Konstatierens von Schuld und Reue, wird der Prozess der Verlangsamung der Bewegungen, der Dehnung der Zeit, der Verlängerung bisher überschaubarer Entfernungen nachgezeichnet. Eine neue Wirklichkeit, die bis vor kurzem noch als unvorstellbar erschienen war, nahm Gestalt an, während eine bisher wohlvertraute Welt, die noch vor einem Augenblick als intakt und selbstverständlich gegolten hatte, sich aufzulösen begann. Alle Auswege, die man bisher noch finden konnte, erweisen sich nun als illusorisch, aber in Wahrheit gibt es keine unlösbaren Situationen mehr, denn es gibt am Ende immer eine Lösung: den Tod. Das vergangene Leben entschwindet und mit ihm die Maßstäbe, die Gewohnheiten, die Routinen, die einmal gegolten hatten. Es ist, als ob mit einer radikal neuen Erfahrung auch eine neue Zeitrechnung beginnt. Konstantin Simonow hat es einmal so genannt: »Damit wir die Dinge vollauf verstehen konnten, wurde uns der Winter 1941 als Maßstab gegeben.« Alles geht in Richtung Vereinfachung, Direktheit, eine Buchstäblichkeit, die ohne Metaphern auskommt und eins ist mit der Wirklichkeit, ein Reduktionismus, der nicht einem literarischen Verfahren entspringt, sondern der Wirklichkeit selbst. So gibt es eine Stelle, die fast an den skandalösen Aphorismus von Wassili Rosanow erinnert, der auf die in Kreisen der russischen Intelligenzia immer wieder neu aufgeworfene Frage »Was tun?« geantwortet hatte: »Im Sommer Beeren pflücken und im Winter Tee mit Marmelade trinken.« Bei Ginsburg lautet die Passage, die den aus der Sicht von Politstrategen verachteten Heroismus bei der Bewältigung des Alltags würdigt, folgendermaßen: »Die Blockade gab dem nicht benötigten Menschen die Möglichkeit, sich mit der Erhaltung des eigenen Lebens zu befassen. Das war erlaubt, war legitim. ›Was tun Sie da eigentlich?‹, fragte man im Blockadewinter Professor R., der in Leningrad festsaß. Er gab zur Antwort: ›Ich esse zu Mittag‹«. Um genau diese Ebene des banalen und übersehenen, ja verachteten Heroismus ging es Ginsburg. »Alle hier versammelten Menschen – auch die Jammerlappen, Angsthasen und Drückeberger – erfüllen dadurch, dass sie sich der sozialen Verhaltensnorm unterwerfen, ihre historische Aufgabe als *Leningrader*«.

Das bisherige Leben mit all seinen Selbstverständlichkeiten, zu denen auch Sorge, Mitleid und nicht zuletzt Selbstmitleid und Schuldgefühl gehören, erscheint nun als ein überflüssiger und unzeitgemäßer Luxus. Der Hunger und die durch ihn herbeigeführte Schwächung des Körpers bringen auch ein »allmähliches Abklingen« und »Verflüchtigen des Willens« mit sich. Umgeben von Geschwächten und Ausgezehrten gewöhnt man sich an den »Anblick einer allmählichen, unablässigen und letztendlich leichten Zerstörung des Menschen«. Man sieht gleichsam von außen dem »allmählichen Zerfall eines Menschen« zu. Um von diesem Zerfall nicht selbst erfasst zu werden, bedarf es einer Willensanstrengung, einer Haltung des methodisch-systematischen Beobachtens und Fixierens. Menschen zu beweinen, die noch am Leben waren, wird nun zu einer allzu kraftzehrenden und zeitraubenden, ja verschwenderischen Aktivität. Mühe, Wut, Kummer verbrauchen zu viel Lebensenergie. Man fügt sich besser und nimmt das Eintreten eines neuen Zustandes – des Gebrechlichwerdens, des Nichtmehrkönnens – als naturgegeben, ja als willkommene Rechtfertigung dafür, sich nun überhaupt nicht mehr bewegen zu müssen. Der Dystrophietod ist ein lautloser Tod, »ohne unnötigen Lärm«. Der bewusst Sterbende sieht sich gleichsam von der Seite, in Selbstbeobachtung. Er beobachtet das Voranschreiten von Verfall und Auszehrung und das Erlahmen des Willens, und er legt sich die guten Gründe dafür zurecht, dass er sich nicht mehr aufbäumen muss im Lebenskampf.

Mit dem Erlahmen der Lebenskräfte zerfällt auch der soziale Zusammenhalt; die Hemmungen und die selbstauferlegten Schranken, die bis dahin das Leben erträglich gemacht haben, beginnen unwirksam zu werden. Die Hemmschwelle für Gemeinheiten und Bosheiten, die man dem anderen zumutet, sinkt rapide. Vom Menschen fällt ab, was er sich über Jahre, vielleicht Generationen hin an Schutz und Panzerung zugelegt hat. Dmitri Lichatschow, der noch in Petersburg geborene Gelehrte, der Lager und Blockade überlebt hat, beschreibt diesen Vorgang so: »Ich glaube, das wirkliche Leben ist Hunger, und der Rest ist eine Fata Morgana. In der Zeit der Hungersnot offenbarten die Menschen sich, entblößten, befreiten sich von allem Ramsch. Manche erwiesen sich als wunderbare, unvergleichliche Helden, andere als Gauner, Mörder, Kannibalen. Es gab keine halben Maßnahmen. Alles war real. Der Himmel öffnete sich, und in ihm sah man Gott.« Man beginnt sich in »unmenschliche Umstände einzupassen«. Spannung und Gereiztheit wachsen. Man wartet nur auf die Gelegenheit, um über den anderen herzufallen, zuerst nur verbal, dann vielleicht auch physisch. Die Selbstbeherrschung erodiert, der Takt, der bisher sogar Druck- und Notsituationen standgehalten hat, löst sich auf. Die Aufrechterhaltung von Zeit- und Raumordnungen, die so wichtig sind, um den Lebens- und Widerstandswillen zu bestärken, wird irgendwann überflüssig und hinfällig. Aber für all diesen Verfall, für die Ausbreitung von Anomie, lässt sich kein Schuldiger mehr benennen; alles geschieht absichtslos, und wo es keinen benennbaren Feind gibt, ist auch der Kampf gegen einen Schuldigen sinnlos, richtungslos, ohnmächtig geworden. Die Steigerung von Bösartigkeit – der Gebrauch von Wörtern und Schimpfwörtern, die zu benutzen man im »normalen Leben« sich gescheut hätte – schafft nun Erleichterung. Irgendwann wird selbst die Herabsenkung der Hemmschwellen, die Schutz geboten hatten, nicht mehr wahrgenommen. Auf Verhaltensweisen, auf die man sich bisher verlassen konnte – sie waren rational, berechenbar, Routine –, kann man nun nicht mehr bauen. Befreiend ist nun das Gefühl, nicht am Tod des anderen schuldig zu sein, und bedrohlich wird der Überlebenswille des anderen für den eigenen Überlebenskampf. Nur Härte hilft, sich in diesem Kampf auf engstem Raum und mit begrenzten Mitteln behaupten zu können. Weitere Stufen der Radikalisierung sind nicht nur denkbar, sondern werden Wirklichkeit: die Empfindung, dass Sterben – das eigene wie das anderer – Erleichterung verschaffen könnte, wenn Zusammenbruch und Nicht-mehr-aufstehen-Können als Inszenierung, um Mitleid zu erzeugen, empfunden werden; wenn es in der allgemeinen »Tragödie des Bösen, der Grobheit, der Verrohung, des Alltagschaos« zu Extremsituationen kommt, die aufzuzeichnen sich selbst Daniil Granin seinerzeit geweigert hatte – er hatte dabei sicher an die nicht wenigen, inzwischen ausführlich dokumentierten Fälle von Kannibalismus gedacht. Der Endpunkt in Lidia Ginsburgs phänomenologisch genauer Darstellung – sie ist dokumentarische Erzählung, Zeugnis, »Literatur des Faktums« in einem – ist der dystrophische Körper, die vom Hunger ausgezehrte Kreatur. »Die Dystrophie war Ausgeschlossensein in höchstem Maße und befreite sogar von der Wahl.« Aber Ginsburg macht an dieser Stelle nicht halt.

## *Der Körper der Stadt. Urbizid*

Der Ausnahmezustand stellt den ganzen städtischen Lebenszusammenhang, die organische Einheit »Stadt« in Frage und produziert eine neue Stadtwahrnehmung, die der Selbstwahrnehmung des von Auszehrung bedrohten Körpers nicht unähnlich ist. »Die unaufmerksamen Menschen sahen plötzlich, woraus sich ihre Stadt zusammensetzte.« Seit der Alltag durch Bomben und Artillerieangriffe gefährlich geworden ist, entwickelt sich ein neuer Sinn für Entfernungen, die zurückgelegt werden müssen. Man unterscheidet zwischen besonders gefährdeten Bezirken und solchen, die dem feindlichen Beschuss jederzeit ausgesetzt sind. Man muss sich mit dem Grundriss und dem Plan der Stadt vertraut machen, der man sich im normalen Leben ohne nachzudenken anvertrauen konnte. Wo Telefone und Straßenbahn nicht mehr funktionieren, bricht die Kommunikation zusammen. Man erfährt in der *einen* Stadt nicht mehr, was im nächst gelegenen Stadtteil vor sich geht. Die Stadt, die ansonsten durch Brücken über die Flussarme zusammengehalten wird, fällt nun in ihre Bestandteile auseinander und muss durch gezielte und kraftraubende Anstrengungen wieder zusammengefügt und zusammengehalten werden. Die Stadt ist dem Beschuss und der tödlichen Gefahr preisgegeben, aber sie ist auch der Zufluchtsort, der Schutz bietet. Die Bomben reißen die Häuserfassade auf, sie werden durchsichtig, und das Leben ist plötzlich nach außen gekehrt. »Doch jetzt tritt die Wahrheit mit schwindelerregender Deutlichkeit zutage. Es gibt hohle Häuser, von denen nur noch die Fassade steht ... Man fand eine neue Beziehung zu den Häusern. Die Menschen begannen über Häuser zu sprechen, über sie nachzudenken. Das Haus war zur wahrnehmbaren Einheit der Stadt geworden ... Jedes Haus war jetzt Schutz und Bedrohung ... Wir lernten, auf Volumen, Proportionen, Material der Häuser zu achten. Die Wahrnehmung eines Hauses wurde analytisch.« Man konnte jetzt in Häusern in Deckung gehen oder von ihnen erschlagen werden. »Während man das Haus analytisch wahrnahm, wurde die Wahrnehmung der Stadt synthetisch ... Die Stadt ist eine synthetische Realität. Sie, die Stadt, ist es, die kämpft, leidet, die Mörder zurückschlägt. Stadt ist ein Oberbegriff – materiell. Wir erleben die Stadt jetzt aus der Vogelperspektive oder wie auf einer Landkarte. Sie ist ein stoffliches Ganzes, begrenzt von einer sichtbaren Grenze.« Der Ausnahmezustand produziert also eine neue Stadtwahrnehmung, der Grundriss der Stadt wird augenfällig, die Telefone und die Straßenbahn funktionieren nicht mehr, also muss man sie Schritt für Schritt durchmessen, man ist in seinem Stadtteil eingeschlossen; die Menschen sterben, ohne davon Bekannten noch Kenntnis geben zu können, da sie plötzlich in weite Ferne gerückt sind.

Man kann nun Bezirke, die unter Artilleriebeschuss liegen, unterscheiden von solchen, die bevorzugt aus der Luft angegriffen werden. Entfernungen waren mit einem Mal lebenswichtig geworden. Die Flüsse der Stadt stellten militärische Objekte dar, wie auch die Brücken. Die Stadt änderte ihr Aussehen. Fenster wurden mit kreuzförmigen Klebestreifen versehen, Schaufenster wurden vernagelt. Die Stadt, die früher beleuchtet war, lag nun im Dunkel. Man musste, wenn man sich in der verdunkelten Stadt zurechtfinden wollte, ganz auf seine Sinne verlassen. Wer nicht auf die Lautsprecheransagen und den Takt des Metronoms, der über Lautsprecher übertragen wurde, achtete, verstand die Gefahrenlage nicht mehr.
Ginsburg rekonstruiert eine mentale Topographie der belagerten Stadt, die sich sowohl vom Leningrad der Vorkriegszeit wie der Nachkriegszeit unterscheidet. Aber in dieser Karte sind auch die Knotenpunkte eingezeichnet, die den Lebenszusammenhang der Stadt unter Extremverhältnissen aufrechterhalten. Es gehörte fast ein soziologisch geschulter Blick dazu, um eine so elementare Erscheinung wie die Warteschlange – vor allem an den Brotläden, wo die Lebensmittelkarten eingelöst werden konnten – bemerkenswert und aufschlussreich zu finden. Die Warteschlange ist »eine Ansammlung von Menschen, die gemeinsam zu erzwungener Untätigkeit und innerer Vereinzelung verurteilt sind«. Ginsburg studiert in einer ausführlichen »dichten Beschreibung« das Prozedere der Warteschlange, die psychische Verfassung der Wartenden, den existentiellen Kampf, der sich zwischen Vordrängenden und Zurückhaltenden, die die Disziplin wahren, abspielt. Auch die Warteschlange ist nicht nur eine Organisationsform der Versorgung, sondern wiederum eine Grenzsituation, in der sich zeigt, »was für ein Mensch einer ist«. In der Warteschlange wird der überlebenswichtige Gesprächszusammenhang aufrechterhalten, und die Gespräche über das Essen handeln eben nicht von »Haushaltsdingen«, sondern sind Gespräche über Leben und Tod. Warteschlangen ha-

ben ihren eigenen Rhythmus und ihren eigenen Ton: »Im Winter waren die Schlangen der Dystrophiekranken entsetzlich schweigsam gewesen. Allmählich, mit der Erhöhung der Brotration, mit der Frühlingswärme und dem ersten Grünzeug in den Läden (die Menschen kauften Rübenkraut und kochten es) veränderte sich das Verhalten beim Schlangestehen. Die Schlange wurde gesprächig. Der Mensch kann kein Vakuum ertragen. Das unverzügliche Füllen eines Vakuums ist eine der wesentlichen Funktionen des Wortes. Sinnlose Gespräche haben für unser Leben keine geringere Bedeutung als sinnvolle.« Die Paralyse wie die Selbstbehauptung des städtischen Zusammenhang ist soziologisch genau beobachtet und in einem Bild fixiert – gleichsam im Blick aus dem Fenster. Die auf dem Platz noch verkehrende Straßenbahn übt auf den Betrachter eine beruhigende Wirkung aus: »Es gab ein Zentrum, das die roten Straßenbahnwagen unsichtbar leitete. Die Wagen fuhren, also funktionierte das Zentrum. Die Schienen entsprangen dort und mündeten wieder darin. Jeder Wagen war durch seinen Strombügel mit dem Zentrum verbunden, zentralisiert ... In der Morgenstunde der erneuerten Beziehungen zeigte sich die Welt klar in ihrer Doppelfunktion – feindselig und schützend. Was bedrückte, aufstörte, verdross, quälte – es diente zugleich als Schutz oder als Substitut des Bösen. Es diente als physischer Schutz und als letzte Zuflucht und Obhut inmitten der Angst vor der inneren Isolation.« Aber hier kommt nicht nur die Stadt, die noch funktioniert, in den Blick, sondern auch die Macht – »das Zentrum« –, die als Garant des Zusammenhalts, als Schutzmacht in Erscheinung tritt. Die sowjetische Geschichtsschreibung hat die Leistung der politischen Führung bei der Bewältigung der Belagerung nicht unter den Scheffel gestellt – die Organisation des militärischen Widerstands, die Weiterarbeit der Fabriken, die Evakuierung von Hunderten von Fabrikanlagen und über einer halben Million Zivilisten, auch die sprachlos machenden Aktivitäten von Theatern, Akademien, Universitäten während der Belagerung –, aber die

Aufrechterhaltung der politischen Repression und des Terrors auch während der Blockade gehörte zu den am besten gehüteten Tabus.

## *Zwischen den Fronten*

Dmitri Lichatschow fasste seine Beobachtungen so zusammen: »Verhaftet wurde damals nicht weniger als vor der Blockade. Nicht weniger.« Während sich die einen im Augenblick der Bedrohung durch die deutschen Truppen nur noch fester um die politische Führung, die den Widerstand organisierte, zusammenschlossen, gab es – das zeigen die in den letzten Jahren veröffentlichten Berichte der Geheimpolizei zur Stimmung unter der Bevölkerung – auch Stimmen, die in der Schwächung der Sowjetmacht eine Chance sahen, das ihnen verhasste Regime loszuwerden. Die Härte der Kriegführung und die Nachrichten, die von den deutsch besetzten Gebieten kamen, ließen allerdings kaum Illusionen aufkommen über das den Leningradern im Falle einer Eroberung drohende Schicksal. In einer Art »Mobilisierungsdiktatur« (Jörg Ganzenmüller) fing die politische Führung die Befürchtungen, den Kampfwillen und den Patriotismus der eingeschlossenen Leningrader auf. Keine geringe Rolle spielte die weit verbreitete Hoffnung, dass der Krieg, in dem selbstloser Einsatz und selbständige Entscheidungen notwendig waren, zu einer Öffnung, »Liberalisierung«, zu einer Art »kleinem Tauwetter« führen würde, in dem Volk und politische Macht auf einer neuen Grundlage zueinander finden und die grauenhaften Erfahrungen der Zwangskollektivierung und des Großen Terrors der Vorkriegsjahre hinter sich lassen könnten. Aber die Überwachungs- und Terrormaschine arbeitete ohne Unterbrechung. Das »Große Haus«, wie in Leningrad der konstruktivistische Neubau des NKWD am Litejny Prospekt genannt wurde, ist ein wichtiger Punkt auf der Karte der belagerten Stadt. Die Verhaftungen, Verurteilungen, Erschießungen gingen auch in der Blockadezeit weiter – wegen antisowjetischer Agitation, Desertion, Waffenbesitz und gewöhnlicher Kriminalität. Die in den letzten Jahren veröffentlichten Dokumente zeigen klar, dass Dmitri Lichatschow mit seiner Feststellung recht hatte. »Wir wurden zweifach belagert, von innen und von außen.« Bis April 1942 wurden wegen angeblicher Spionage 276, wegen Vaterlandsverrat 1327, wegen Terrorismus 277, wegen Diversion 48 und wegen Schädlingsarbeit 146 Menschen festgenommen und verurteilt, 334 antisowjetische Gruppen sollen liquidiert worden sein. Insgesamt sollen, wie Jörg Ganzenmüller gezeigt hat, zwischen Kriegsbeginn und Oktober 1942 zusammengenommen – von NKVD und Miliz – 31740 Personen verhaftet und 5360 zum Tode verurteilt worden sein.

Auch Lidia Ginsburg hat die Fortdauer der Atmosphäre von Denunziation und Repression festgehalten, wenn sie von den Kritik- und Selbstkritikritualen auf »klassischen intriganten Personalversammlungen« und von wütenden Bürokraten berichtet. Sie sieht in der belagerten Stadt eine »seltsame Wirklichkeit, die in manchen Zügen der Wirklichkeit des Jahres 1937 ähnelte«. Und sie führt hier eine Beobachtung an, die keinen Zweifel an ihrer Wahrnehmung einer doppelten Bedrohung – von außen und von innen – lassen. »Die einen wie die anderen hatten ihre festen Zeiten. Die einen flogen ihre Angriffe anfangs zu festgesetzter Stunde; die deutsche Pünktlichkeit war Bestandteil der psychologischen Kriegsführung (was wir wollen, machen wir auch). Die anderen waren weniger pünktlich; es hieß aber, sie kämen selten später als vier Uhr morgens. Von vier Uhr morgens bis zum Abend bildete der Mensch sich ein, er sei in Sicherheit. Diese eingebildete Atempause rettete vermutlich viele vor dem Wahnsinn. In der Dunkelheit, in der Stummheit – Warten auf das Schrillen der Klingel ... oder auf die Abfolge der miteinander verknüpften Geräusche, die den Beginn eines Bombenangriffs ankündigen. Die Ungewissheit am Morgen ...

Allmählich stellte sich heraus – ein Volltreffer auf das Eckhaus. Allmählich stellte sich heraus – in der Nacht hatte man aus dem Bekanntenkreis Soundso und Soundso verhaftet.« Für Lidia Ginsburg, die immer wieder vom »sozialen Übel« sprach und damit beide Formen der Unterdrückung meinte, die faschistische und die stalinistische, die offene und die maskierte, gab es keinen Zweifel, dass man sich – vor die (fiktive) Wahl gestellt – für das »kleinere Übel« entscheiden musste. Sie gehörte zu den nicht wenigen – wie zum Beispiel auch Boris Pasternak –, die im Krieg eine Chance der Öffnung und eines neuen Gesellschaftsvertrags zwischen Volk und Macht sahen. Aber ihre Hoffnungen werden nach dem so opferreichen Sieg schrecklich enttäuscht werden. »Unter Artilleriebeschuss funktionierten die Mechanismen des gesellschaftlichen Bösen wie bisher, aber auch Tapferkeit, auch Geduld. So siegte das gequälte Land. Und bereitete sich – ohne es zu wissen – auf neue Exzesse des sozialen Bösen vor.« Sie hat hier die 1946 einsetzende Hetze gegen Repräsentanten der Leningrader Intelligenzia – Anna Achmatowa und Michail Soschtschenko – im Auge, vor allem aber die für viele tödlich endende Leningrader Affäre 1949/50. Lidia Ginsburgs Ort zwischen den Fronten war kein dritter, gar exterritorialer Ort, sondern inmitten der Leningrader und Leningraderinnen, die ausgeharrt und gekämpft hatten, in einem Patriotismus, der von sich nicht viel Aufhebens macht.

### *»Generation am Wendepunkt«*

Als die Belagerung zu Ende ging, hatte Lidia Ginsburg die erste Hälfte ihres Lebens schon hinter sich, und ihr stand ein zweiter Akt bevor. Zusammengenommen ergeben sie eine wahrhafte Jahrhundertbiographie, wenn das Wort Biographie überhaupt sinnvoll gebraucht werden kann für ein Leben, das, wie sie selbst einmal bemerkte, am Rande und vor allem weitgehend gegen ihren eigenen Willen und jenseits ihres eigenen Lebensplans verlaufen war. Wer immer sich an die Aufgabe einer Lebensbeschreibung Lidia Ginsburgs machen würde – es gibt bisher keine –, hätte große Schwierigkeiten zu überwinden. Dabei ginge es nicht nur um die Aufarbeitung ihres umfangreichen Nachlasses, die Bergung einer Korrespondenz, die aufgrund der der Autorin eigenen Diskretion oder aufgrund einer in Zeiten der Denunziation und Haussuchungen gebotenen Selbstzensur und Chiffrierung nicht einfach zu lesen ist, sondern vor allem darum, wie man Leben und Werk im Kontext des 20. Jahrhunderts zu verstehen hat.

Lidia Jakowlewna Ginsburg wurde am 18. März 1902 in einer russisch-jüdischen Familie in Odessa geboren – ihr Bruder ist der etwas ältere, 1893 geborene Viktor, der zeit seines Lebens unter seinem Künstlernamen Tipot als Journalist, Regisseur, Schriftsteller erfolgreich war; er starb 1960. Lidia, deren Vater früh gestorben war, wuchs in der Obhut eines Mitglieds der Familie auf, ging aber offensichtlich schon früh nach Sankt-Petersburg/Petrograd/Leningrad. Für die junge Lidia Ginsburg war die Revolution wie für viele ihrer Altersgenossen in dem kosmopolitischen und doch von antijüdischen Pogromen heimgesuchten Odessa ein großes, begeistert aufgenommenes Ereignis. Sie selbst hat sich immer als »ein Mensch der Zwanziger Jahre« verstanden, d. h. als Mensch, dessen Persönlichkeit wesentlich geprägt worden war vom zentralen Erlebnis eines die Grundfesten des sozialen Lebens und aller Werte erschütternden Vorgangs: des Weltkriegs, der in mehreren Stufen sich entfaltenden Revolution, des Bürgerkriegs, einer Zeit großer Verunsicherung, von Suchbewegungen und Experimenten. Sie war, wie sie sagte, Zeitgenossin des Zusammenbruchs der alten Welt und zugleich Augenzeugin für das Entstehen einer neuen Welt geworden. Im Leningrad der 1920er Jahre hatte sie das Glück, zu einer Gruppe zu stoßen, in der sich die originellsten und schöpferischsten Köpfe einer Stadt sammelten, einer Stadt, die durch das Zerbrechen traditioneller Ordnungen und Regeln dazu prädestiniert war, ein Laboratorium für die Erprobung neuer Formen zu werden. Lidia Ginsburg gehörte einer der literarischen Avantgarde zugerechneten Gruppe der »Jungformalisten« an und absolvierte 1926 die Literaturabteilung des Instituts für Kunstgeschichte, das als ein Zentrum literarischer, literaturwissenschaftlicher und künstlerischer Aktivitäten berühmt war. In diesem Kreis hatte sie führende Figuren der Avantgarde auch persönlich kennengelernt, unter ihnen die Theoretiker des Formalismus wie Wiktor Schklowski, Juri Tynjanow, Nikolaj Tichonow, Boris Eichenbaum, Wiktor Shirmunskij, aber auch Dichter wie Wladimir Majakowski und Dichterinnen wie Anna Achmatowa; später wird sie sich auch an Begegnungen mit Ossip und Nadeshda Mandelstam erinnern. Schon früh machte sie sich mit literaturwissenschaftlichen Beiträgen in Sammelbänden der Gruppe »Radiks« (1927) und »Die Badewanne des Archimedes« (1929) einen Namen. Die jungen Formalisten bestanden auf einer gründlichen Beherrschung der Methode literarischer Analyse und wollten mit dem Geniekult und dem Vertrauen auf die Intuition der Symbolisten nichts zu tun haben. Sie waren durch ihre Verwicklung in die revolutionären Ereignisse der Zeit erfahrungsgesättigt und immun gegen den Doktrinarismus des aufkommenden Marxismus-Leninismus. Sie kannten sich in der Literatur – geschichtlich, was Genres und Versformen angeht – glänzend aus und rezitierten die Klassiker aus dem Gedächtnis, aber sie waren keine Snobs, auch wenn sie lieber Bier tranken und ins Kino gingen als ins Theater. Diese Generation, die mit allen Fasern ihres Körpers den Zusammenbruch der alten Welt aufgenommen und sich auf eine neue eingestellt hatte, würde es schwer haben in der Zeit des aufkommenden Stalinismus, des »sozialen Übels«, wie der Euphemismus bei Lidia Ginsburg lautet.

Ginsburg betrieb ihr Leben lang ihre literarischen Studien – zu Wjasemski, Lermontow, vor allem aber Alexander Herzen, auch zu Proust und Joyce –, aber sie hatte nie einen Lehrstuhl oder einen Kreis von Studenten. Sie arbeitete an einer Arbeiterfakultät und pendelte drei Jahre lang zwischen Leningrad und Petrosawodsk. Im Mai 1943 verlor sie die feste Redakteursstelle beim Radiokomitee aus offensichtlich antisemitischen Motiven. Vielleicht war es ihrer marginalen, fast unbemerkten Existenzweise geschuldet, dass sie die Zeit des Terrors überstanden hat, obwohl sie auch persönlich mindestens zweimal Bekanntschaft mit dem NKWD machte: 1932/33, als sie zu Verhören ins »Große Haus« geladen wurde, und 1953, als sie nach der »Aufdeckung einer jüdischen Verschwörung im Kulturbereich« gegen Freunde und Kollegen – vor allem ihren Mentor Wiktor Shirmunski – aussagen sollte. Es war wahrscheinlich nur der Tod Stalins, der sie aus dieser lebensgefährlichen Situation rettete. Ginsburg hat später viel über die Stalinzeit nachgedacht. Sie versuchte den Jüngeren und Nachgeborenen zu erklären, was ihnen kaum begreiflich war: die Verbindung von Terror und Enthusiasmus, vor allem bei der kommunistischen Jugend. Sie selbst rechnete sich nicht zu den »Faszinierten«, sondern eher zu denen, die sich, aus der Tradition der säkularen und radikalen russischen Intelligenzia kommend, mit der Gewalt – mit dem »sozialen Bösen« – abfinden und irgendwie arrangieren mussten. In ihrer Studie über Herzen hob sie jene Szene hervor, in der dieser Hegel in Jena auf Napoleon, die »Weltseele zu Pferde«, treffen lässt, und vergleicht sie mit dem legendären nächtlichen Telefonanruf Stalins bei Boris Pasternak, um mit ihm über den Dichter Ossip Mandelstam und über »Leben und Tod« zu sprechen. Für Lidia Ginsburg war nicht so sehr der Terror das den Stalinismus am meisten Kennzeichnende, sondern die Allgegenwärtigkeit des Verrats, der niemanden verschonte und dem alle auf verschiedenste Weise ihren Tribut entrichteten. Sie hat wohl die sowjetische Sprachregelung akzeptiert, aber ein Lobpreis Stalins oder eine Distanzierung von Freunden ist von ihr, so Andrej Sorin und Emily Van Buskirk, nicht überliefert. Der Stalinismus war in ihren Augen die in letzter Konsequenz umgesetzte Utopie, und das Hauptcharakteristikum eines Mannes, den sie am Ende ihres Lebens noch die historische Bühne betreten sah – Michail Gorbatschow –, bestand ihrer Meinung nach nicht im Verzicht auf ein nach wie vor utopisches Programm – diesmal: ein mit Marktelementen versetzter Sozialismus –, sondern eben in seinem Verzicht auf Konsequenz in der praktischen Umsetzung; in ihrem letzten Interview äußerte sie die Befürchtung, dass in Russland nach Gorbatschow die Rechtsextremisten ans Ruder kommen könnten. Sie verfolgte die Veränderungen der Welt bis in ihre letzten Tage, über den Fernseher und über den Kreis ihrer jungen Freunde. Für sie, die sogenannten »1960er«, hatte sie allerdings keinen Trost bereit, mit neuen Visionen und Utopien konnte und wollte sie nicht dienen; eine der Einsichten, die sie am Ende ihres Lebens für die Jüngeren bereithielt, lautete, dass es am schwierigsten sei, in seinem Leben ohne Ziele auskommen zu müssen – eine Bewältigung des Lebens in der Gegenwart und ohne teleologischen Fixpunkt.

Lidia Ginsburg hatte einst gehofft, dass der Krieg – der Große Vaterländische Krieg – die Chance eröffnen würde, zu einem Ende der Repression und zu einem neuen Ausgleich zwischen Volk und Macht zu gelangen, aber es kam bekanntlich anders. Einige aus ihrer Generation haben im »Tauwetter« der 1950er Jahre und in der entstehenden Dissidentenbewegung eine wichtige Rolle gespielt, auch Ginsburgs literaturtheoretische und literaturgeschichtliche Arbeiten, die in der späten Sowjetunion veröffentlicht werden konnten – *Über Lyrik* (1964), *Über psychologische Prosa* (1971), *Über den literarischen Helden* (1979), *Literatur auf der Suche nach Wirklichkeit* (1987) –, waren Referenzpunkte für den Diskurs der sowjetisch-russischen Intelligenzia. Doch erst mit ihren Essays und Erinnerungen, die 1989 in dem umfangreichen Band *Mensch am Schreibtisch* erschienen (darin auch eine erweiterte Form der *Aufzeichnungen eines Blockademenschen*), wurde sie als eine für das russische 20. Jahrhundert charakteristische Gestalt auch einem größeren Publikum bekannt. Die späten Ehrungen – zu ihrem 80. Geburtstag richtete der Schriftstellerverband in Leningrad ein Fest für sie aus, 1988 erhielt sie den Staatspreis für Wissenschaft – haben sie gewiss mit Genugtuung erfüllt, aber angewiesen war sie darauf nicht. Sie hat sich dazu eher ironisch geäußert. Als sie am 15. Juli 1990 starb, war dies bereits inmitten von Erschütterungen, die eineinhalb Jahre später zum Auseinanderbrechen und zum Ende der UdSSR führten. Sie hat das Ende jener Welt, deren Entstehung die zentrale Erfahrung ihrer Jugend war, noch miterlebt. Ginsburg sprach von zwei Prüfungen, die ihre Generation habe bestehen müssen: der Erste Weltkrieg mit Revolution und Bürgerkrieg und der Zweite Weltkrieg; zusammengenommen bilden sie eine Kette unermesslich großer Gewalt und unvorstellbarer Leiden. Lidia Ginsburg hat die Kraft besessen, den Kreis der Blockade zu durchbrechen, indem sie über ihn schrieb. Es ist »gefundene Zeit im Meer der verlorenen«. Was sie am Ende ihrer *Aufzeichnungen* festhält – dass »die Schreibenden sterben, und das Geschriebene bleibt« – gilt daher zuerst für sie selbst.

München, Dezember 2013

## *Hinweise zur Literatur*

Einen ausgezeichneten Überblick über den Stand der Forschung und eine vorzügliche Darstellung der Leningrader Blockade bietet das von Manfred Sapper und Volker Weichsel herausgegebene Themenheft der Zeitschrift *Osteuropa*: »Die Leningrader Blockade. Der Krieg, die Stadt und der Tod«, *Osteuropa*, 61. Jg., H. 8-9/August-September 2011; dort sind alle wichtigen Aspekte aus ganz verschiedenen Disziplinen und Perspektiven beleuchtet und repräsentative Dokumente zur Ernährungslage und Repression abgedruckt. Grundlegend sind neben anderen: Harrison E. Salisbury, *900 Tage. Die Belagerung von Leningrad*,

Frankfurt/Main 1970; Jörg Ganzenmüller, *Das belagerte Leningrad 1941-1944. Die Stadt in den Strategien von Angreifern und Verteidigern*, Paderborn 2005; Anna Reid, *Die Belagerung von Leningrad 1941-1944*, Berlin 2011. Von den Zeugnissen seien hier nur erwähnt: Ales' Adamovič/Daniil Granin, *Blokadnaja kniga*, Sankt-Peterburg 2013; A.N. Boldyrev, *Osadnaja Zapis' (Blokadnyj dnevnik)*, Sankt-Peterburg 1998; Dmitri S. Lichatschow, *Hunger und Terror. Mein Leben zwischen Oktoberrevolution und Perestroika*, Stuttgart 1997; hilfreich für alle Aspekte, wenn auch nicht immer auf dem neuesten Stand: Sankt-Peterburg/Petrograd/Leningrad. *Enciklopedičeskij Spravočnik*, Moskva 1992. Zu Leben und Werk sowie zur literaturwissenschaftlichen Analyse von Lidia Ginsburg sind aufschlussreich die Beiträge in: Emily Van Buskirk, Andrei Zorin (eds.) *Lydia Ginzburg's Alternative Literary Identities: A Collection of Articles and New Translations*, Oxford u.a. 2012; Emili Van Baskirk, »Samootstranenie« kak etičeskij i estetičeskij princip v proze L. Ja. Ginzburg, in: *Novoe Literaturnoe Obozrenie*, 2006, No. 81, S. 261-281; dies., Recovering the Past for the Future: Guilt, Memory, and Lidiia Ginzburg's Notes of a Blockade Person, in: *Slavic Review* 69, no. 2 (Summer 2010), S. 281-305; A. Zorin, Proza L. Ja. Ginzburg i gumanitarnaja mysl' XX veka, in: *Novoe Literaturnoe Obozrenie* 2005, 76, S. 45-68; Andrej Zorin, Ginzburg i perestrojka, in: *Novoe Literaturnoe Obozrenie* 2012/4, No. 116; Irina Paperno, Sovetskij opyt, avtobiografičeskoe pis'mo i istoričeskoe soznanie: Ginzburg, Gercen, Gegel', in: *Novoe Literaturnoe Obozrenie* 2007, No. 88, S. 154-165; Ljubov' Arkus, Poslednee interv'ju s Lidiej Jakovlevnoj Ginzburg, in der Zeitschrift *Seans* vom 15.12.2010; Irina Sandomirskaja, *Blokada v slove. Očerki kritičeskoj teorii i biopolitiki jazyka*, Moskva 2013 (besonders das Kapitel 3 »Gorod-golod«, S. 173-265). Zur theoretischen Tradition der Formalisten allgemein: Victor Erlich, *Russischer Formalismus,* Frankfurt/Main 1987.

# Nachbemerkung der Übersetzerin

Lidia Ginsburgs Blockadetexte versuchen, erlittenes Grauen zu begreifen. Was die Autorin am eigenen Leibe erlebt hat, was ihrem Körper lebenslang eingeschrieben ist, setzt sie in Distanz zu sich, indem sie es nicht nur zu erzählen, sondern begrifflich zu fassen versucht. Diese Distanz wird auf unterschiedliche Weise errungen; gemeinsam ist den Texten der sezierende Blick einer Beobachterin, die sich unbarmherzig zum Hinschauen zwingt. Eine Lösung erfährt der Konflikt zwischen innen und außen nicht, die schmerzhafte Spannung wohnt allen Texten inne. Das galt es in der deutschen Ausgabe sichtbar zu machen.

Die »Erzählung von Mitleid und Grausamkeit« wurde kurz nach den beschriebenen Ereignissen verfasst, sie ist unmittelbares Dokument. Mit präziser Analyse und logischer Folgerung versucht die Literaturtheoretikerin und -historikerin Lidia Ginsburg, sich mit dem Geschehen, vor allem aber mit dem eigenen Handeln zu konfrontieren, um Trauer und Reue auf diese Weise überhaupt auszuhalten. Oft scheint es, als verschanze die Autorin sich hinter aufgetürmten Begriffen, als wolle sie elementare Destruktivität durch die Aufzählung von Gründen und Argumenten, durch Parallelismen und Wiederholungen in eine rettende Ordnung bringen. Fremdwörter wie Aberration, Impuls, Spielfiktion, Mechanismus, Rationalisierung oder Kalkulation verstellen den direkten Zugang zu den peinigenden Erinnerungen und sollen Schmerz und Qual bannen. Ganz selten, dann aber mit jäher Wucht brechen sich unverstellte Empfindungen Bahn. Wenn Ginsburg an wenigen Stellen die Fiktion von Tante und Neffen nicht aufrechterhalten kann und Mutter (Großmutter, Urgroßmutter) schreibt, zählt auch das zu den Gefühlsregungen, die sich der rationalen Erfassung verweigern.

In den *Aufzeichnungen eines Blockademenschen* – eine stark überarbeitete Fassung des deutlicher autobiographischen Urtextes *Den' Ottera* (Otros Tag) – wird der Abstand durch Verknappung und Konzentration, durch Zurücknahme des Ichs gewonnen. Ein analytischer Blick auf die Dinge, die Zusammenfassung präziser Einzelbeobachtungen, die Kondensation subjektiver Empfindungen prägen und formen den Text; ergänzt wird er durch Berichte von Einzelschicksalen und aufgezeichnete Gespräche. Trotz dieser Vielschichtigkeit ist der Schreibduktus einheitlich: streng sachlich, um Objektivierung bemüht, wie vom Blick eines Verhaltensforschers bestimmt.

Bei der Übersetzung der »Erzählung« war es mein Ziel, das Begriffsgebäude, das Ringen um kohärente Gedankenfolge, Ableitung und Fazit sowie ungelenke, unfertig wirkende Stellen konsequent abzubilden, handelt es sich doch um die Merkmale eines fast unerträglichen sprachlichen Aneignungsprozesses von entsetzlichem Erleben und qualvollen Schuldgefühlen. Auch in den *Aufzeichnungen* wollte ich jede Glättung und Verdeutlichung vermeiden und die Sprödigkeit, Kargheit und Zurückhaltung des Originals sorgfältig bewahren. Der deutschsprachige Leser soll die Möglichkeit haben, den schweren Weg der Annäherung an das Ungeheuerliche abzuschreiten, das nur über den Umweg extremer Versachlichung und Rationalisierung in Worte zu bringen war.

Christiane Körner
Frankfurt am Main, Herbst 2013

# Editorische Notiz

Die Textauswahl des vorliegenden Bandes fußt auf der ersten kritischen und reich kommentierten Ausgabe von Lidia Ginsburgs »Prosa aus den Kriegsjahren« und den »Aufzeichnungen eines Blockademenschen« (*Lidija Ginzburg: Prochodjaščie charaktery. Proza voennych let. Zapiski blokadnogo čeloveka.* Hg. von Emily Van Buskirk und Andrej Zorin. Moskva: Novoe izdatel'stvo 2011).

»Eine Erzählung von Mitleid und Grausamkeit« (der von den Herausgebern der russischen Ausgabe hinzugefügte Titel zitiert die »Blockadegeschichte von O.«, s. S. 158) ist der einzige abgeschlossene narrative Text dieses Umfangs, der sich in den zahlreichen Konvoluten zum »Blockade«-Komplex im Nachlass gefunden hat. Entstehungszeit: 1943, spätestens 1944. Das Drama zwischen Tante und Neffe, der Blockadetod der Tante und die Schuld- und Reuegefühle des Überlebenden spiegeln die eigene Erfahrung: den Tod der Mutter, mit der Ginsburg in Leningrad zusammenlebte und die Ende 1942 starb. Als ihr männliches Alter Ego fungiert die Figur des Otro (im russischen Namen »Otter« lässt sich das französische *l'Autre* vernehmen; in der deutschen Übersetzung bietet sich das spanische Wort *otro* an, um einen vergleichbaren Effekt zu erzielen). Nirgends hat Lidia Ginsburg den Blockadetod eines nahen Menschen so unverhüllt beschrieben. Die Geschichte enthält den Erfahrungskern dessen, was sie jahrzehntelang gedanklich und begrifflich zu fassen suchte und in den »Aufzeichnungen eines Blockademenschen. Erster Teil« kondensiert hat.

Wie die russischen Herausgeber stellen deshalb auch wir die Erzählung an den Anfang des Buches.

Die *Aufzeichungen eines Blockademenschen* erschienen erstmals 1984 in der Zeitschrift *Neva.* 1989 veröffentlichte Ginsburg diesen Text zusammen mit »Aus dem Umkreis der ›Aufzeichnungen eines Blockademenschen‹« in ihrem Buch *Čelovek za pis'mennym stolom* (Mensch am Schreibtisch). Kurz vor ihrem Tod ließ sie sich dazu überreden, drei weitere große Stücke aus ihren »Blockade«-Texten zu publizieren. Das Erscheinen der »Aufzeichnungen eines Blockademenschen. Zweiter Teil« (in *Pretvorenie opyta* [Transformation der Erfahrung], 1991) hat sie nicht mehr erlebt.

Für die im Umfang limitierte Neuausgabe in der Bibliothek Suhrkamp haben wir uns dazu entschlossen, zunächst den Ersten Teil in einer neuen Übersetzung vorzustellen. Wenn sich bei dem offenen und potentiell unabschließbaren Charakter der Ginsburg'schen Blockadeschriften überhaupt eine gültige Form ausmachen lässt, so ist es dieses Buch.

Der Verlag dankt der Russischen Nationalbibliothek Moskau für die Genehmigung zum Abdruck der Porträtfotos sowie Aleksandr Kušner und Emily Van Buskirk für die Bereitstellung der übrigen Abbildungen.

# Inhalt

# Bibliothek Suhrkamp

Alphabetisches Verzeichnis

# Bibliothek Suhrkamp

Verzeichnis der letzten Nummern

1323 Hermann Lenz, Spiegelhütte
1325 Sigrid Undset, Das glückliche Alter
1326 Botho Strauß, Gedankenfluchten
1328 Paul Nizon, Untertauchen
1330 Sherwood Anderson, Winesburg, Ohio
1331 Derrida/Montaigne, Über die Freundschaft
1332 Günter Grass, Katz und Maus
1333 Gert Ledig, Die Stalinorgel
1335 Heiner Müller, Ende der Handschrift
1337 Konstantinos Kavafis, Gefärbtes Glas
1338 Wolfgang Koeppen, Die Jawang-Gesellschaft
1339 Jorge Semprun, Die Ohnmacht
1341 Hermann Hesse, Der Zauberer
1342 Hermann Broch, Hofmannsthal und seine Zeit
1343 Bertolt Brecht, Kalendergeschichten
1344 Odysseas Elytis, Oxópetra/Westlich der Trauer
1345 Hermann Hesse, Peter Camenzind
1346 Franz Kafka, Strafen
1347 Amos Oz, Sumchi
1348 Stefan Zweig, Schachnovelle
1349 Ivo Andrić, Der verdammte Hof
1350 Rudolf Borchardts Leben von ihm selbst erzählt
1351 André Breton, Nadja
1352 Ted Hughes, Etwas muß bleiben
1353 Arno Schmidt, Das steinerne Herz
1354 José María Arguedas, Diamanten und Feuersteine
1355 Thomas Brasch, Vor den Vätern sterben die Söhne
1356 Federico García Lorca, Zigeunerromanzen
1357 Imre Kertész, Der Spurensucher
1358 István Örkény, Minutennovellen
1360 Giorgio Agamben, Idee der Prosa
1361 Alfredo Bryce Echenique, Ein Frosch in der Wüste
1363 Ted Hughes, Birthday Letters
1364 Ralf Rothmann, Stier
1365 Arno Schmidt, Seelandschaft mit Pocahontas
1366 Bertolt Brecht, Geschichten vom Herrn Keuner
1367 M. Blecher, Aus der unmittelbaren Unwirklichkeit
1368 Joseph Conrad, Ein Lächeln des Glücks
1369 Christoph Hein, Der Ort. Das Jahrhundert
1370 Gertrud Kolmar, Die jüdische Mutter
1371 Hermann Lenz, Vielleicht lebst du weiter im Stein
1372 Ludwig Wittgenstein, Philosophische Untersuchungen
1373 Thomas Brasch, Der schöne 27. September
1374 Péter Esterházy, Die Hilfsverben des Herzens
1375 Stanislaus Joyce, Meines Bruders Hüter
1376 Yasunari Kawabata, Schneeland
1377 Heiner Müller, Germania

1378 Du kamst, Vogel, Herz, im Flug; Spanische Lyrik
1379 Giorgio Agamben, Kindheit und Geschichte
1380 Louis Begley, Lügen in Zeiten des Krieges
1381 Alejo Carpentier, Das Reich von dieser Welt
1382 Nagib Machfus, Das Hausboot am Nil
1383 Guillermo Rosales, Boarding Home
1384 Siegfried Unseld, Briefe an die Autoren
1385 Theodor W. Adorno, Traumprotokolle
1386 Rudolf Borchardt, Jamben
1387 Günter Grass, »Wir leben im Ei«
1388 Palinurus, Das ruhelose Grab
1389 Hans-Ulrich Treichel, Der Felsen, an dem ich hänge
1390 Edward Upward, Reise an die Grenze
1391 Adonis und Dimitri T. Analis, Unter dem Licht der Zeit
1392 Samuel Beckett, Trötentöne/ Mirlitonnades
1393 Federico García Lorca, Dichter in New York
1394 Durs Grünbein, Der Misanthrop auf Capri
1395 Ko Un, Die Sterne über dem Land der Väter
1396 Wisława Szymborska, Der Augenblick/ Chwila
1397 Brigitte Kronauer, Frau Melanie, Frau Martha und Frau Gertrud
1398 Idea Vilariño, An Liebe
1399 M. Blecher, Vernarbte Herzen
1401 Gert Jonke, Schule der Geläufigkeit
1402 Heiner Müller/ Sophokles, Philoktet
1403 Giorgos Seferis, Ionische Reise
1404 Christa Wolf, Nachdenken über Christa T.
1405 Günther Anders, Tagesnotizen
1406 Roberto Arlt, Das böse Spielzeug
1407 Hermann Hesse/ Stefan Zweig, Briefwechsel
1408 Franz Kafka, Die Zürauer Aphorismen
1409 Saadat Hassan Manto, Schwarze Notizen
1410 Arno Schmidt, Die Gelehrtenrepublik
1411 Bruno Bayen, Die Verärgerten
1412 Marcel Beyer, Flughunde
1413 Thomas Brasch, Was ich mir wünsche
1414 Reto Hänny, Flug
1415 Zygmunt Haupt, Vorhut
1416 Gerhard Meier, Toteninsel
1417 Gerhard Meier, Borodino
1418 Gerhard Meier, Die Ballade vom Schneien
1419 Raymond Queneau, Stilübungen
1420 Jürgen Becker, Dorfrand mit Tankstelle
1421 Peter Handke, Noch einmal für Thukydides
1422 Georges Hyvernaud, Der Viehwaggon
1423 Dezső Kosztolányi, Lerche
1424 Josep Pla, Das graue Heft
1425 Ernst Wiechert, Der Totenwald
1427 Leonora Carrington, Das Haus der Angst
1428 Rainald Goetz, Irre
1429 A. F. Th. van der Heijden, Treibsand urbar machen
1430 Helmut Heißenbüttel, Über Benjamin

1431 Henri Thomas, Das Vorgebirge
1432 Arno Schmidt, Traumflausn
1433 Walter Benjamin, Träume
1434 M. Blecher, Beleuchtete Höhle
1435 Edmundo Desnoes, Erinnerungen an die Unterentwicklung
1436 Nazim Hikmet, Die Romantiker
1437 Pierre Michon, Rimbaud der Sohn
1438 Franz Tumler, Der Mantel
1439 Munyol Yi, Der Dichter
1440 Ralf Rothmann, Milch und Kohle
1441 Djuna Barnes, Nachtgewächs
1442 Isaiah Berlin, Der Igel und der Fuchs
1443 Frisch, Skizze eines Unglücks/Johnson, Skizze eines Verunglückten
1444 Alfred Kubin, Die andere Seite
1445 Heiner Müller, Traumtexte
1446 Jannis Ritsos, Monovassiá
1447 Volker Braun, Der Stoff zum Leben 1–4
1448 Roland Barthes, Die helle Kammer
1449 Siegfried Kracauer, Straßen in Berlin und anderswo
1450 Hermann Lenz, Neue Zeit
1451 Siegfried Unseld, Reiseberichte
1452 Samuel Beckett, Disjecta
1453 Thomas Bernhard, An der Baumgrenze
1454 Hans Blumenberg, Löwen
1455 Gershom Scholem, Die Geheimnisse der Schöpfung
1456 Georges Hyvernaud, Haut und Knochen
1457 Gabriel Josipovici, Moo Pak
1458 Ernst Meister, Gedichte
1459 Meret Oppenheim, Träume Aufzeichnungen
1460 Alexander Kluge/Gerhard Richter, Dezember
1461 Paul Celan, Gedichte
1462 Felix Hartlaub, Kriegsaufzeichnungen aus Paris
1463 Pierre Michon, Die Grande Beune
1464 Marie NDiaye, Mein Herz in der Enge
1465 Nadeschda Mandelstam, Anna Achmatowa
1467 Robert Walser, Mikrogramme
1468 James Joyce, Geschichten von Shem und Shaun
1469 Hans Blumenberg, Quellen, Ströme, Eisberge
1470 Florjan Lipuš, Boštjans Flug
1471 Shahrnush Parsipur, Frauen ohne Männer
1472 John Cage, Empty Mind
1473 Felix Hartlaub, Italienische Reise
1474 Pierre Michon, Die Elf
1475 Pierre Michon, Leben der kleinen Toten
1476 Kito Lorenc, Gedichte
1477 Alexander Kluge/Gerhard Richter, Nachricht von ruhigen Momenten
1478 E. M. Cioran, Leidenschaftlicher Leitfaden II
1479 Christa Wolf, Kein Ort. Nirgends
1480 Renata Adler, Rennboot
1481 Julio Cortázar/Carol Dunlop, Die Autonauten auf der Kosmobahn
1482 Lidia Ginsburg, Aufzeichnungen eines Blockademenschen

1483 Ludwig Hohl, Die Notizen
1484 Ludwig Hohl, Bergfahrt
1485 Ludwig Hohl, Nuancen und Details
1486 Ludwig Hohl, Vom Erreichbaren und vom Unerreichbaren
1487 Ludwig Hohl, Nächtlicher Weg
1488 Fritz Sternberg, Der Dichter und die Ratio
1489 Felix Hartlaub, Aus Hitlers Berlin
1490 Renata Adler, Pechrabenschwarz
1491 Pierre Michon, Körper des Königs
1492 Joseph Beuys, Mysterien für alle
1493 T. S. Eliot, Vier Quartette/ Four Quartets
1494 Walker Percy, Der Kinogeher
1495 Raymond Queneau, Stilübungen
1496 Charlotte Beradt, Das Dritte Reich des Traums
1497 Nescio, Werke
1498 Andrej Bitow, Georgisches Album
1499 Gerald Murnane, Die Ebenen
1500 Thomas Kling, Sondagen
1501 Georg Baselitz/ Alexander Kluge, Weltverändernder Zorn
1502 Annie Ernaux, Die Jahre
1503 Roberto Calasso, Die Literatur und die Götter
1504 Friederike Mayröcker, Pathos und Schwalbe
1505 Cees Nooteboom, Mönchsauge
1507 Gerald Murnane, Grenzbezirke
1508 Miron Białoszewski, Erinnerungen aus dem Warschauer Aufstand
1509 Annie Ernaux, Der Platz
1510 Sophie Calle, Das Adressbuch
1511 Szilárd Borbély, Berlin-Hamlet, Gedichte
1512 Annie Ernaux, Eine Frau
1513 Fabjan Hafner, Erste und letzte Gedichte
1514 Gerald Murnane, Landschaft mit Landschaft
1515 Friederike Mayröcker, da ich morgens und moosgrün. Ans Fenster trete
1516 Marie-Claire Blais, Drei Nächte, drei Tage
1517 Annie Ernaux, Die Scham
1518 Rosmarie Waldrop, Pippins Tochters Taschentuch
1519 Sophie Calle, Wahre Geschichten
1520 Elke Erb, Das ist hier der Fall
1521 Carl Seelig, Wanderungen mit Robert Walser
1522 Cees Nooteboom, Abschied
1523 Wolf Biermann, Mensch Gott!
1524 Peter Handke, Mein Tag im anderen Land
1525 Annie Ernaux, Das Ereignis
1526 Andrej Bitow, Leben bei windigem Wetter
1527 Mary Ruefle, Mein Privatbesitz
1528 Nicolas Mahler; Arno Schmidt, Schwarze Spiegel
1529 Guido Morselli, Dissipatio humani generis
1530 Ludwig Wittgenstein, Betrachtungen zur Musik
1531 Rachel Cusk, Coventry
1534 Gerald Murnane, Inland
1535 Katja Petrowskaja, Das Foto schaute mich an
1536 Peter Handke, Zwiegespräch